Beck'sche Reihe
BsR 603
Autorenbücher

Christa Wolf ist eine der bedeutendsten Autorinnen der internationalen Gegenwartsliteratur. Ihre Romane, Erzählungen und Essays zählen zugleich zu den wichtigsten Zeugnissen von den Hoffnungen und Enttäuschungen der Menschen in jener Deutschen Demokratischen Republik, die von 1949 bis 1990 bestand. Alexander Stephans Buch ist mehrfach überarbeitet und ergänzt worden und schließt jetzt in einer vierten Auflage die Ereignisse des Jahres 1989/90 ein. Es führt nicht nur umfassend in das Schaffen von Christa Wolf ein, sondern verbindet Werkanalysen mit der Erhellung der Position der Autorin innerhalb der Geschichte der DDR und der zeitgenössischen Literatur.

Alexander Stephan, geb. 1946 in Lüdenscheid, hat an der Princeton University und der University of California gelehrt. Er ist zur Zeit als Professor für zeitgenössische deutsche Literatur an der University of Florida tätig. – Publikationen: Die deutsche Exilliteratur 1933–1945. München 1979; Christa Wolf (Forschungsbericht). Amsterdam 1981; Max Frisch. München 1983; Die Ästhetik des Widerstands (Hrsg.). Frankfurt 1983; Schreiben im Exil (Mithrsg.). Bonn 1985; Exilliteratur und die Künste nach 1933 (Hrsg.). Bonn 1990. Eine Auswahl aus Christa Wolfs Essays in englischer Übersetzung sowie eine Studie zu ,Anna Seghers: Das siebte Kreuz. Text und Kontext' sind in Vorbereitung. – Aufsätze zur modernen deutschen Literatur, besonders zur Exil- und DDR-Literatur.

ALEXANDER STEPHAN

Christa Wolf

VERLAG C.H.BECK MÜNCHEN

Für Halina und Michael

CIP-Kurztitelaufnahme der Deutschen Bibliothek

Christa Wolf/Stephan Alexander. – 4., erweit. Aufl. –
München : Beck, 1991
  (Beck'sche Reihe ; 603 : Autorenbücher)
  ISBN 3 406 35362 2

NE: GT

Originalausgabe
ISBN 3 406 35362 2

Vierte, erweiterte Auflage, 1991
Umschlagentwurf von Uwe Göbel, München
Foto: Luchterhand Verlag, Neuwied
© C. H. Beck'sche Verlagsbuchhandlung (Oscar Beck), München 1976
Gesamtherstellung: Georg Appl, Wemding
Printed in Germany

Inhalt

I. „Der Schriftsteller nämlich ist ein wichtiger Mensch."
Biographie und Zeitgenossenschaft 7

II. Das Werk Christa Wolfs 25

    1. ‚Moskauer Novelle' 25
    2. ‚Der geteilte Himmel' 34
    3. ‚Nachdenken über Christa T.' 59
    4. ‚Till Eulenspiegel' 92
    5. Erzählungen: ‚Juninachmittag', ‚Unter den Linden'
    ‚Kleiner Ausflug nach H.' 101
    6. ‚Kindheitsmuster' 119
    7. ‚Kein Ort. Nirgends' 131
    8. ‚Kassandra' 139

III. Subjektive Authentizität:
Essays zu Literatur und Ästhetik 155

IV. Die letzten Jahre der DDR 175

    1. ‚Störfall' 175
    2. ‚Sommerstück' 185
    3. ‚Im Dialog' und ‚Was bleibt' 194

V. Anmerkungen 206

VI. Auswahlbibliographie 228

VII. Zeittafel 236

I. „Der Schriftsteller nämlich ist ein wichtiger Mensch." Biographie und Zeitgenossenschaft

„Ich kann mir nichts anderes vorstellen, als daß die Literatur heute schon das machen müßte, was phantastisch und utopisch erscheint. Das zu schaffen, was in der Definition von Wissenschaft und Politik überhaupt nicht ‚wahr' ist oder nicht einmal vorhanden, jedenfalls nicht effektiv; also all das, dessen Abwesenheit genau die Todesverzweiflung hervorgebracht hat, an der die ‚zivilisierten' Menschen leiden, die uns dazu treiben könnte, sich in den Tod zu stürzen ..."

„Auf die Frage, die junge Leute uns oft stellen, wie man leben soll in einer solchen Zeit, kann ich für mich sagen: indem man ignoriert, daß das alles nicht ‚wahr' ist, und versucht, es in seinem persönlichen Leben wahr zu machen; indem man, als Autor, schreibt, so, daß die Gesellschaft, in der man lebt, den meisten Nutzen davon hat. Das bedeutet: kritisch. Das heißt, die Gesellschaft, in der man lebt, durch die Kritik, die man an ihr übt, auf das aufmerksam zu machen, was ihr helfen könnte, zu leben und zu überleben. Ich kann sagen, daß ich mich davon auf gar keinen Fall abhalten lassen kann."[1]

Christa Wolf hat diese Sätze auf der ersten Berliner Begegnung zur Friedensförderung gesprochen, zu der sich Ende 1981 fast hundert Schriftsteller aus Ost und West in Berlin (DDR) getroffen hatten. Sie könnten ohne weiteres als Motto über ihrem gesamten Schaffen stehen. Beschimpft als „Politrukesse"[2] und als Mitdenkerin von „bürgerlichen Vorurteilen",[3] der „Ich-Faszination",[4] eines „gebrochenen Verhältnisses zum Hier und Heute und Morgen"[5] und eines Hanges zum „Abstrakten"[6] gezogen und doch in beiden Deutschlands mit öffentlichen Ehren versehen, einmal Kandidatin des ZK der SED, dann von der Einheitspartei und ihrem Schriftstellerverband gerügt, Sprecherin für Frieden und Frauen, weiß sie

A. Awes

besser als die meisten ihrer Kritiker und viele ihrer Schriftstellerkollegen über das prekäre Verhältnis zwischen Zeitgenossenschaft und Schreiben Bescheid. Nicht Erfundenes, sondern die verschiedenen Etappen ihrer eigenen Biographie, die Entwicklung ihres Landes und, in jüngster Zeit, die Suche nach einer Literatur von und für Frauen und die Warnung vor der drohenden Kriegsgefahr geben denn auch, untrennbar ineinanderfließend, die Grundlagen für ihr Schreiben ab.

Daß bei einem derart hohen Grad an Selbstgestaltung und Zeitgenossenschaft vor allem zu Beginn der Schriftstellerkarriere Fehlschläge und Mißgriffe, sowohl künstlerischer als auch politischer Art vorkommen, läßt sich kaum vermeiden. Es erscheint sogar, falls versehen mit einem gesunden Maß an Selbstkritik in Form von Rückblicken, Eigeninterpretationen und ästhetischen Zurücknahmen als unumgängliche Voraussetzung für die Überwindung der vorgeformten Literaturmuster und damit als Grundlage für die eigene Fortentwicklung. Festlegungen nämlich, die massenhaft verteilten Regelbücher einer präskriptiven Ästhetik, daran läßt Christa Wolf seit nunmehr zwanzig Jahren keinen Zweifel, sind ihr ein Greuel. Denn so wie nur eine Gesellschaft zu überleben vermag, die gewillt ist, sich selbst, ihre Ziele und ihre Erfolge beständig in Frage zu stellen, so muß sich auch die Literatur unentwegt auf die Suche nach neuen Themen, Darstellungsweisen und Lösungsmöglichkeiten für die Probleme dieser Gesellschaft machen. Kritik aus den eigenen Reihen ebenso wie unerwünschtes Lob von der anderen Seite kann in diesem Fall je nach dem politischen Klima nicht ausbleiben. Und auch die Gefahr, der eigenen Methode zum Opfer zu fallen, läßt sich nicht immer ausschließen: die Fehler der Vergangenheit in ihr ebenso falsches Gegenteil umzukehren oder den eigenen Standpunkt so weit zu relativieren, daß er schließlich in vieldeutigen Bildern und Modellen seine Aussagekraft zu verlieren droht.

Beschränken wir uns auf das, was vorliegt: 60 Jahre eines normalen, kaum überaus ereignisreichen, gerade deshalb aber nicht untypischen Lebens; eine Reihe von Erzählungen, mehrere Romane, einige Filmdrehbücher, Interviews, Vorträge und

Essays zur Bestimmung des eigenen Standorts, sowie ein halbes Hundert Rezensionen und Aufsätze zu anderen Schriftstellern der Zeit. Nicht ungewöhnlich viel, aber durchaus Gewichtiges. Und alles, auch die ersten Buchbesprechungen der frischgebakkenen Diplomgermanistin aus den 50er Jahren, und die scheinbar beiläufigen Reden und Essays der schon lange international anerkannten Erzählerin, ist nicht nur Beleg für die Wandlung der Autorin, sondern auch Zeugnis für die Entwicklung der DDR-Literatur.

Nicht umsonst nämlich gehört Christa Wolf jener mittleren Generation an, jenen Jahrgängen um 1930, die den Umschwung von 1945 schon bewußt miterlebten, aber noch jung genug waren, um einen neuen Weg einzuschlagen, und die heute als 50- und 60jährige in die führenden Positionen aufgerückt sind. Wobei der Weg gerade dieser Generation nicht so konfliktlos verlaufen ist, wie es an der Oberfläche scheint: Kindheits- und Jugenderinnerungen galt es da zu überwinden; den nötigen Enthusiasmus für den Neuanfang nach 1945 aus den Trümmern des physisch und moralisch zerstörten Deutschlands zu graben und mit der Enttäuschung über das von engstirnigen Funktionären verlangsamte Tempo des Fortschritts, dem unüberwindlich scheinenden Graben zwischen Ideal und Wirklichkeit, zu leben; sich ebensowenig von den hysterischen Parolen der Dogmatiker irre machen zu lassen wie von den verlockenden Tauschangeboten, die westlich der Grenze gehandelt wurden; und schließlich – wohl am schwersten und deshalb am längsten hinausgezögert – genau das richtige Maß an Selbstbewußtsein und Sicherheit zu entwickeln, das einen auf dem schmalen Pfad zwischen Überheblichkeit und Zweifeln weiter in eine Zukunft führen konnte, in der die Selbstverwirklichung des Einzelnen nicht mehr mit den Interessen des Kollektivs kollidiert, wo stetiger Wechsel und Fortschritt die Erstarrung von Leben und Kunst in Dogmatismus und krankhafter Wissenschaftsgläubigkeit verhindern. Vor allem Wirtschaftliches und Politisches also – Fünfjahrespläne, Konferenzen, Resolutionen und Schlagworte – teilte über viele Jahre hinweg, kaum unterbrochen durch Daten wie den

Juni 1953, das Jahr 1956 und den August 1961, die Entwicklung dieser Generation in deutliche Abschnitte ein: der Nationalsozialismus und sein blutiges Ende (bis 1945); der antifaschistisch-demokratische Neuanfang in der sowjetisch besetzten Zone (1945–49); die Entwicklung der Grundlagen des Sozialismus im DDR-Staat bzw. auf kulturpolitischem Sektor der Übergang zur sozialistischen Kulturrevolution und die Abgrenzung von Einflüssen des westlichen ‚Formalismus‘ (1949–56); der ‚Triumph der sozialistischen Produktionsverhältnisse‘ und die sozialistische Kulturrevolution mit der sogenannten Bitterfelder-Weg-Literatur (1956–61); der allumfassende Aufbau des Sozialismus und der Ausbau einer sozialistischen Nationalliteratur (1961–71); und schließlich, als Ära Honecker bis in die späten 80er Jahre andauernd, die beständig durch mögliche oder, wie im Fall von Biermann, sehr reale Rückgriffe auf die Denkmuster der 50er Jahre bedrohte Auflockerung des ‚entwickelten gesellschaftlichen Systems des Sozialismus‘.[7]

Viel detaillierte Information über die persönliche Biographie der Christa Wolf braucht es da also nicht zu geben. Die großen Umrisse müssen genügen und tun das auch, denn sie gehören als Generationserfahrung ohnehin schon zum Allgemeingut unserer Zeit. Und überhaupt zieht Christa Wolf es nach dem Muster ihres großen Vorbilds Anna Seghers vor, das, was sie an ihrem Leben für wichtig hält, nicht ihren Biographen anzuvertrauen, sondern mehr verschleiert als faßbar gemacht und mit den nötigen, oft phantastisch anmutenden Erfindungen angereichert, in ihren Romanen, Erzählungen und Essays abzuhandeln: Das bürgerliche Elternhaus in Landsberg (Warthe), in das sie am 18. März 1929 geboren wurde. Die Jahre in der Oberschule, die als Vorlage für die ersten Kapitel des Romans über Christa T. dienen, die aber auch – ganz unerwartet – mitten in einem Gespräch mit dem Genetiker Hans Stubbe in Gestalt einer Biologielehrerin auftauchen können, die zwar bei Worten wie Pollen und Samen zu erröten pflegte, der es andererseits aber „nichts ausmachte“, „an Hand überdeutlicher Schautafeln die naturgewollten Vorzüge der nordischen … Rasse“[8] zu demonstrieren. Den täglichen Faschismus der Zeit bis 1945, dessen harmlose Oberfläche es im Rückblick so schwer erscheinen läßt, ohne weiteres zwischen Tätern, wissenden Mitläufern und unbewußten Kollaborateuren zu unterscheiden. Die Flucht schließlich aus dem gesichert erscheinenden Kleinstadtleben in eine ungewisse Zukunft: ‚Blickwechsel‘ heißt ein auffallend unpolitischer Beitrag aus dem Jahre 1970 zu einer Anthologie mit dem Titel ‚Der erste Augenblick der Freiheit‘, in dem man die eher neugierig, jedenfalls ohne Haß oder Sentimentalität und ohne die üblichen Propagandaklischees aufgezeichnete Einsicht findet: „Das siehst du niemals wieder."[9]

Das Ende 1976 inmitten der Biermann-Affäre erschienene Buch ‚Kindheitsmuster‘ legt von dieser Zeit in Form eines mehrschichtigen, komplizierten, sich selbst immer wieder modifizierenden und erklärenden Roman-Essays Zeugnis ab. Dazu aus einem Interview von Hans Kaufmann mit Christa Wolf aus dem Jahre 1974: „Es ist ein großes Thema, den Reifeprozeß dieser meiner Generation zu verfolgen ... Für diejenigen, die in der Zeit des Faschismus aufwuchsen, kann es kein Datum geben, von dem ab sie ihn als ‚bewältigt‘ erklären können ... Haben wir uns nicht eine Zeitlang Mühe gegeben, ihn als Vergangenheit an ‚die anderen‘ zu delegieren, um uns selbst allein auf die Tradition der Antifaschisten und Widerstandskämpfer zu berufen?"[10]

Zweifellos keine Aussage, die mit den Thesen der offiziellen DDR-Geschichtsschreibung übereinstimmt. Ebensowenig übrigens, wie der zuerst 1971 in ‚Sinn und Form‘ gedruckte Bericht ‚Zu einem Datum‘, zu jenem 21. April 1946, an dem sich die KPD und SPD zur SED zusammenschlossen: auch hier findet der Leser keines der üblichen Schlagworte, jongliert die Autorin nicht mit Versatzstücken wie ‚neues Bewußtsein‘, ‚Befreiung‘ oder ‚Anbruch des 20. Jahrhunderts‘, vollzieht sich kein glatter Übergang vom BdM- zum FDJ-Mädchen. „Kommunisten?"[11] lautet vielmehr das erste Wort und deutet mit seinem Fragezeichen an, daß für einen selbst die Wandlung nicht so schnell zu vollziehen gewesen war wie für die politischen Parteien eines ganzen Landes: „Die Wahrheit ist, daß ich erst zweieinhalb Jahre nach jenem 21. April 1946 meine erste marxistische Schrift las."[12]

Doch selbst wenn es Christa Wolf im Bewußtsein ihrer, oft enttäuschenden, Erfahrungen heute gern anders sehen würde: ihre biographischen Daten fallen zumindest für die nächsten zwei Jahrzehnte so eng mit der Entwicklung der DDR zusammen, daß die eigene Biographie zum Abbild der gesellschaftlichen Erwartungen wird: 1949 machte sie in Bad Frankenhausen (Kyffhäuser) das Abitur; noch im selben Jahr, dem Gründungsjahr der DDR, tritt sie der SED bei. Es folgt 1949–53, also während der finstersten Zeit des kalten Krieges und der lautesten Kampagnen gegen Formalismus, Amerikanismus und alles, was nicht mit den Shdanowschen Vorstellungen vom sozialistischen Realismus übereinstimmt, ein Germanistikstudium in Jena und Leipzig, das in der kurzen Tauwetterperiode des „Neuen Kurses" ausgerechnet bei einem der umstrittensten Germanisten der DDR, Hans Mayer, abgeschlossen wird.

Schon früh scheinen dann die Weichen in Richtung Kulturpolitik gestellt: Eine erste Buchrezension erscheint noch während der Studienzeit im SED-Organ ‚Neues Deutschland',[13] und als sich wenig später beim Deutschen Schriftstellerverband (DSV) die Stelle einer wissenschaftlichen Mitarbeiterin anbietet, greift Christa Wolf ungeachtet des Arbeitsklimas im DSV zu. 1951 heiratet sie einen Kollegen, Gerhard Wolf: ein Jahr später wird ihre erste Tochter, Annette, geboren. Verschiedene Verlage stellen sie als Mitarbeiterin an, so zum Beispiel der Kinderbuchverlag „Neues Leben". Ihre Aufsätze und Buchbesprechungen in der DSV-Zeitschrift ‚Neue deutsche Literatur' beginnen sich dermaßen zu häufen, daß sie schließlich selbst von Mai 1958 bis November 1959 in die Redaktion dieses Blattes berufen wird, das zu den zwei oder drei wichtigsten Literaturzeitschriften der DDR gehört. Fünfzehn Jahre später registriert Christa Wolf erstaunt, wie unberührt sie damals den wahrlich nicht gerade kleinlichen Ereignissen der Zeit gegenübergestanden hatte: dem 20. Parteitag der KPdSU, dem IV. Deutschen Schriftstellerkongreß, dem 13. Plenum des Zentralkomitees der SED, der Reorganisation der Kulturorganisationen und der Umbesetzung der Redaktionsstuben im ganzen Lande, einer Maßnahme, die nicht zuletzt auch ihren Aufstieg in der ‚Neuen deutschen Literatur' gefördert haben dürfte.

Germanistik, Kulturpolitik und Literaturkritik bestimmten also bis Ende der 50er Jahre das Leben von Christa Wolf. Zusammen mit ihrem Mann Gerhard, der es seither als Germanist und Essayist u. a. mit Aufsätzen zur DDR-Lyrik und mit Büchern über Louis Fürnberg, Johannes Bobrowski und Hölderlin zu Anerkennung und zu einer Reihe von Preisen gebracht hat,[14] gibt sie Anthologien zeitgenössischer DDR-Literatur heraus. Mit ihm, der ihr auch schon einmal ein Manuskript „sozusagen kritisch um die Ohren haut und zerfetzt",[15] und anderen Kollegen diskutiert sie „wie die Helden in schematischen Büchern", die man so gerne „als unglaubwürdig kritisiert", „endlos zu jeder Tages- und Nachtzeit" über „Kunst und Revolution, Politik und Kunst, Ideologie und Literatur".[16]

Die Zweifel, die damals schon in ihr an den unverrückbaren Gewißheiten jener Jahre aufgekommen sein mußten, werden offensichtlich, jedoch zunächst noch mit Erfolg unterdrückt; Kritik bleibt, wenn überhaupt, auf Symptome und nicht auf die Substanz des sozialistischen Realismus und der sozialistischen Gesellschaft gerichtet. Dabei ist Christa Wolf sicherlich zu sensibel, um sich mit ihren Essays und Rezensionen bedingungslos jenen Dogmatikern zuzugesellen, die das Lesen von Kafka und Joyce als subversive Tätigkeit verdächtigen. Andererseits ist sie aber auch noch zu unerfahren und zu unbekannt, um die Entstalinisierung und den vorübergehenden Abbau der unzeitgemäßen Forderungen an die Literatur durch die Politik ähnlich freimütig zu begrüßen wie ihre selbstbewußten und einflußreichen älteren Kollegen vom Range Johannes R. Bechers oder ihr ehemaliger Lehrer Hans Mayer. Vor allem aber beginnt sich damals inmitten der widersprüchlichen Entwicklungen jener Drang bei Christa Wolf durchzusetzen, das Schreiben eigener Prosa immer unbedingter als das eigentliche Lebensziel in den Vordergrund zu rücken. Ein Brief von Louis Fürnberg aus dem Juni 1956, drei Monate vor der Geburt der zweiten Tochter (Katrin) geschrieben, belegt, wie sehr Christa Wolf, zögernd und hoffnungsvoll, das ermutigende Wort eines reüssierten ‚Kollegen‘ suchte: „Selber schreiben möchtest Du können und wüßtest vielleicht sogar, was? Christa!! Ja, wer soll denn schreiben können, wenn nicht Du? So schreib doch!! So versuch's doch einmal!"[17]

Der Prosatext, der dann fünf Jahre später in Halle beim Mitteldeutschen Verlag erschien, war zwar recht eigentlich kein Buch, aber doch ein beachtlicher Anfang: die ‚Moskauer Novelle‘. Und, wie so oft, war die erste Veröffentlichung nicht identisch mit den ersten Schreibversuchen: „‚Erstlingswerk‘! – Übrigens gibt es das überhaupt nicht. Immer noch frühere Versuche in immer noch jüngeren Jahren fallen einem ein, von halb und dreiviertel ausgeführten Roman- und Dramenplänen über Tagebücher, politische und private Gelegenheitsdichtungen, gefühlsgesättigte Briefwechsel mit Freundinnen bis hin zu den kindlichen Märchenerfindungen ... jene lebenswichtigen Vorformen naiver Kunstausübung ..."[18]

Vieles liest sich in der ‚Moskauer Novelle‘ denn auch noch wie ein Lehrtext zum sozialistischen Realismus, wie ein in Prosa umgesetzter Essay über die Aufgaben und Möglichkeiten der marxistischen Belletristik. Heute sieht das natürlich auch Christa Wolf, bezeichnenderweise immer noch, ohne mit ihrer Selbstkritik auf Wohlwollen bei ihren Rezensenten zu stoßen: „Da zeigt sich (beinahe hatte ich begonnen, es zu vergessen), wie gut ich meine Lektion aus dem germanistischen Seminar und aus vielen meist ganzseitigen Artikeln über Nutzen und Schaden, Realismus und Formalismus, Fortschritt und Dekadenz in Literatur und Kunst erlernt hatte – so gut, daß ich mir unbemerkt meinen Blick durch diese Artikel färben ließ, mich also weit von einer realistischen Seh- und Schreibweise entfernte."[19]

Derartige Kritik am „Mechanismus der Selbstzensur", an unwillkürlich verinnerlichten Forderungen, „die das Entstehen von Literatur verhindern können",[20] gehört zweifellos zu den bemerkenswertesten Eigenschaften von Christa Wolfs literarischer und persönlicher Entwicklung. Und das nicht etwa, weil so die kalten Krieger von dazumal im Nachhinein bestätigt würden, sondern vielmehr weil die Fähigkeit zur offenen Selbstanalyse mehr noch als die fiktiven Positionsmeldungen in den Romanen und Erzählungen Beleg ist für die unerbittliche Konsequenz, mit der sich die Autorin der Zeitgenossenschaft, dem Fortschritt und der Veränderung verschrieben hat – der Veränderung ihrer Persönlichkeit, ihres Werkes und im Idealfall mit Hilfe beider, der Gesellschaft, in der sie lebt oder gelesen wird.

So macht die kritische Beurteilung des eigenen Werdegangs, basierend auf der Gewißheit, daß die „Torheit" der Vergangenheit „allemal vernünftiger" war „als eine Kapitulation von den verschiedenen, manchmal schwer kenntlichen perfekten Techniken der Destruktion", als „Frivolität, Zynismus, Resignation",[21] wie sie Christa Wolf westlich der Grenze auszumachen glaubt, denn auch nicht Halt vor dem ersten eigenen Erfolg, dem 1963 erschienenen Roman ‚Der geteilte Himmel'. Ähnlich wie die ‚Moskauer Novelle' dem kulturpolitischen Klima der 50er Jahre (eingeschlossen die obligate Reise in die Sowjetunion) entsprungen war, waren diesmal nämlich wichtige Teile des neuen Romans von den Vorstellungen des sogenannten Bitterfelder Weges angeregt worden: jener im April 1959 von Walter Ulbricht im elektrochemischen Kombinat von Bitterfeld ausgerufenen Parolen an die Werktätigen bzw. Kulturschaffenden der DDR „Stürmt die Höhen der Kultur" und „In die Betriebe".[22] Christa Wolf bezog dabei offensichtlich den zweiten Slogan auf sich. Immer noch, wenn wohl doch schon mit wachsenden Bedenken, von einer hochprozentigen Erfüllung der literarischen Normen bewegt, begann sie deshalb in ihrem neuen Wohnort Halle bei dem VEB Waggonbau Ammendorf ein Praktikum zu absolvieren und in einem der lokalen Zirkel schreibender Arbeiter mitzuwirken. Doch das literarische Ergebnis dieser Basisarbeit, ‚Der geteilte Himmel', befreite sich rasch und selbstbewußt von den in Industriereportagen üblichen Abschilderungen des Produktionsprozesses. Neben den Themen Arbeit und geteiltes Deutschland versucht sich Christa Wolf in ihrem Buch vor allem an einer für die DDR-Literatur revolutionären Analyse der überlieferten und neu entstehenden

Entfremdungserscheinungen des Individuums in der modernen industrialisierten und bürokratisierten Gesellschaft. Was sie freilich nicht davon abhält, im Jahre 1974 durch den Abdruck einer „leicht überarbeiteten und gekürzten"[23] Tagebucheintragung aus der Entstehungszeit des Romans ihre damalige Position kritisch zu erläutern.

Ein scheinbar beiläufiges Gespräch mit ihrem Mann Gerhard über die durch „Herkunft und Charakterstruktur" des Autors bestimmten Möglichkeiten und Grenzen der planmäßigen Sammlung von sozial wünschenswerten Erfahrungen macht deutlich, worum es geht: „Kennenlernen kann man vieles, natürlich. Aber *erfahren?* – Es gibt einen Disput über den Plan zu einer neuen Erzählung (‚Der geteilte Himmel'). G. dringt auf die Vertiefung der bisher zu äußerlichen Anlage. Oder ob ich eine Reportage machen wolle? Dann bitte sehr, da könnte ich sofort loslegen. Leichte Verstimmung meinerseits, geleugnet wie immer, wenn ich spüre, daß ‚was Wahres dran ist'."[24] Und dann, ein paar Seiten später, noch einmal, ungeduldiger: „Es ist merkwürdig, daß diese banalen Vorgänge, ‚dem Leben abgelauscht', auf den Seiten eines Manuskripts ihre Banalität bis zur Unerträglichkeit steigern. Ich weiß, daß die wirkliche Arbeit erst beginnen wird, wenn die Überidee gefunden ist, die den Stoff erzählbar und erzählenswert macht."[25]

Wir wissen, daß ‚Der geteilte Himmel' noch im Erscheinungsjahr ein großer Erfolg bei Lesern und Kritikern im In- und Ausland wurde. Zur gleichen Zeit gelangt Christa Wolf auf dem Höhepunkt einer politischen Laufbahn an, an der ihr schon bald nichts mehr gelegen sein wird: zum VI. Parteitag der SED im Januar 1963 wird ihr Name auf der Kandidatenliste des Zentralkomitees geführt; ein Jahr später erhält sie den Nationalpreis III. Klasse der Akademie der Künste der DDR und trägt ein Referat auf der 2. Bitterfelder Konferenz vor; 1965 wird sie Mitglied des P. E. N. Zentrums ihres Landes.

Damals entscheiden sich die Wolfs auch, in die Nähe des politischen und kulturellen Zentrums Berlin zu ziehen, nach Kleinmachnow, das so dicht an der Grenze nach Westberlin gelegen ist, daß man vom Garten aus bequem die „roten und gelben Leuchtkugeln"[26] und die Gesichter der Patrouille fliegenden Hubschrauberpiloten sehen kann. Dort wohnen sie bis zu ihrem Umzug in eine Stadtwohnung an der Friedrichstraße („so märchenhaft intakte Familien gibt es also")[27] in einem frühen Henselmann-Bau in der Fontanestraße: „Unten der große Wohnraum, Bilder von Röhricht und Sitte, eine Druckgrafik von Kandinsky aus Paris, oben das kleine Arbeitszimmer: der Schreibplatz vor dem Fenster, ... ein naives Landschaftsbild mit Haus und Leuten von Schultz-Liebisch, Neujahrskarten von Kunert."[28]

Doch was sich in der Tagebuchnotiz aus dem Jahre 1960 angedeutet hatte, sollte bald offen zutage treten: Politik und Literatur, das Festlegen von öffentlich-verbindlichen Richtlinien im Zentralkomitee und das stellvertretend-private Infragestellen dieser Richtlinien durch die Schriftstellerin waren auf die Dauer nicht miteinander zu vereinbaren. So flexibel und veränderungswillig, wie es sich die Künstlerin erhofft hatte, wollte die Tagespolitik trotz aller Lippenbekenntnisse nicht sein. Als Christa Wolf im Dezember 1965 auf dem 11. Plenum des ZK der SED versucht, Werner Bräunigs nie veröffentlichten Wismutroman ‚Der eiserne Vorhang' vor Kulturfunktionären wie Inge Lange und Margot Honecker gegen den Vorwurf der „antisozialistischen Haltung" in Schutz zu nehmen („Das kann ich mit meinem Gewissen nicht vereinbaren"),[29] bringt sie sich bei der Parteiführung in Mißkredit. Auf dem VII. SED-Parteitag im April 1967 ist ihr Name von der ZK-Kandidatenliste verschwunden. Die Arbeit an dem Film ‚Fräulein Schmetterling', der „im Stil des ‚Cinéma Vérité'" dem „Schicksal eines jungen Mädchens und ihrer kleinen Schwester" nachgehen wollte, „die nach dem Tode ihres Vaters in Ostberlin allein mit dem Leben und der kommunistischen Bürokratie fertigwerden müssen", wird 1965 abgebrochen: „Die ursprünglichen Absichten des ... Schöpferkollektivs", so die Presseverlautbarungen, hätten sich „‚nicht realisieren lassen'".[30] Ein Roman mit dem Arbeitstitel „Das Preisgericht", aus dem Christa Wolf im selben Jahr in Hamburg vorliest, wird aus ungeklärten Gründen nicht fertiggeschrieben.[31]

Zur selben Zeit, 1967/68, erscheinen neben der Erzählung ‚Juninachmittag‘ in Ost und West die ersten Vorabdrucke aus Christa Wolfs zweitem Roman, ‚Nachdenken über Christa T.‘. „Das Subjekt, der sozialistische Mensch, lebt immer souveräner in seiner Gesellschaft, die er als sein Werk empfindet“:[32] diese Ausgangsbasis des Romans, getestet vor dem Hintergrund der eigenen, in der Figur einer Erzählerin und dem Leben von deren Freundin Christa T. zum Generationenerlebnis verfremdeten Biographie, muß sich der Leser freilich selbst erarbeiten. Diesmal nämlich kann die Doppelgängerin der Autorin am Schluß nicht mehr wie noch die Vera der ‚Moskauer Novelle‘ oder Rita im ‚Geteilten Himmel‘ auf eine positivere Zukunft hindeuten. Christa T. stirbt, langsam und unaufhaltbar, an zwei Krankheiten, die sie von innen her zerstören: an Leukämie und an der Unfähigkeit, ihren Anspruch auf Eigenständigkeit den Erwartungen des Kollektivs unterzuordnen. Literatur, vor gar nicht so langer Zeit für Christa Wolf noch ein Ort zum Vorzeigen von positiv-vorbildlichen Gegenentwürfen zu einer nur hier und da noch nicht völlig perfekten Wirklichkeit, ist jetzt zum prophylaktischen „Aussprechen von krankmachenden Sachverhalten“ geworden: „Ich meine, man kann auch schreiben, wenn man krank ist. Um gesund zu werden. Schreiben kann auch Therapie sein.“[33] Dabei versteht es sich, daß Literatur weiterhin „die Bedingungen untersucht, in denen sich der Mensch als moralisches Wesen selbst verwirklichen kann“ – nur ist der Weg dorthin für Christa Wolf inzwischen ein anderer geworden: „Der Autor müßte also ohne Rücksicht auf augenblickliche Schwierigkeiten ... diese Bedingungen untersuchen und seine Figuren, die er gefunden hat oder erfindet, in solche Bedingungen bringen und mit ihnen experimentieren. Was er da sieht und findet, müßte er ohne Scheu sagen, aufschreiben und nicht fürchten müssen, daß das der Gesellschaft, in der er lebt, schadet, sondern davon ausgehen, daß alles, was wahrheitsgemäß gesagt ist, ihr nutzt ...“[34]

„Verwundbarkeit“ und „Aufrichtigkeit“, „hinter nachdenklicher Ruhe Qual“, „hinter Weichheit Standfestigkeit, hinter Schwere Sensibilität“[35] – im Credo der Essayistin tritt zutage, was der Schriftstellerkollege Günter de Bruyn bei einem „Porträt" auch in den Zügen von Christa Wolf zu entdecken glaubt: „Das Haar ist dunkel. Die Brauen, weil auch dunkel, sind deutlich herausgehoben; tief angesetzt, beschatten sie Augen schwer erkennbarer Färbung. Grau, grün, blau, graugrün, graublau? Bezeichnend die Nase: schon vom Ansatz her Tendenzen zur Breite ... Passend dazu dann die Flächen, groß, ausgedehnt, die Stirn, die Wangen. Diesem Gesicht kann man, ... wenn man Bescheid weiß, ansehen, wo es herkommt. Nicht gerade Landsberg an der Warthe, aber doch die Richtung ... Lachen darf dieses Gesicht nicht, denkt er, obwohl er es auch so schon gesehen hat, gar nicht selten. Lächeln ginge, aber gut wäre es nicht. Ganz und gar nicht vorstellbar ist Zynismus. Eher könnte es da böse aussehen."[36] „Doch wie stellt man ein Gesicht dar, das Verwundbarkeit eher verdeckt als spiegelt? Mit welcher Farbe malt man Aufrichtigkeit?"[37]

Aber die Zeit war 1968 noch nicht reif für subjektive Bekenntnisse: ‚Nachdenken über Christa T.', international, und das heißt auch im sozialistischen Lager, ein riesiger Erfolg, wird in der DDR erst nach fünfjähriger Verzögerung in einer zweiten Auflage gedruckt. Nabelschau, Innerlichkeitskult, Subjektivismus die öffentliche Anklage; das eigentliche Motiv wohl eher die Sorge um den Einschluß der Literatur in eine Konvergenztheorie, die ausgehend von der technologischen Wissensexplosion den Ausgleich zwischen den sozialistischen und kapitalistischen Gesellschaftssystemen voraussagt.

Der Stichtag für eine – freilich wieder nur kurz anhaltende – Modifizierung der DDR-Kulturpolitik kam dann drei Jahre später auf dem VIII. SED-Parteitag im Juni 1971, nachdem die Ablösung von Walter Ulbricht durch Erich Honecker an der Spitze der SED die Voraussetzung für einen Klimawechsel geschaffen hatte. Nicht mehr wettert man nun wie noch 1969 auf dem VI. Deutschen Schriftstellerkongreß gegen „die Doppelbödigkeit der Aussage"[38] und gegen die unproduktive Schreibweise von zeitgenössischen Dichtern wie Christa Wolf, sondern ist gewillt, mit Kurt Hager, dem Chefideologen der SED, zuzugestehen, daß es falsch wäre, „sich die Entwicklung des Sozialismus vereinfacht vorzustellen, als einen ununterbrochen harmonisch verlaufenden Prozeß".[39] Aufgabe des Künstlers sei es nicht, immer nur die ‚Höhen der Kultur zu erstürmen‘, sondern auch „die innere, individuelle Welt der Menschen auszuloten" und den „großen moralischen Fragen ihrer Existenz auf den Grund zu gehen".[40]

Das Konzept des sozialistischen Realismus, so scheint es, hatte sich endgültig zu dem einer „sozialistischen Literatur"[41] erweitert, dem Bitterfelder Weg wurde von Hermann Kant und anderen vor dem VII. Schriftstellerkongreß öffentlich und offiziell der Abschied gegeben.[42] Was nicht heißt, daß Autoren wie Christa Wolf nun die Erlaubnis erhalten hätten, die Entwicklung des sozialistischen Staates und das auch weiterhin angepeilte Endziel der klassenlosen Gesellschaft in Frage zu stellen oder gar künstlerische Varianten von ideologischer Koexistenz zu propagieren. Andererseits hatten die politischen und wirtschaftlichen Erfolge der 60er Jahre, die überdurchschnittliche Wachstumsrate der Industrie, die mühelose Abwehr der Einflüsse des Prager Frühlings und die zunehmende internationale Anerkennung der DDR doch ein derart tiefsitzendes Gefühl von Selbstbewußtsein geschaffen, daß eine kritische Bilanzierung des Erreichten und eine Modifizierung der Planung für die nächsten Entwicklungsabschnitte möglich schien. War es für den ‚Geteilten Himmel‘ noch die durch den Bitterfelder Weg stimulierte Ankunft in einem von Entfremdung bedrohten Alltag der DDR gewesen, die dem reportagehaften Inhalt seine „Überidee" gab, so steht jetzt, der Entwicklung der sozialistischen Gesellschaft entsprechend, die Auseinandersetzung mit den Möglichkeiten und Gefahren des wissenschaftlich-technischen Zeitalters im Zentrum. Davon zeugen Christa Wolfs Besuch bei dem Genetiker Hans Stubbe im Jahre 1969 und die Parallelsetzung der Theorien Einsteins und Heisenbergs mit einer zeitgemäßen Prosa ebenso wie die utopisch-wissenschaftliche Thematik der in dem Band ‚Unter den Linden‘ abgedruckten Erzählungen ‚Neue Lebensansichten eines Katers‘ und ‚Selbstversuch‘. Immer selbstbewußter wird fortan den Zweifeln an der Fähigkeit der gesellschafts- und naturwissenschaftlichen Prognostik Ausdruck gegeben, die Belange des Einzelnen innerhalb der scheinbar fehlerlos programmierten Zukunftsplanung zu berücksichtigen. Kritik wird laut an jenem „Homo technicus", der „auf die Welt gesetzt wird, um in möglichst reibungsloser und technisch perfekter Weise materielle Güter zu schaffen".[43] Und mit der Sprachkrise der ehemals objektiven Naturwissenschaften schleicht sich auch bei der Schriftstellerin die Angst ein, daß sich die Literatur nicht mehr rechtzeitig aus der „Himmelsmechanik" einer „Newtonschen Dramaturgie",[44] sprich: einer präskriptiven sozialistischen Ästhetik, befreien könnte. Kein Wunder, daß sich seither nicht nur Intellektuelle und Künstler, sondern auch Wirtschaftswissenschaftler wie Jürgen Kuczynski an die schon 1923 von Karl Korsch formulierte Theorie zu erinnern begannen, die nicht nur der bürgerlichen, sondern auch der sozialistischen Gesellschaft eine Entwicklung voraussagt, in deren Verlauf neben den üblichen, ‚genetisch' erklärbaren Aufbauschwierigkeiten völlig neue gesellschaftliche Widersprüche entstehen.[45] „Widersprüche, die", wie Christa Wolf im Zusammenhang mit den zwiespältigen Ergebnissen ihres ‚Nachdenkens über Christa T.' anmerkt, durchaus „produktiv sein können",[46] selbst wenn sie sich auf unabsehbare Zeit antagonistisch zueinander verhalten sollten.

Zeit, an einer aufregenden Biographie zu arbeiten, läßt die vielseitige literarische Arbeit Christa Wolf freilich nicht: ‚Lesen und Schreiben', eine Sammlung von „Aufsätzen und Betrachtungen", erscheint zuerst 1971 und seither in mehreren erweiterten und veränderten Ausgaben. Der Erzählungenband ‚Unter den Linden', in zahlreichen Lesungen (auch in der BRD) geprüft, war in der Startauflage von 30 000 Exemplaren sofort vergriffen;[47] und ein ‚Till Eulenspiegel'-Drehbuch wurde 1975 in der Regie von Rainer Simon von der DEFA realisiert. Dazwischen gibt Christa Wolf auf der Leipziger (Frühjahr 1972) oder Frankfurter (Herbst 1974) Buchmesse Interviews, stellt sich Ende 1974 für ein paar Fragen in der Sendung ‚Transit – Kultur in der DDR' im Hessischen Rundfunk zur Verfügung, spricht mit dem Schriftsteller Konstantin Simonow,[48] antwortet auf eine Umfrage des Fischer Verlags zum 100. Geburtstag von Thomas Mann,[49] bezieht Stellung zum Werk von Max Frisch,[50] nimmt den Fontane-Preis des Bezirks Potsdam für 1973 in Empfang und läßt sich auf eine Kontroverse mit der Stadt Braunschweig ein, als diese im Jahre 1972 die zweite Hälfte des Wilhelm-Raabe-Preises an Walter Kempowski verleiht, einen damals noch wenig bekannten BRD-Romanschriftsteller, der 1948 in der SBZ wegen angeblicher Spionage zu einer mehrjährigen Zuchthausstrafe verurteilt worden war.[51] Als folgenreicher hätte sich dagegen ein längerer USA-Aufenthalt im Frühjahr 1974 als Max-Kade-Writer-in-Residence am Oberlin College in Oberlin, Ohio, entpuppen können, der dann freilich, gemessen an den Berichten anderer USA-Reisender aus der DDR,[52] im Werk von Christa Wolf doch nur oberflächliche und wenig überzeugende Spuren hinterläßt.

Höhepunkt von Christa Wolfs Arbeit während dieser ersten, hoffnungsvollen Phase der Ära Honecker ist ohne Zweifel der Roman ‚Kindheitsmuster‘. Und das weniger wegen seiner bisweilen etwas forciert wirkenden ‚modernen‘ Erzähltechnik, sondern weil hier endlich auch in der DDR jener Prozeß der Vergangenheitsbewältigung in Gang gesetzt wird, an dem sich in der Bundesrepublik Autoren wie Günter Grass, Heinrich Böll und Peter Weiss bereits zehn und mehr Jahre zuvor versucht hatten. ‚Kindheitsmuster‘ ist dabei, das darf man ohne Übertreibung sagen, den ungefähr zur selben Zeit erscheinenden Büchern von Hermann Kant ‚Die Aula‘ (1977), und Alfred Wellm, ‚ Pugowitza oder Die silberne Schlüsseluhr‘ (1975), deutlich überlegen. Während Kant sich nämlich bei seinen Erinnerungen hinter allerlei Schnurren, Anekdoten und Witzchen vor einem Vergleich zwischen Vergangenheit und Gegenwart, zwischen der Welt des von den Nazis mißbrauchten, naiv-jugendlichen NS-Soldaten und der ‚heilen‘ Welt des Vizepräsidenten des DDR-Schriftstellerverbandes drückt, steht bei Christa Wolf gerade dieses Nachdenken über die komplexe Beziehung zwischen den Erinnerungen des Erwachsenen auf der einen Seite und den Jugenderfahrungen, die diesem Erinnern zugrundeliegen und es färben, auf der anderen Seite im Zentrum. Und auch bei ‚Pugowitza‘, dem Kants unverrückbare Gewißheiten fern liegen, entsteht im Vergleich zu ‚Kindheitsmuster‘ am Ende eine Leerstelle: Informationen darüber, was denn nun seither aus den Menschen der Frühzeit der DDR und ihren kindlich-utopischen Träumen von einem Gleichheitskommunismus geworden ist, bleiben bei Wellm aus.[53]

Doch die vorsichtigen Erwartungen, die sich mit der Machtübergabe von Ulbricht an Honecker verbunden hatten, sollten Ende 1976 durch die Ausbürgerung des Liedermachers Wolf Biermann schon wieder zerschlagen werden. Spontan unterzeichneten Christa und Gerhard Wolf eine Protestresolution, mit der sich innerhalb von wenigen Tagen nahezu alle prominenten Kulturschaffenden der DDR solidarisch erklärten. Ebenso rasch reagierte die SED mit Parteiverfahren, Ausschlüssen und Rügen. Die Folgen sind bekannt: Während viele ihrer schreibenden Kollegen in den kommenden Jahren in die Bundesrepublik überwechseln oder zwischen den beiden Staaten hin- und herzupendeln versuchen, zieht sich Christa Wolf frustriert und desillusioniert in die Literatur, in die Auseinandersetzung mit dem was in der DDR offiziell gern ‚Kulturerbe‘ genannt wird und in eine rege Reisetätigkeit in das westliche Ausland zurück. Parallel dazu beginnt bei ihr eine bis heute andauernde, den Ost-West-Konflikt überbrückende, intensive Beschäftigung mit Frauen- und Friedensliteratur.

So entsteht nach einer kurzen Zeit der Selbstbesinnung als Ergebnis von Christa Wolfs Nachdenken über die deutsche Romantik neben einer Reihe von Essays und Reden, die mit Arbeiten von Gerhard Wolf in dem Band ‚Ins Ungebundene gehet eine Sehnsucht. Gesprächsraum Romantik‘ (1985) gesammelt sind, die Erzählung ‚Kein Ort. Nirgends‘ (1979). Zu den Friedenstreffen in Berlin (1981)[54] und Den Haag (1982)[55] steuert Christa Wolf wichtige Positionsmeldungen und Diskussionsbeiträge bei. Frauen, allen voran Bettina von Arnim und Karoline von Günderode, aber auch die DDR-Autorinnen Maxie Wander und – erneut – Anna Seghers ziehen ihr Interesse auf sich. Von Frauen, schreibenden Frauen insbesondere, die seit Jahrhunderten von der Gesellschaft ausgeschlossen wurden, gerade deshalb aber womöglich noch weniger deformiert sind als ihre männlichen Partner, erhofft sie sich entscheidende Impulse für die Debatten über ein menschenwürdiges Leben. Bei Frauen, denen das Erlernen des Kriegshandwerks bislang noch nicht abverlangt wurde, sucht sie nach alternativen Modellen für eine Reduzierung und Umkehr des tödlichen Rüstungswettlaufs. Voraussetzung für diese Unternehmungen ist es, daß Frauen lernen, eine eigene, neue Sprache zu finden, die sich von den festgefahrenen Denk- und Schreibmustern der Männerliteratur abhebt.

Frieden, so wie er auf den internationalen Schriftstellertreffs in Ost und West diskutiert wurde, und Frauen, die sich redend, schreibend oder kämpfend gegen die Normen einer von Männern kontrollierten Welt zur Wehr setzen, stehen denn auch im Zentrum jenes Antike-Projekts, mit dem Christa Wolf bei ihren Lesern und Leserinnen ihren bislang mit Abstand nachhaltigsten Erfolg hatte: der Erzählung ‚Kassandra‘ (1983) und den vier, zuerst 1982 in Frankfurt gehaltenen Vorlesungen ‚Voraussetzungen einer Erzählung: Kassandra‘ (1983). Dabei läßt Christa Wolf hier und in ihren anderen Arbeiten zur Frauen- und Friedensliteratur nie einen Zweifel aufkommen, daß Gleichberechtigung nicht dann erreicht ist, wenn Frauen wie Männer geworden sind, sondern allein, wenn „men and women talk to each other and work together“.[56] Genau das freilich vermag sie ihren Frauenfiguren, von Christa T. bis zu Kassandra, vorerst nur indirekt, gleichsam auf dem Umweg über sich selbst zu gewähren. Kassandras letzter Wunsch nach der Zerstörung von Troia, einer jungen Sklavin mit starker Stimme und gutem Gedächtnis von dem selbstverschuldeten Untergang ihrer Heimatstadt, von der Frauengesellschaft am Idaberg und von ihrem Leben als Seherin zu erzählen, muß stellvertretend von der ihr nachgeborenen Christa Wolf erfüllt werden: „Ich will Zeugin bleiben, auch wenn es keinen einzigen Menschen mehr geben wird, der mir mein Zeugnis abverlangt.“[57]

II. Das Werk Christa Wolfs

1. ‚Moskauer Novelle‘

Die Verarbeitung der eigenen Biographie in Literatur, dieser zentrale Aspekt des Wolfschen Werkes mag den DDR-Verlagslektor Gerhard Schneider veranlaßt haben, Christa Wolf um einen Beitrag für seinen Band ‚Eröffnungen. Schriftsteller über ihr Erstlingswerk‘ (1974) zu bitten. Wichtiges ließ sich von der Antwort erhoffen über solch private Dinge wie den ersten Anstoß zum Schreiben, verworfene Versuche, ein enttäuschtes, zweifelndes Selbstbewußtsein und, vor allem, über die Vorbilder, die Quellen und die Entstehungsgeschichte von Christa Wolfs erster Erzählung: ‚Moskauer Novelle‘.

Doch weit gefehlt. Denn was Frager und Leser zu wissen begehren, tut die Schriftstellerin unter der Überschrift ‚Über Sinn und Unsinn von Naivität‘ beinahe grob als „Zudringlichkeit“ ab, läßt es „auf eine so zuverlässige Sperre“ stoßen, daß ihr „tagelang gar nichts einfiel“ und sie die Angelegenheit unerledigt *ad acta* legen wollte: „Welche von Ihren Arbeiten wurde als erste veröffentlicht? (Die ‚Moskauer Novelle‘ ...) Wann? (1959).[1] Wo und unter welchen Umständen wurde sie geschrieben? (In der Stadt Halle an der Saale ...) Vor allem nun: Woher nahmen Sie den Stoff zu dieser Erzählung, was heißen soll: was daran ist ‚erlebt‘, was ‚erfunden‘, wo hätte also der neugierige Leser den ‚autobiographischen Kern‘ des Erzählten zu suchen, der doch im allgemeinen, wie man weiß, zu Literatur verarbeitet wird? (Diesen Versuch, mich zu unfreiwilligen und überdies unwichtigen und irreführenden Geständnissen zu verleiten, schlage ich mit dem Hinweis ab, daß sich die Mühe des ‚Verarbeitens‘ nur lohnt, wenn sie nicht später durch leichtfertiges Ausplaudern zunichte gemacht wird.)“[2]

Warum also antwortet Christa Wolf überhaupt auf jene

Umfrage? Die Antwort liefert sie in dem immerhin zehn Seiten zählenden Essay gleich mit: „Nicht, um unnötigerweise gesellschaftliche Kräfte an die Vergangenheit zu binden, sondern um sie produktiv zu machen für die Gegenwart, hat eine andauernde unerschrockene Arbeit gerade an jenen Vergangenheitskomplexen stattzufinden, deren Berührung schmerzt."[3] Schmerz aber rufen, wie sich beim Weiterlesen herausstellt, weniger die allzu offensichtlichen formalen Mängel der Erstveröffentlichung hervor, also die übertriebenen Bilder und die allzu einfache Grundkonstruktion des Konfliktes, als vielmehr die neugewonnene Einsicht in die Voraussetzungen für diese Schwächen. Mit dem simplen Hinweis auf mangelnde Erfahrung und den schwer kontrollierbaren Übereifer der literarischen Novizin ist es nämlich nicht mehr getan für Christa Wolf. Vielmehr werden die „Gründe für die Spät-Reife"[4] ihres Jahrgangs, die spannungsreiche Vermischung von privatem schriftstellerischem Anspruch und öffentlichem Auftrag, jetzt im Rückblick eher mit den Entwicklungsproblemen der DDR verbunden: „Nicht daß ich die eminenten Beziehungen zwischen Literatur und gesellschaftlicher Moral leugnen wollte ...; obwohl es doch eine Zeit gab – man vergißt zu schnell! –, da gewisse, nach vorgefertigten Rezepten hergestellte Abziehbilder unter dem Stempel ‚Parteilichkeit' laufen konnten und wir, Anwesende immer eingeschlossen, uns an einen recht fahrlässigen Gebrauch dieses Stempels gewöhnten ... Auch soll hier weder bestritten noch etwa bemäntelt werden, daß dieses Maß [an Selbst-Täuschung und Naivität] in der Jugend größer sein muß als späterhin, wenn Ent-Täuschungen mehr Nüchternheit hervorgebracht haben ... Nur ist dreißig Jahre nicht mehr Jugend."[5]

Ein Beitrag zur Vergangenheitsbewältigung will der Aufsatz vom August 1973 also sein, Auseinandersetzung mit den „frommen Ansichten"[6] und uhrwerkmäßig abschnurrenden Traktaten der sozialistisch-realistischen Literatur der späten 50er Jahre. Bewältigung von Vergangenheit, die der eigenen und die jenes schuldbeladenen Landes, dem man wohl oder übel auch als Bürger der DDR angehört, ist aber auch das

Thema der 1961 im Hallenser Mitteldeutschen Verlag erschienenen ‚Moskauer Novelle'. Vera Brauer, 30(!), Kinderärztin, trifft da im Juni 1959 als Mitglied einer Delegation der Berliner medizinischen Fakultät in Moskau in dem Dolmetscher Pawel Koschkin jenen russischen Offizier wieder, der ihr vierzehn Jahre zuvor während der Nachkriegswirren die Grundbegriffe des Sozialismus erklärt und vorgelebt hatte. Behutsam erwacht bei dem täglichen Zusammensein, den Exkursionen durch die Stadt und den Ausflügen in die Umgebung ihre alte Liebe, bis sich beide plötzlich mit neuer und lang verdrängter Schuld konfrontiert sehen. Einmal nämlich entspricht die Liebe der inzwischen längst verheirateten Jugendfreunde nicht mehr dem Moralkodex der neuen, sozialistischen Gesellschaft. Zum anderen erfährt Vera erst jetzt, warum Pawel, der einmal Chirurg hatte werden wollen, sich mürrisch und lustlos als Dolmetscher abplagt: Damals, 1945, hatte mit Wissen und stillschweigender Billigung der kaum 16jährigen eine Bande ehemaliger Nazis, verkleidet als KZ-Flüchtlinge und „Rote Kommandanten", ein Magazin der Besatzer in Brand gesteckt. Pawel, der Russe, war bei den Löscharbeiten so schwer verletzt worden, daß er seither an Sehstörungen leidet. Vera, die Deutsche, durch diesen Zwischenfall endgültig von ihrem Haß gegen die Sieger befreit, hatte von den Folgen der Verletzung Pawels nichts mehr erfahren: während sie mit Typhus im Krankenhaus lag, wurde Pawels Truppenteil verlegt.

Anlaß zur Verarbeitung von autobiographischen Elementen gibt es da genug für Christa Wolf: so wird – Vorwegnahme vieler Details aus ‚Kindheitsmuster' – auf die Flucht aus der Heimat jenseits der späteren Oder-Neiße-Linie angespielt und auf die Erlebnisse als Schreibhilfe in der Bürgermeisterei eines kleinen Dorfes im Mecklenburgischen. Reisen der DDR-Kritikerin und Kulturredakteurin in die Sowjetunion lassen sich auswerten. Und die dort am eigenen Leib erfahrene Konfrontation von Vergangenheit und Gegenwart, der bewußt noch einmal nachvollzogene Weg vom BdM-Mädchen zur Parteigenossin in einem sozialistischen Staat wird zum Schicksal einer Generation hochstilisiert, die ihre nationalsozialistische Vergangenheit oft nur durch das Eingehen neuer persönlicher und politischer Kompromisse zu überwinden vermochte.

Doch die eigene Biographie ist in Christa Wolfs Erstlingswerk nur Auslöser, Material, und noch nicht wie in den Romanen über Christa T. und Nelly Jordan Mittel zur Öffnung einer neuen, tiefergreifenden Dimension des Erzählens. Was zehn, fünfzehn Jahre später als kompositorisch komplizierte Verquickung von dokumentarisch-authentischem Material, Erinnerungsbruchstücken und Erfahrungen zum wichtigsten Garanten für die subjektive Authentizität der Wolfschen Prosa werden wird, ist in der frühen Erzählung lediglich Quelle für die wahrheitsgetreue Abspiegelung von Stimmungen und Milieubildern. Nachdrücklich behauptet sich deshalb der Eindruck, daß die Akteure dieser Novelle die historischen Konflikte nicht „unbewußt" durch ihre Handlungen durchscheinen lassen, sondern allein zu dem Zweck erfunden worden sind, die Typik der geschichtlichen Gegebenheiten zu demonstrieren. „Anscheinend wurden da aus Angst vor schwer kontrollierbaren Sprengkräften eindämmende Erfindungen zu Hilfe geholt, Bauteile, die zu einer Geschichte verknüpft werden konnten ... Wie kann man mit fast dreißig Jahren, neun Jahre nach der Mitte dieses Jahrhunderts und alles andere als unberührt und ungerührt von dessen bewegten und bewegenden Ereignissen, etwas derart Traktathaftes schreiben?"[7]

Die Schuld der Vergangenheit, in der sich stellvertretend die Schuld des deutschen Volkes widerspiegelt, stellt aber, wie gesagt, nicht Veras einzigen Fehltritt dar. Mit der Erneuerung ihrer Liebe zu Pawel droht sie auch die ungeschriebenen Gesetze sozialistischer Disziplin und Moral zu verletzen, den Erfolg der Verhandlungen ihrer Delegation durch ihre frühzeitige Rücksendung zu gefährden und Pawels Zukunft erneut zu ruinieren. Pawel und Vera sind nämlich, wie in einer sozialistisch-realistischen Erzählung aus den 50er Jahren nicht anders zu erwarten, inzwischen glücklich verheiratet: sie mit einem Doktoranden der Chemie, er mit einer Biologin. Veras Antwort auf die Frage des Geliebten, ob „der Mensch nur einmal im Leben lieben könne", bleibt also rhetorisch: zwar will man als Zeitgenosse der wissenschaftlich-technischen Revolution durchaus „kein Mystiker" (55)[8] sein, doch der Moralkodex der sozialistischen Gesellschaft läßt auch so für die Erfüllung ihrer Liebe keinen Raum. Dabei dient, auch das ist typisch für die DDR-Literatur jener Zeit, das Kollektiv als Korrektiv, bei ihr der mit allen Wassern gewaschene Delegationsleiter Walter Kernten, bei ihm die Altkommunistin und Professorin Lidia Worochinowa. Für die Verteidigung der individuellen Lebenserwartungen einer Außenseiterin wie Christa T. gegen die unmäßigen Ansprüche der Gemeinschaft ist hier noch kein Platz; noch ist man als Bürger und Schriftsteller der DDR allzu defensiv eingestellt, noch sind die Prinzipien des Sozialismus im eigenen Land nicht genug gefestigt, um großzügig und flexibel gehandhabt zu werden. Liebe und Verzicht, Kritik und Selbstkritik wirken konstruiert, bleiben kleinbürgerlich und eng.

Handlung gibt es folglich kaum in dieser Novelle. Haupt- und Nebenpersonen beziehen ihre persönlichen und weltanschaulichen Positionen vor allem in Dialogen und Erinnerungsbruchstücken, werden zu leicht identifizierbaren Typen nicht durch das, was sie tun, sondern durch das, was sie getan haben und was sie jetzt sind. Veras ‚Schwächen' treten in nervösem Rauchen oder emotionalen Ausbrüchen zutage: „„Ja, ihr! Ihr habt alles hinter euch und kennt keine Zweifel und wißt jede Antwort und macht uns ganz mutlos mit eurer Vollkommenheit. Aber es langweilt mich, hörst du, es hängt mir zum Halse heraus, immer nur brav zu sein. Das ist ja nicht mehr menschlich, was ihr verlangt!" " (71). Konstruiert und schwerfällig wirkt der Konflikt, in den Pawel verstrickt ist: Enttäuscht von seiner verpfuschten Karriere als Arzt mangelt es ihm an Motivation, als Lektor für Deutsch an einem eben gegründeten Technikum im Fernen Osten neu anzufangen. „„Er hat Angst ... Er hatte sich doch schon abgefunden, ersatzweise zu leben, hatte sich eingerichtet, hatte seine Ansprüche an sich nach und nach gesenkt.' " (84–5) Und auch die Liebe zu Vera wird zunächst einmal äußerlich, auf gesellschaftlicher Ebene interpretiert: „Er wollte sich Grund zur Verzweiflung schaffen, um nicht nüchtern entscheiden zu müssen, was er nicht entscheiden wollte." (85) Denn was Pawel an Vera so attraktiv findet, ist nicht allein die Wiederholung der Vergangenheit, sondern die Tatsache, daß Vera beruflich wie auch privat nie aufhört „zu wachsen", „nie auf alle Fragen eine Antwort" weiß, es wagt, „ungeschützt" (75), „mit offenem Visier" (53) zu leben.

Gefahr, daß die Gesellschaft Pawel wegen seiner Mutlosigkeit fallen ließe, besteht freilich nicht. Professor Worochinowa, merkwürdig genau informiert über das Leben eines Mannes, mit dem sie bislang wenig zu tun gehabt zu haben scheint, wird auf Bitten Veras die *dea ex machina* spielen und Pawels Fall vor den Dekan der Fakultät bringen. Und auch Vera, von der Worochinowa gefragt, ob es denn nicht allzu „edelmütig" (88) sei, wenn sie zurücktrete und ihn weit fortschicke, fügt sich selbstlos und opferwillig in die gesellschaftliche Notwendigkeit, indem sie den Geliebten aufgibt. „Auffällig ist doch," meint Christa Wolf dazu in ihrem Rückblick aus dem Jahre 1973, „daß die gemischten Gefühle, die beim Wiederlesen der Erzählung in mir aufkamen, gerade durch die fast völlige Abwesenheit gemischter Gefühle in dem Text hervorgerufen wurden. Treu und Glauben, Liebe, Freundschaft, Edelmut und Geradlinigkeit ... Im Jahre neunundfünfzig konnte man doch schon ein paar Informationen über den realen Hintergrund des Lebens einer sowjetischen Familie haben oder über die Schwierigkeiten in den Beziehungen zwischen zwei Völkern ... Und es kann nicht einmal einer Liebesgeschichte erlaubt sein, von einem Ereignis, wie es zum Beispiel der 20. Parteitag war, nur ein paar Reflexe in einer Idylle aufzufangen."[9]

Sozialistisch-realistisch wie die Problemstellung, die Charakterkonzeption und das für die sozialistische Gesellschaft positive Ende ist denn auch die Form der ‚Moskauer Novelle'. Chronologisch schreiten die Ereignisse auf ihren Höhepunkt und ihre Lösung zu; geschlossen wird aus der Perspektive Veras erzählt; streng sind die Erinnerungspassagen von der Gegenwartshandlung getrennt. Innere Monologe, wie Jahre später jene der troischen Seherin Kassandra, oder die suggestive Unmittelbarkeit der erlebten Rede gibt es noch nicht. Vielmehr werden die beiden Zeitebenen der Erzählung, 1945 und 1959, mechanisch durch Rückblenden und Assoziationen miteinander verknüpft: im Regen, der heute wie damals nach „Puder" und „Feuchtigkeit" (11) riecht, durch irgendwelche „blaugrauen Wolken" (92) oder im Schicksal eines russischen Mädchens, dessen Familie von den deutschen Besatzern ermordet wurde. Immer wieder verzögern Stadt- und Milieubeschreibungen den Handlungsablauf, so daß Christa Wolf später von „naturalistischer"[10] Schreibart spricht. Noch ist nichts vom montierenden Reportagestil des ‚Geteilten Himmel' zu spüren; nichts deutet voraus auf die vielschichtige Struktur späterer Erzählungen wie ‚Juninachmittag' oder ‚Unter den Linden'. Manches wirkt, als sei es aus einem beliebigen Reiseführer über Moskau und Kiew abgeschrieben, anderes macht den Eindruck, als entstamme es den Erinnerungen der Rußlandreisenden Christa Wolf, statt integraler Teil der Entwicklung Veras zu sein: „Moskau ist eine auf sieben Hügel gebaute weitläufige Stadt, die sich übergangslos aus dem unendlich hingebreiteten Land erhebt." (20) Oder: „Lange stand sie an einer verkehrsreichen Kreuzung und bewunderte die Fußgänger, die sich bei rotem Licht über die Straße wagten und von den Autos vorsichtig umfahren wurden. Strenge dunkelblaue Milizmänner in wassertriefenden Regenumhängen, hohe Schirmmützen mit rotem Band auf dem Kopf, wachten über ihr Gebiet ..." (12–13) Kein Wunder, daß sich die von Hans Man angefertigten Illustrationen zur ‚Moskauer Novelle' auf die Abbildung von unverbindlichen Straßenszenen und Milieuschnappschüssen beschränken – keine der Personen wirkt plastisch genug, um im Bild dargestellt zu werden.

Die Häufigkeit, mit der Rückblenden, Stimmungsbilder und reiseberichtartige Passagen den Handlungsablauf unterbrechen, muß schließlich die Frage nach der Gattungsbezeichnung aufkommen lassen: Novelle. Zwar steht in Erfüllung der Poetik dieser Prosaform ein „außergewöhnliches Ereignis" im Zentrum der Handlung – die Wiederbegegnung zweier Geliebter nämlich. Auch weist der persönliche Konflikt der unerlaubten Liebe über sich hinaus auf historische und menschliche Grundsituationen, wobei Schuld und Sühne in beinahe schon tragischen Dimensionen konzipiert sind. Und schließlich ist auch der Umfang des Textes wohl zu knapp für einen Roman, zu lang dagegen für eine moderne Kurzgeschichte. Was aber als wichtigste Eigenschaft für die Form der Novelle gilt, fehlt nahezu völlig: eine Konzentrierung des Stoffes durch erzählerische Straffung und sprachliche Verdichtung der Darstellung. Neben den Milieubildern, allen voran die immerhin ein Drittel des Textes umfassende Fahrt nach Kiew, fallen in diesem Zusammenhang vor allem die Menge und die Funktion der auftretenden Nebenpersonen aus dem Rahmen. Denn ohne sie wie in einem Roman mit eigener Vergangenheit und eigenen Konflikten voll entwickeln zu können, gibt Christa Wolf diesen Figuren doch so viel an individuellen Zügen mit auf den Weg, daß die Aufmerksamkeit des Lesers immer wieder von der Haupthandlung abgelenkt wird. Menschliche und politische Sühne jedenfalls, wie sie in der ‚Moskauer Novelle' von Kernten, der Worochinowa, Kolja (der als Typ der unschuldig-naiven ‚schönen Seele' mit leicht verändertem Namen und Lebensdaten noch einmal an entscheidender Stelle in ‚Nachdenken über Christa T.' auftritt) und dem Studentenvertreter Heinz Krüger vorgeführt werden, finden sich in ähnlicher Konzentration sonst bestenfalls in jenen ‚Stella'-Romanen, vor denen Christa Wolf schon 1955 mit gutem Grund als „Rauschgift" gewarnt hatte: „. . . nach der Arbeit eine Stunde lang Fata Morgana, Traum vom großen Glück nach dem ein wenig Mühseligen auf dieser Erde, Schönheit, Vollkommenheit, Liebe – mal ‚etwas anderes' ".[11]

Und doch lohnt es sich, Christa Wolfs Erstling genau zu lesen. Denn trotz aller Schwächen lassen sich hier bereits jene Keime erkennen, die sich in Christa Wolfs nächsten Prosawerken weiter entwickeln werden und schließlich zu entscheidenden Modifikationen der Thematik und der Erzählweise des sozialistischen Realismus führen.

So wird in der ‚Moskauer Novelle' die historisch-politische Problematik in das Innere der Menschen verlegt und eine Liebesgeschichte als Medium verwendet, um über die tragische

Konfrontation zwischen zwei Völkern nachzudenken. Die Hauptakteure sind weniger durch ihre Taten als durch ihre moralischen und emotionalen Überzeugungen gekennzeichnet, obwohl Christa Wolf es sich in Nachfolge ihrer Lehrerin Anna Seghers bei Kernten und Pawel nicht verkneifen kann, die innere Haltung bis in die äußere Erscheinung durchschlagen zu lassen: Walter zum Beispiel, dem „in Demonstrationen, Aufständen, Verhören und Zuchthausjahren" „das unbewegliche Gesicht gewachsen" war, „das er heute noch trug", erlaubt erst beim Anblick des roten Sterns am Spaßkiturm seinen versteinerten Zügen, wieder „durchscheinend" zu werden und „sein Inneres ... nach außen" (18) zu kehren. Und als es ziemlich genau in der Mitte der Novelle dazu kommt, über den neuen Menschen der Zukunft zu diskutieren, darf Pawel Dinge sagen, die auch Christa T., Karoline von Günderode oder Kassandra nicht viel anders formulieren: „Mit offenem Visier leben können. Dem anderen nicht mißtrauen müssen. Ihm den Erfolg nicht neiden, den Mißerfolg tragen helfen. Seine Schwächen nicht verstecken müssen. Die Wahrheit sagen können. Arglosigkeit, Naivität, Weichheit sind keine Schimpfwörter mehr. Lebenstüchtigkeit heißt nicht mehr: heucheln können." (53)

Beibehalten und ausbauen wird Christa Wolf auch die Methode, historische und zeitgenössische Themen mit Hilfe von autobiographischen Erlebnismustern transparent zu machen: So wird, was 1961 in der ‚Moskauer Novelle' als ein erster Beitrag zur Vergangenheitsbewältigung geplant war, beim Nachdenken der Christa T. und ihrer Freundin über die Erfahrungen ihrer Generation, der „manche Illusion bis auf den Grund zerstört" (51) worden war, obwohl sie sich „gegen gewisse Einflüsse ... für immer immun" (52) geglaubt hatte, fortgesetzt werden, um schließlich in ‚Kindheitsmuster' als zentrales Problem der eigenen Entwicklung und eines entscheidenden Abschnittes der DDR in den Mittelpunkt eines umfangreichen Romans gestellt zu werden.

„Ich weiß", hält die Autorin in einem Interview mit dem sowjetischen Autor Konstantin Simonow im Juli 1973 zur

Erzählweise dieses Romans fest, „daß meine Generation, deren Kindheit in die Zeit des Faschismus fiel, dieses Erlebnis noch nicht wirklich ‚verarbeitet' hat. Ich schreibe ein Buch über eine solche Kindheit in dieser Zeit. Natürlich habe ich da keinerlei Tagebuchmaterial. Ich versuche authentisch zu sein dadurch, daß ich mich auf meine Erinnerung stütze und dann diese Erinnerung an Dokumenten überprüfe, die mir zugänglich sind . . ., so daß das Buch, um ‚realistisch' zu sein, mehrere Ebenen bekommen muß."[12] Ähnliche Beweggründe scheinen sie dreizehn Jahre zuvor zum Schreiben überhaupt und zur Niederschrift der ‚Moskauer Novelle' gebracht zu haben. Damals noch weniger als heute um die Enthüllung der Intentionen ihrer Arbeiten besorgt, stellt sie dazu im Jahre 1965 in einem Selbstporträt fest: „Als erstes ließ ich die ‚Moskauer Novelle' passieren . . . Ich schrieb sie nach meinem zweiten Aufenthalt in Moskau; die Motive dazu hatten mich seit langem beschäftigt und waren durch neue Erlebnisse und Erfahrungen, vor allem durch den Wunsch, sich zu verdoppeln, hier und dort sein zu können, aktiviert worden . . . Diese Sehnsucht, sich zu verdoppeln, sich ausgedrückt zu sehen, mehrere Leben in dieses eine schachteln, auf mehreren Plätzen der Welt gleichzeitig sein zu können – das ist, glaube ich, einer der mächtigsten und am wenigsten beachtetsten Antriebe zum Schreiben . . . Ich habe früh versucht, die Verwandlung zu vollziehen, auf weißem Papier: Der Schmerz über die Einmaligkeit und Unwiederholbarkeit des Lebens ließ sich mildern."[13]

2. ‚Der geteilte Himmel'

Wie nicht anders zu erwarten, blieb die ‚Moskauer Novelle' weitgehend unbeachtet. Ein paar höfliche Rezensionen, unter anderem in der ‚Neuen deutschen Literatur',[1] bei der Christa Wolf bis kurz zuvor noch selbst als Redakteurin gearbeitet hatte, einige beiläufige Bemerkungen in Aufsätzen zu den nachfolgenden Werken, ein lokaler Literaturpreis – das war alles.

Als zwei Jahre später Christa Wolfs nächstes Buch, ,Der geteilte Himmel' (1963), erschien, hatte sich das Bild radikal geändert. Diesmal war die Debatte, die bereits mit dem Fortsetzungsabdruck des Romans in der Studentenzeitschrift ,Forum' einsetzte, derart lebhaft, daß sie 1965 (die „Vorbemerkung des Herausgebers"[2] Martin Reso ist sogar bereits auf Mai 1964 datiert) beim Mitteldeutschen Verlag in einem Bändchen gesammelt veröffentlicht wurde. Renommierte Kritiker wie Eduard Zak und Günther Wirth meldeten sich zu Wort neben bekannten Literaturwissenschaftlern (Hans Koch, Dieter Schlenstedt, Hans Jürgen Geerdts), einem „Zirkel schreibender Arbeiter des VEB Waggonbau Ammendorf", in dem ein Gutteil der Handlung spielt, den Mitarbeitern und Lesern der Zeitschriften ,Freiheit' und ,Forum' und, im Hintergrund, hochgestellten Parteifunktionären wie Kurt Hager, Alfred Kurella und Walter Ulbricht. Doch was als politisch gewagter und beileibe nicht immer nur sachlich geführter Meinungsaustausch anfing, löste sich schon bald zur allgemeinen Befriedigung in einem überraschend klaren Consensus auf: Mit Zustimmung von allerhöchster Stelle stimmte alles, was Rang und Namen besaß, darin überein, daß die kritischen Kommentare zum Roman als Polemiken aus der Mottenkiste der Dogmatiker und als Restbestände aus einer, wie man meinte, schon längst vergangenen Ära des Stalinismus abgetan werden könnten. Resos Dokumentation war, beinahe mehr noch als der Roman selbst, zu einem Beleg für das relativ liberale Klima geworden, das sich in den Jahren nach dem Mauerbau in der DDR-Kulturpolitik auszubreiten schien.

Was aber war so Besonderes an diesem Roman, daß er zu einem weithin debattierten, viel übersetzten und innerhalb eines Jahres in mehreren Zeitschriften und immerhin zehn Auflagen mit insgesamt 160 000 Exemplaren nachgedruckten Erfolg wurde, der seiner Autorin nicht nur im Osten zu plötzlichem und bis heute anhaltendem Ruhm verhalf?

Rita, ein 19jähriges Dorfmädchen, verliebt sich im Herbst 1959 unter ganz alltäglichen Umständen in einen Doktor der Chemie, folgt ihm als Studentin an einer pädagogischen

Akademie in die große Stadt (Halle), lernt während der Semesterferien in einem Waggonwerk die Grundbegriffe sozialistischer Produktion und Solidarität kennen und verliert schließlich unmittelbar vor dem 13. August 1961 den Geliebten nach West-Berlin, als dieser sich, ohnehin bedroht durch seine bürgerliche Klassenherkunft und seinen skeptisch-nihilistischen Intellekt, bei der Realisierung eines Forschungsprojektes von scheinbar unüberwindlichen bürokratischen Widerständen umstellt sieht. In West-Berlin erreicht der Roman in der Abschiedsszene der sich voneinander entfremdenden Liebenden seinen Höhepunkt – wenn auch nicht sein Ende: denn erzählt wird diese Geschichte ohne Happy-End aus der Perspektive von Rita, die im Herbst 1961 nach einem Selbstmordversuch in einem Sanatorium rückblickend jene Ereignisse zu bewältigen sucht, indem sie ihren vormals eher passiven und emotionalen Reaktionen eine rationale, gesellschaftsbewußte Erklärung unterlegt.

So wie die Erzählweise, die bei der Verknüpfung der Gegenwarts- und Erinnerungsebene noch recht vorsichtig mit solch „modernen" Darstellungsmitteln wie innerer Monolog, Zeitsprung, Blende und Montage operiert, nur einen milden Schock bei der DDR-Kritik auslösen konnte, scheint auf den ersten Blick auch die Fabel, wie Rita gleich zu Anfang selbstkritisch feststellt, eher „banal" (11)[3] zu sein: eine leicht variierte Neuauflage jener unglücklichen Liebesgeschichte zwischen Vera und Pawel bestenfalls, bei der nicht Moskau, sondern eine Stadt in der DDR den Schauplatz abgibt, die Liebenden zwar aus ein und demselben Land, aber verschiedenen gesellschaftlichen Schichten kommen und ihre Trennung nicht durch den puritanischen Moralbegriff der sozialistischen Gesellschaft oder die zu spät nachgeholte Bewältigung der Nazi-Vergangenheit, sondern den Bau der Mauer erzwungen wird, die hüben mit Terror, drüben mit dem Schutz der Staatsgrenze erklärt wird. Oder man wäre versucht, in der Geschichte von Rita und Manfred ein sozialistisches Gegenstück zu Uwe Johnsons Behandlung der deutschen Teilung in dem Roman ‚Mutmaßungen über Jakob' (1959) zu sehen bzw. ein dramatisch zugespitztes Fortspinnen des Ost-West Konfliktes, dem Christa Wolfs Vorbild Anna Seghers im vorletzten Band ihrer Deutschland-Trilogie, ‚Die Entscheidung' (1959), dem damaligen politischen Klima entsprechend noch allzu schematisch und statisch Rechnung getragen hatte.

Doch so leicht macht es sich Christa Wolf in ihrem zweiten Buch nicht mehr. Denn was sich als belletristischer Beitrag zur internationalen Propagandaschlacht um Berlin ankündigt, entpuppt sich bei genauerem Hinsehen als erste Auseinandersetzung mit jenem Thema, das Christa Wolf seither immer radikaler in den Mittelpunkt ihres Schaffens gestellt hat: das Recht des Einzelnen, einer Frau zumeist, auf Selbstverwirklichung und sein Aufbegehren gegen die Entfremdung, Vereinzelung und Bürokratisierung des Lebens in der modernen, von den Idealen der wissenschaftlich-technischen Revolution geprägten Industriegesellschaft. „Ich selbst hab'", betont Christa Wolf in einem Interview für den Hessischen Rundfunk, „das wird Sie vielleicht wundern, während der Arbeit eine Variante erwogen, ... daß dieses Paar sich zwar trennt, aber ohne daß einer der beiden ... die DDR verlassen hätte. Weil nämlich mein Grundthema, mein erstes Thema für dieses Buch nicht die Teilung Deutschlands war, sondern die Frage: Wie kommt es, daß Menschen auseinandergehen müssen?"[4]

Geteilt wird der Himmel Deutschlands also nicht nur durch die Existenz zweier deutscher Staaten und deren politische Systeme, sondern vor allem durch das Überleben der alten und das (hier nur erst als potentielle Gefahr angedeutete) Entstehen von neuen antagonistischen Widersprüchen innerhalb der modernen Massengesellschaften – gleichgültig, ob auf sie nun der Begriff Spätkapitalismus oder Übergangsgesellschaft zutrifft. Damit wollen auch Rita und Manfred, jenes bisweilen ein wenig an Romeo und Julia erinnernde Liebespaar, zunächst einmal nicht als Symbolfiguren für die beiden Teile Deutschlands interpretiert werden, so wie das bei dem B. und D. (für BRD und DDR) genannte Pärchen in Uwe Johnsons zwei Jahre später erschienenem Roman ‚Zwei Ansichten' der Fall ist, sondern als Beispiele für die beiden grundsätzlichen Lebensmöglichkeiten, zwischen denen nach Christa Wolf heutzutage jeder Mensch zu wählen hat: dem zynisch-resignierten, achselzuckenden und perspektivelosen, aber wohlorganisierten und reibungslos funktionierenden Opportunismus einer Konsumgesellschaft auf der einen und dem tätigen, optimistischen Sich-Einordnen in eine neue (sozialistische) Menschengemeinschaft auf der anderen Seite, auch wenn deren Ideale sich bislang nur in einigen wenigen, unter Übereifer, Engstirnigkeit und Verplanung nicht immer sofort identifizierbaren Ansätzen realisiert haben. Ankunft im Alltag der DDR bedeutet also auch Ankunft bei der nicht ohne weiteres mit den optimistischen Zukunftsvisionen des sozialistischen Realismus zu vereinbarenden Einsicht, daß dieser Alltag noch voller schwer lösbarer Widersprüche steckt. Wobei sich Autor und Leser offensichtlich 1963 der eigenen Erfolge und Möglichkeiten noch nicht sicher genug sind, um, wie zehn Jahre später in ,Nachdenken über Christa T.', eine Figur zu akzeptieren, die an der Diskrepanz zwischen Ideal und Wirklichkeit öffentlich und privat zerbricht. Rita Seidel muß, wenn auch unter persönlichen Verlusten und mit Hilfe einer merkwürdig verschwommenen weltanschaulichen Argumentation ein letztes Mal versuchen, den Riß, der nicht nur in ihrem Leben klafft, zu schließen. Was sich auf den ersten Blick wie ein Plädoyer für die Emanzipation der Frau liest, endet so mit der „Überwindung privater Sehnsüchte" vor „der Integration in den Produktionsprozeß": „Ritas Reifung, ihre Entwicklung zu mehr Selbstbewußtsein, ihre Aktivität im betrieblichen und gesellschaftlichen Bereich und die Ausprägung ihres sozialistischen Bewußtseins, ist mit einer Vereinseitigung ihrer Persönlichkeit erkauft."[5]

Ihre Jugend verbringt Rita in einer dörflich-idyllischen Umgebung, die in vielem mehr den romantischen Klischees von einer vorbürgerlichen Gesellschaft als dem Leben in einer der wichtigsten Industrienationen der Welt entspricht. „Sie war zufrieden mit ihrem Dorf: Rotdachige Häuser in kleinen Gruppen, dazu Wald und Wiese und Himmel in dem richtigen Gleichgewicht, wie man sich's kaum ausdenken könnte." (11) Gesellschaftliche Spannungen, Aufbauprobleme oder eine unbewältigte Vergangenheit scheint man hier nicht zu kennen. Sonnenuntergänge über Chausseestraßen und „klares Morgenlicht" gibt es dagegen in Hülle und Fülle, während der „blaue Himmel" (11), „als wäre es nichts", ebenso wie „die beiden Hälften der Erde" (16) noch ohne weiteres nahtlos zusammenpaßt. Alles, sogar die „Unruhe und Aufbruchstimmung" (14–15), in der sich das Land ringsum befindet, kann sich hier im ewig gleichen jahreszeitlich bestimmten Rhythmus des Lebens verlieren: „Schon bemerkte sie an sich mit Schrecken Zeichen der Gewöhnung an den einförmigen Ablauf ihrer Tage. Wieder wurde Herbst. Zum drittenmal sollte sie zusehen, wie die Blätter von den zwei mächtigen Linden vor ihrem Bürofenster fielen. Manchmal schien ihr das Leben dieser Bäume vertrauter als ihr eigenes." (15)

Aufgeschreckt wird Rita aus dieser zeitlosen Idylle durch zwei ‚historische' Begegnungen: durch ihre Liebe zu Manfred, einem Intellektuellen aus bürgerlichem Elternhaus und, beinahe gleichzeitig, durch das Zusammentreffen mit dem sozialistischen Lehrerwerber Erwin Schwarzenbach. Individueller Rückzug in ein privates, bürgerliches Liebesglück oder die bewußte Annahme von gesellschaftlicher Verantwortung, pessimistisch-zynisches Infragestellen der Möglichkeiten des modernen Lebens oder das tätige Aufgehen in einem sozialistischen Staat, dessen Mitglieder bereit sind, unter Opfern ihr Los zu verbessern: eben diese historische Alternative gibt, ohne daß sich irgendwo konkret die Möglichkeit auf eine in absehbarer Zeit realisierbare Versöhnung der Gegensätze abzeichnet, das im folgenden immer wieder variierte, modifizierte und verfeinerte Thema des Romans (wie auch den wichtigsten Streitpunkt der Literaturkritik) ab.

Zeit und Gelegenheit, die brisanten Gegensätze zu reflektieren und in Ruhe ausgewogene Entscheidungen zu treffen, erhält Rita nicht. So reagiert sie auf die „politische" Werbung Schwarzenbachs ähnlich emotional und ‚bewußtlos' wie auf die Liebe Manfreds: „Rita übereilte sonst nichts, aber wichtige Entschlüsse faßte sie von einer Sekunde zur anderen. Es gelang ihr, während sie, ein wenig abwesend, nach ihrem Federhalter suchte, in Blitzesschnelle den Zufall dieser Lebenswende für sich in Notwendigkeit zu verwandeln." (21) Nichts ist da zunächst zu spüren von einer Einsicht in die Bewegungsgesetze der Geschichte, nichts von gesellschaftlichem Veranwortungsbewußtsein. Vielmehr sieht sich Rita auch in ihrem neuen Lebenskreis in der Stadt, in die sie Manfred und Schwarzenbach folgt, zu einer passiv beobachtenden Statistin degradiert, für die sich erst aus der Perspektive der rückblickenden Erzählsituation heraus einige der Verhaltensmuster, Konflikte, Erfolge und Träume als repräsentativ für die Entwicklung der sozialistischen Gesellschaft entpuppen. Das fängt an mit den widersprüchlichen Ungewißheiten ihrer Umgebung, die auf sie plötzlich und von allen Seiten in der Spannung zwischen Gegenwart und Vergangenheit, zwischen der neuen sozialistischen und den Überresten der alten bürgerlichen Gesellschaft einstürmen: in ihrer Brigade, in der ein ehemaliger Offizier mit dem vielsagenden Spitznamen „der kühle Herbert" (32) die Erhöhung der Normen zu sabotieren sucht; in der Akademie, wo ihr der „blinde Eifer", die „Maßlosigkeit und Ich-Bezogenheit" (124) eines üblen Dogmatikers als ,bürgerliche' Untugend erscheinen; in der Verschandelung der Natur durch die Auswirkungen der industriellen Revolution, die in der chemischen Industrie ebenso wie im Symbol der Eisenbahn und der Spinn-Jenny ihren Ausdruck findet; in den Gedenktafeln, die in den Arbeitervierteln an die Märzkämpfe des Jahres 1923 erinnern; in den Stockungen des modernen Verkehrs in dem uralten, verbauten Zentrum der Stadt; und, wohl am intensivsten, weil am unmittelbarsten, im bürgerlichen Elternhaus ihres Manfred.

Großes wird da offenbar, ohne daß sie es wüßte, von Rita verlangt: „Sie schritt die Straßenringe ab und überwand in Stunden mühelos Jahrhunderte." (26) Kein Wunder, daß sie, die weder auf eine überdurchschnittliche Bildung noch auf ausreichende Lebenserfahrung zurückzugreifen vermag, in diese Welt zunächst nicht durch die wissenschaftlich fundierten Gesellschaftsanalysen des Marxismus, sondern mit Hilfe der ihr seit der Jugend vertrauten Naturbilder Ordnung zu bringen versucht: da erscheinen ihr die unter verschiedenen Gesellschaftssystemen entstandenen Stadtviertel „in Ringen umeinandergewachsen wie ein alter Baum" (26); in den Fabriken gelten „die Jahreszeiten der Produktion" (30); und ausgerechnet durch das von übel riechenden Chemieabwässern verpestete Flußtal bläst kurz nach ihrer Ankunft ein symbolischer Frühlingswind in die Stadt, der ihr den Eintritt in den neuen Lebensbereich im Waggonwerk und im Lehrerbildungsinstitut als richtigen Entschluß orakelt.

Und so geht es weiter bis zum Ende des Romans, als Manfred sich langsam auch vor ihr unter der Schutzfarbe des Zynismus zu verbergen beginnt, in den Wochen nach seiner Flucht, während ihres letzten Zusammentreffens in Westberlin und sogar – ein Problem in der Form des Romans ankündigend – in den wiederholt in die Vergangenheitshandlung einmontierten Reflexionspassagen. Immer wieder leiten an Stelle von präzisen Gesellschaftsanalysen die Wetterverhältnisse psychologische Krisen und ideologische Entscheidungssituationen ein, immer wieder werden bedeutungsschwangere Träume beim Erwachen als lebensbestimmende Weissagungen weitergesponnen und Symbole mehr oder weniger kryptisch auf literarische oder mythologische Vorbilder bezogen. Konsequent zieht sich Rita im Moment höchster Enttäuschung und Einsamkeit zurück in die „zuverlässige" (126) Welt ihres Dorfes. Und selbst in ihrem letzten Gespräch mit Manfred in Westberlin spekuliert sie lieber über die symbolische Bedeutung eines in Licht und Dunkel geteilten Abendhimmels, als sich um die Überwindung oder eine handfestere Deutung des weltanschaulichen Abstandes zu ihrem Partner zu bemühen. „Genau über ihnen verlief, quer über dem großen Platz, die Grenze zwischen Tag- und Nachthimmel. Wolkenschleier zogen von der schon nachtgrauen Hälfte hinüber zu der noch hellen Tagseite, die in unirdischen Farben verging. Darunter – oder darüber? – war Glasgrün, und an den tiefsten Stellen sogar noch Blau ... ‚Den Himmel wenigstens können sie nicht zerteilen', sagte Manfred spöttisch. Den Himmel? Dieses ganze Gewölbe von Hoffnung und Sehnsucht, von Liebe und Trauer? ‚Doch', sagte sie leise. ‚Der Himmel teilt sich zuallererst.'" (186–7)

„Nachtgrau" die DDR, „unirdisch" die BRD, darüber noch ein bißchen von jenem an Anna Seghers erinnernden „wirklichen Blau"[6] – zwei Jahre und 165 Buchseiten später vermag Rita den Entschluß, ihre Beziehung zu Manfred für ein zugegeben graueres und härteres Leben in der DDR einzutauschen, immer noch nicht besser zu begründen als einstmals ihre Unterschrift unter das Anmeldeformular des Lehrerbildungsinstituts: Vom „Sog einer großen geschichtlichen Bewegung" (181) ist da die Rede, so wie zuvor mit Bezug auf Manfred vom „Sog der Leere" die Rede gewesen war. Ein symbolischer DDR-Teich wird beschrieben, der die nach der Trennung aus einem gleichsam bewußtlosen Zustand erwachende Rita nicht zu unrecht damit überrascht, daß er noch lange nach dem abendlichen Abschied „soviel Helligkeit bei soviel Dunkel" (188) zu reflektieren vermag. Von jenen zwei Waggons wird berichtet, die sie halb absichtlich, halb mit Schrecken gleich den ideologischen Alternativen, zwischen die sie geraten war, „unaufhaltsam, ruhig, sicher" (190) auf sich zurollen sieht: „Die zielen genau auf mich, fühlte sie, und wußte doch auch: Sie selbst verübte einen Anschlag auf sich. Unbewußt gestattete sie sich einen letzten Fluchtversuch: Nicht mehr aus verzweifelter Liebe, sondern aus Verzweiflung darüber, daß Liebe vergänglich ist wie alles und jedes" (190). Ein kitschiges Bild aus dem 19. Jahrhundert, das in ihrem Sanatoriumszimmer hängt, scheint sich plötzlich im veränderten Licht zu beleben und damit auf die Historizität einer jeden Gesellschaftsordnung hinzuweisen.

Genau hier droht Christa Wolfs Mißtrauen gegenüber den Klischees und Happy-Ends der sozialistisch-realistischen Literatur, die dem Leser allzu leichtfertig eine rosarote Zukunft mit glücklichen Menschen in einer konfliktlosen sozialistischen Gesellschaft vorgaukelt, in ein anderes, von spontaner Emotionalität und passiv-mitfühlenden Reaktionen bestimmtes Extrem umzuschlagen. Von jenem Brecht variierenden Verfremdungseffekt der nachfolgenden Romane und Erzählungen jedenfalls, von der auch formal sichtbaren, bewußten Gegenüberstellung von erzählenden und reflektierend-verallgemeinernden Passagen, ist da noch nichts zu spüren. Wenn überhaupt, dann wirkt Rita auf den Leser durch ihr vorbildliches, aber eben auch vorfabriziert wirkendes Verantwortungsbewußtsein, durch das Resultat und nicht den Ablauf, das „was" und nicht das „wie" ihres Lebenswegs.

Doch woher sollte es eine naive Landpomeranze wie Rita auch besser wissen, wo sich selbst der Brigadier Rolf Meternagel, den sie sich vor allen anderen zum Vorbild erkoren hat, gleichsam ohne Sinn und Verstand dermaßen für die Gemeinschaft aufopfert, daß er am Schluß des Romans krankenhausreif von seinem Arbeitsplatz getragen wird? Denn mehr noch als bei Rita muß dieser Mangel an klarer Motivation, der bei dem Systemkritiker Manfred noch als historisch- und klassenbedingter Irrationalismus eine tiefere Bedeutung besessen hätte, bei einem Mann wie Meternagel als fragwürdiger Individualismus, wenn nicht gar als ideologischer Fehltritt erscheinen. Zweimal degradiert – zunächst zu recht, weil er als gelernter Schreiner den ihm nach 1945 übertragenen Aufgaben eines Instrukteurs nicht gewachsen war, dann zu unrecht, als ihm eine Intrige der Brigade Ermisch ausgerechnet auf Anraten des um seine eigene zwielichtige Vergangenheit besorgten kaufmännischen Leiters des Werkes Ulrich Herrfurth als Pflichtverletzung ausgelegt wurde, – scheint Meternagel in der Tat weniger um den Fortschritt des Sozialismus als um die Geradesetzung seiner rückläufigen Kaderentwicklung besorgt zu sein. Gegenteiliges zumindest wird nicht gesagt. „,Sie können sich nicht vorstellen, was Ihr Mann leistet', meint Rita, unfähig, die richtigen Worte zu finden . . ." (198) Und auch Frau Meternagel vermag das Verhalten ihres Mannes, der schon seit Jahren sein Familienleben am Rand des Ruins dahintreiben läßt, nicht besser zu erklären: „Er ist verrückt, er ist wirklich verrückt." (197) So bleibt es schließlich dem Erzähler überlassen, sich an einer Erklärung für Meternagels Verhalten zu versuchen: „Man kann sich ja ausrechnen, wie oft ein Mensch sich aufrappelt . . ., der nie kleinlich sein Guthaben nachgerechnet, der seinen Schuldnern immer großzügig gestundet hat, der mit seinem einzigen Besitz – der Kraft, tätig zu sein – nicht geknausert hat, als sei er unerschöpflich." (193)

So gesehen mag die DDR-Literaturkritik, sofern sie nicht gleich nach einem Ausbau der Präsenz der Partei im Roman rief, Christa Wolf vielleicht gar nicht zu unrecht den Vorwurf gemacht haben, daß sie ihre Helden mythologisiere bzw. zu Masochisten oder Sisyphusgestalten stilisiere. Denn nicht nur Meternagel, der dem sozialistischen Menschenbild wohl am nächsten kommt, sondern auch der Werksleiter Wendland und der Dozent Schwarzenbach bringen überraschend wenig gesellschaftsbezogene Motivation mit. Von Wendland etwa erfahren wir nur, daß er zwar seine Zwangsverschickung in ein russisches Lager auf einer Antifa-Schule verarbeitet hat und daß er bis heute gewillt ist, hier und da eine Rüge für „Werksegoismus, persönliche Unbeherrschtheit" und „Anmaßung von Dienstfunktionen" (104) einzustecken, nur um die stockende Zulieferung für sein Werk wieder in Gang zu bringen – inwiefern er dagegen jenseits von Erfolgsdenken und angeborenem Pflichtgefühl noch andere Gründe für seinen aufopferungsvollen Einsatz besitzt und warum er nicht, wie sein Vorgänger, seine Arbeitskraft ebenso gut oder besser im Westen einsetzen könnte, das alles bleibt im Dunkeln. Ähnlich versickert die immer persönlicher werdende Beziehung zwischen Rita und Wendland, die unmittelbar vor Manfreds Weggehen in einem vertraulichen Abendessen der beiden gipfelt, als blindes Motiv: Wendland, geschieden und damit frei für Rita, verzichtet bei einem ideologischen Streitgespräch mit Manfred auf das letzte Wort.

Nicht viel anders steht es mit Erwin Schwarzenbach. Mit Überzeugung, Elan und Erfolg wirbt dieser Mann Junglehrer an. Ohne Zögern setzt er seine Karriere aufs Spiel, als es gilt, einen zitat- und prinzipienfesten Dogmatiker mit dem sprechenden Namen Mangold davon abzuhalten, die Republikflucht der Familie einer Mitstudentin mit Begriffen wie „Weltimperialismus" (130) zu vermischen. Mutig schreibt er gegen den „tollen Ballast" und die „Heuchelei" (131) an, die den Studienbetrieb belasten. Und wenn nötig wirft er sogar in einer öffentlichen Diskussion sein eigenes Leben in die Waagschale, als er unumwunden zugibt, bei Kriegsende die Alternative

„Werwolf" (130) oder Selbstmord erwogen zu haben. Auf einen Hinweis Ritas oder auch des Erzählers darauf, warum Schwarzenbach den Sozialismus allen anderen Gesellschaftsformen ohne Zögern und Einschränkung vorzieht, wartet der Leser freilich auch hier vergeblich.

Simpel sind die Menschen in Christa Wolfs Erzählung deshalb nicht. Und schon gar nicht passen sie in das Schema jener Schwarz-Weiß-Malerei, wie sie typisch für die sozialistisch-realistische Literatur der 50er Jahre und viele der Produktionstexte aus dem Umkreis des Bitterfelder Wegs war. Das beweist nicht nur die relativ ausgewogene, wenn auch etwas flach bleibende Behandlung der positiven Figuren, sondern vor allem die außergewöhnlich objektive Darstellung des wichtigsten Systemgegners: Manfred. Denn obwohl nicht er, sondern der, wie es hieß, politisch unzureichend motivierte Meternagel in der DDR-Diskussion als Christa Wolfs problematischster Beitrag zum damals vorherrschenden sozialistischen Menschenbild bewertet wurde, deutet sich doch gerade in Manfreds Werdegang schon jene schonungslose Analyse der Entwicklungsprobleme der sozialistischen Gesellschaft an, die fünf Jahre später, extremer und künstlerisch verfeinert in dem Roman ‚Nachdenken über Christa T.‘ der Autorin eine kaum verhüllte Parteirüge eintrug.

Rückblickend ist man denn auch versucht, neben der nahezu entwicklungslosen, passiven Rita den plastisch gestalteten Manfred mehr ins Zentrum des Romans zu rücken. Sicherlich steht auch bei Rita „die Gewißheit, daß Meternagels und Wendlands und Schwarzenbachs Lebensgrundsätze einmal das Leben aller Menschen bestimmen würden, [noch] nicht sehr fest" (123); was bei ihr aber konfliktlos als rhetorische Frage verpufft, die kaum den Handlungsablauf unterbricht, trägt Manfred als entscheidenden Konflikt zwischen Individuum und Gesellschaft bewußt in sich aus. Denn auch für ihn, der scheitert, geht es ja zunächst um eine Überwindung der Widersprüche und die Möglichkeit zur Selbstverwirklichung innerhalb der sozialistischen Gesellschaft. Manfred hat denn auch trotz seiner negativen Entwicklung – ein Novum in der DDR-

Literatur – nichts mehr mit jenen subversiven Agententypen gemein, die, glaubt man der sozialistischen Belletristik der 50er Jahre, politisch vernagelt und aus persönlicher Habgier in ganzen Scharen bei Nacht und Nebel den Fortschritt des Arbeiter- und Bauernstaates zu sabotieren versuchten. Und auch zum Republikflüchtling wird Manfred nicht mehr, wie seine literarischen Vorgänger, aus „Protest" oder weil er naiv auf den Neonflitter und die scheinbar unbegrenzten Möglichkeiten der freien Welt hereingefallen wäre. Eher schon kehrt er der DDR den Rücken, wie Rita schlicht und einfach und glaubwürdig feststellt, weil ihm, der „nichts mehr liebt und nichts mehr haßt" und der deshalb „überall und nirgends leben" (179) kann, niemand dabei helfen wollte oder konnte, sich von seiner bürgerlichen Erziehung, seinem skeptischen Verstand und seinem alles anzweifelnden Zynismus zu befreien. „Ich weiß nicht", rekapituliert Rita rückblickend, „wann ihm klar wurde, daß er das Leben unerträglich fand. Ich weiß nicht, wann wir anfingen, aneinander vorbeizureden. Die ersten Zeichen muß ich übersehen haben. Ich war seiner zu sicher geworden. Ich betrog mich, indem ich mir immer wiederholte: Was auch geschieht – wir lieben uns . . . Dieser harte Druck unausgesprochener Selbstvorwürfe!" (136)

Anders gesagt: Statt die Schuld für den Verlust eines Menschen, der dem Sozialismus nicht nur als Naturwissenschaftler auf die Dauer vielleicht doch noch hätte nützlich werden können, allein aus der unbewältigten Vergangenheit oder der westlichen Propaganda abzuleiten (wie das zum Beispiel noch Anna Seghers in ihren Nachkriegsromanen tut), suchen Rita und Christa Wolf zunächst einmal bei sich selbst und den Widersprüchen ihrer Gesellschaft nach Fehlern und Mißständen. Und auch für Manfred stehen nicht die Konsequenzen der Teilung Deutschlands und des 13. Augusts 1961 zur Debatte (im Prolog zum ‚Geteilten Himmel' ist denn auch nur ganz allgemein die Rede von einer „sehr nahen Gefahr" und einem „Schatten" [7], der über die Stadt gefallen ist), sondern die Hindernisse in der internen Entwicklung der DDR. Dabei hat gerade Manfred es sicherlich nicht leicht gehabt mit seiner Vergangenheit, die bezeichnenderweise viel mehr als die von Rita der Biographie Christa Wolfs ähnelt: schon als Kind vieldeutig als „Frühgeburt" gehänselt, die nach Meinung der Ärzte „zum Leben zu schwach" (42) sei, gehört er gerade noch jener Generation an, die die Hitlerjugend „mit dieser tödlichen Gleichgültigkeit infiziert hat, die man so schwer wieder los wird" (44). Nach Kriegsende lungert er einen Sommer lang herum, gründet einen jener damals häufig anzutreffenden geheimen Kellerclubs, säuselt Brecht-Zitate, „mit Gefühl" (46), und sieht sich eben mal an, „was die Erwachsenen . . . mit ihrer Rechthaberei und ihrem Besserwissen angestellt hatten . . . Wir lachten laut, wenn wir die Plakate lasen: Alles wird jetzt anders. Anders? Mit wem denn? Mit diesen selben Leuten?" (44–5). Zu „diesen selben Leuten" gehört u. a. der eigene Vater, der als „deutscher Mitläufer" „mit tödlich verwundetem Selbstgefühl" (45) nach 1945 nur seine Parteiabzeichen umtauscht, um so wie vorher weiterzumachen. Zu ihnen gehört die Mutter, die das Führerbild an der Wand durch eine jener Herbstlandschaften ersetzt und sofort wieder eine „unerhörte Energie" entfaltet, um ihren Mann „ins Geschäft zu bringen" (45). Und zu ihnen gehören viel später, als Manfred bereits promovierter Assistent bei einem berühmten Professor ist, jene Kollegen, die nur auf die Chance warten, wieder in ihre alten, privilegierten Stellungen zurückzukehren.

Es ist also gewiß schon viel, wenn ein Mensch wie Manfred versucht, sich mit eigener Kraft von seiner Welt zu lösen. Die alte Villa der Eltern, in einer „abseitigen vornehmen Straße", teilt er vor Rita in „Wohnsarg, Eßsarg, Schlafsarg, Kochsarg" auf, „weil hier nie etwas Lebendiges passiert ist" (24). Seinem Vater begegnet er seit Jahren nur noch mit Verachtung. Die hysterische Liebe der Mutter schreckt er durch kalte Distanz ab. Und als seine Vorgesetzten hemmungslos mit Phrasen wie „verbrannte Erde" (115) und „die Revolution frißt ihre eigenen Kinder" (114) witzeln, hat er den Mut, nicht mitzulachen.

Seine letzten Hoffnungen und Ideale verliert Manfred erst in dem Moment, als offensichtlich wird, daß sich die Ziele der neuen Gesellschaft, an deren Aufbau mitzuarbeiten er nie ausgeschlagen hatte, keineswegs so reibungslos und vor allem so bald in die Realität umsetzen lassen, wie er hofft. Ein Freund, von dem er Unterstützung bei der Auseinandersetzung mit dem engstirnigen Dogmatismus der ersten Jahre nach Gründung der Republik erwartet, entpuppt sich plötzlich selbst als zitierfester Vertreter der harten Linie. Ein volkseigener Betrieb, der eine für den wirtschaftlichen Fortschritt des Landes durchaus nützliche Verbesserung der Spinn-Jenny aus unerklärlichen Gründen ablehnt, erscheint ihm als bürokratisches Monstrum (wobei sich Christa Wolf die beiläufig nachgelieferte Erklärung, daß hier ein westdeutscher Saboteur seine Hand im Spiel gehabt habe, sicherlich hätte sparen können, ohne an politischer Glaubwürdigkeit oder Überzeugungskraft zu verlieren; interessanter wäre es gewesen zu erfahren, woher der Chemiker Manfred plötzlich die Qualifikationen eines Ingenieurs hat). Und die tönenden Propagandaschlagworte von der Veränderung des Menschen lassen allenthalben die weite Kluft zu den tatsächlich erreichten Zielen der gesellschaftlichen Entwicklung sichtbar werden.

Kein Wunder, daß Manfred, der im Gegensatz zu Rita nicht nur emotional, sondern vor allem mit seinem Intellekt und seiner Lebenserfahrung auf seine Umwelt reagiert, zunehmend isoliert und auf sein selbstzerstörerisches Grübeln angewiesen schließlich die Grundlagen der DDR-Gesellschaft in Frage zu stellen beginnt. „In diesen wenigen Sekunden rückte Manfred für sie aus der unscharfen Nähe in einen Abstand, der erlaubt, zu mustern, zu messen, zu beurteilen . . . In seinen Augen las sie den Entschluß: Auf nichts mehr bauen, in nichts mehr Hoffnung setzen . . . Der Professor hebt sein Glas. Worauf trinken wir also? ,Auf unsere verlorenen Illusionen‘, sagt Manfred laut." (112, 116) Konsequent gründet sich für ihn die menschliche Geschichte fortan vordringlich auf Gleichgültigkeit, während die Vernunft ihre Funktion als geschichtsbildender Faktor zu verlieren scheint, bis er schließlich, einem hoffnungslosen Individualismus verfallen, gar den Sozialismus als „historische Verspätung" für Deutschland wie einen schwarzen Peter den „östlichen Völkern" zuzuschieben versucht: „Sie können, unverdorben durch Individualismus und höhere Zivilisation, die einfachen Vorzüge der neuen Gesellschaft voll genießen." (141–2)

Bezeichnenderweise scheut sich Christa Wolf selbst in dieser Entscheidungssituation, Rita oder auch Manfreds Schüler Martin stichhaltige Argumente gegen die fortschreitende Desillusionierung des Geliebten bzw. des Freundes in den Mund zu legen. Rita, die ihre Liebe ohnehin zwischen Manfred und einer zähen Begeisterung für den gesellschaftlichen Aufbau aufteilt, steht der in ihm aufsteigenden Kälte und „Gleichgültigkeit gegen alles" (22) „wie gelähmt vor Mitleid und Traurigkeit" (148) gegenüber. Und die von dem ähnlich passiven Martin, der wegen der Geschichte mit der Spinn-Jenny seinen Studienplatz verloren hat, angedeutete Gewaltlösung für den Konflikt ist, abgesehen davon, daß sie kaum als Argument dienen kann, zum Zeitpunkt der Flucht des Freundes noch nicht möglich: „Wenn er hiergeblieben wäre, und sei es durch Zwang: Heute müßte er ja versuchen, mit allem fertig zu werden. Heute könnte er ja nicht mehr ausweichen . . ." (134)

Christa Wolf hat versucht, das was man Mitte der 60er Jahre in der DDR als ideologische Schwächen interpretiert hat, durch eine Reihe von formalen Kunstgriffen auszugleichen: ein Vor- und Nachspiel, das die Erlebnisse Ritas in einen größeren, historischen Zusammenhang stellt; eine (über)große Zahl von Symbolen, durch die den wichtigeren Aktionen eine verallgemeinernde und vertiefende Bedeutung untergelegt werden soll; und die Aufspaltung der Chronologie in eine Vergangenheits- und eine Gegenwartshandlung, wobei die rückblickende Erzählperspektive Ritas weniger die Aufgabe hat, nach Art von Brechts verfremdenden Überschriftentafeln die Aufmerksamkeit des Lesers von dem zu Anfang vorweggenommenen „was" des Handlungsablaufs auf dessen „wie" zu lenken, sondern der Erzählerin ermöglichen soll, von Ritas Standpunkt der größeren Reife aus noch einmal interpretierend und korrigierend in deren ursprünglich emotional getroffene Entscheidung einzugreifen.

Doch während sich Christa Wolf mit Hilfe solcher formaler

Konstruktionen zwar mehr oder weniger erfolgreich gegen eine Kritik an der spontanen Motivation ihrer Figuren wappnet, liefert sie mit der auf den ersten Blick unnötig kompliziert erscheinenden Form ihres Romans Ansatzpunkte zu neuem Tadel: Rückblenden, Erinnerungsmonologe und die starre Konfrontation von subjektiv-lyrischen und kritisch-reflektierenden Passagen standen Anfang der 60er Jahre nämlich bei einigen marxistischen Kritikern noch in ähnlich hohem Mißkredit wie die Themen Republikflucht, Mauerbau, Selbstmord und Nihilismus.

Kein Wunder, daß der Prolog zum ‚Geteilten Himmel‘ denn auch ganz bewußt durch den Bezug auf ein berühmtes Vorbild abgesichert wird: Anna Seghers’ Roman ‚Das siebte Kreuz‘ (1942).[7] So wie damals angesichts der Bedrohung durch die Nationalsozialisten, die die Heimat der Exilantin besetzt halten, versichert nämlich auch heute die Erzählerin ihren Lesern, die mit einer großen, diesmal freilich unbenannt gelassenen Gefahr konfrontiert werden, daß die Natur und das gewöhnliche Leben[8] die verschiedenen politischen Systeme und Krisen noch immer überdauert haben: „Die Leute, seit langem an diesen verschleierten Himmel gewöhnt, fanden ihn auf einmal ungewöhnlich und schwer zu ertragen, wie sie überhaupt ihre plötzliche Unrast zuerst an den entlegensten Dingen ausließen. Die Luft legte sich schwer auf sie, und das Wasser – dieses verfluchte Wasser, das nach Chemie stank, seit sie denken konnten – schmeckte ihnen bitter. Aber die Erde trug sie noch und würde sie tragen, solange es sie gab.“ (7)

Nun mag es für die auf unbestimmte Zeit exilierte Anna Seghers, die sich den Regeln der sozialistisch-realistischen Ästhetik ohnehin nie sonderlich verpflichtet gefühlt hat, legitim gewesen sein, das gewöhnliche Leben als letzten Hoffnungsschimmer zu umkreisen. Bei Christa Wolf, die ja erst nach Abwendung der etwas dramatisierten Kriegsgefahr des Sommers 1961 schreibt, drohen dieselben Bilder in jene unhistorische Emotionalität umzuschlagen, die durch die Prolog/Epilog-Klammer gerade vermieden werden soll: nach naturalistischem Vorbild mit „Atem“ und „Kraft“ (7) personifiziert, verfällt im Epilog nach Abwendung der Gefahr die ganze Stadt wieder einem ewigen, organischen Rhythmus, der durch die kreisförmige Wiederholung des Schlußsatzes aus dem Prolog nur noch unterstrichen wird: „Ein Schatten war über die Stadt gefallen, nun war sie wieder heiß und lebendig, sie gebar und begrub, sie gab Leben und forderte Leben, täglich ... Wir gewöhnen uns wieder, ruhig zu schlafen. Wir leben aus dem vollen, als gäbe es übergenug von diesem seltsamen Stoff Leben, als könnte er nie zu Ende gehen." (7)

Bezog sich das „wir" im letzten Satz des Prologs verallgemeinernd auf den Erzähler, die Leser und die Einwohner der Stadt, so weist das gleiche „wir" am Ende des Epilogs auf die bevorstehende Eingliederung Ritas in die sozialistische Menschengemeinschaft hin. Hier endlich findet sich auch ein erster Hinweis auf die zukünftige Entwicklung der sozialistischen Gesellschaft – und zwar im Bild einer von kleinen Gesten der Freundlichkeit gekennzeichneten alltäglichen Idylle: „Der Tag, der erste Tag ihrer neuen Freiheit, ist fast zu Ende ... Nun beginnen die privaten und öffentlichen Zeremonien des Abends – tausend Handgriffe, die getan werden, auch wenn sie am Ende nichts anderes bewirken als einen Teller Suppe, einen warmen Ofen, ein kleines Lied für die Kinder ... Rita macht einen großen Umweg durch die Straßen und blickt in viele Fenster. Sie sieht, wie jeden Abend eine unendliche Menge an Freundlichkeit, die tagsüber verbraucht wurde, immer neu hervorgebracht wird. Sie hat keine Angst, daß sie leer ausgehen könnte beim Verteilen der Freundlichkeit ... Das wiegt alles auf: Daß wir uns gewöhnen, ruhig zu schlafen. Daß wir aus dem vollen leben, als gäbe es übergenug von diesem seltsamen Stoff Leben. Als könnte er nie zu Ende gehen." (199)

Hatte in Prolog und Epilog die Erzählerin die Geschehnisse im Roman bewertet, so ist es auf der Gegenwartsebene, der zweiten formalen Klammer, die den Roman zusammenhält, Rita, die ihre Erlebnisse kommentiert. Dabei geht es Rita, die sich immer wieder an entscheidender Stelle in den Bericht von ihrer unglücklichen Liebesgeschichte einblendet (nicht zuletzt wohl auch, um mit einem Blick auf die Literaturkritik von vornherein die Alternative Republikflucht auszuschließen) offensichtlich vor allem darum, jene Depressionen zu bewältigen, die sie kurz nach ihrer Rückkehr aus Westberlin zu dem Selbstmordversuch auf dem Rangiergleis ihrer Waggonfabrik geführt hatten. „Ihre Geschichte ist banal, denkt sie, in manchem auch beschämend ... Was noch zu bewältigen wäre, ist dieses aufdringliche Gefühl: Die zielen genau auf mich." (11)

Die Zeit der Gegenwartshandlung ist Ende August bis Anfang November, was aber nicht heißt, daß eine Wiederholung der Entscheidungssituation inzwischen durch den Mauerbau unmöglich gemacht worden sei, denn auch für Manfred hatte ja zunächst nicht ein Alternativleben im Westen, sondern die richtige Einstellung gegenüber der DDR-Gesellschaft zur Debatte gestanden. Ihr Ort ist erst ein Krankenhaus, dann ein Sanatorium, eine Szenerie auf jeden Fall, die Rita ausgerechnet in jenem Lebensabschnitt von gesellschaftlichen Einflüssen trennt, in dem sie ihre Entscheidung, die Rückkehr in die DDR der Flucht in ein privates, beständig von Chaos und Untergang bedrohtes Glück mit Manfred vorzuziehen, noch einmal Schritt für Schritt überdenkt.

Konsequent kündigt sich dann auch der Wendepunkt in Ritas seelischer Krankengeschichte nicht durch einen Zuwachs an gesellschaftlichem Bewußtsein an, sondern fällt – wiederum symbolisch – auf einen „klaren, kalten Herbsttag", dem zu allem Überfluß auch noch „einer stürmischen Nacht" (98) folgt: „Die Verwunderung bleibt. Sie läßt sich nur mit dem Staunen des Kindes vergleichen, das zum erstenmal denkt: *Ich*. Rita ist ganz erfüllt vom Staunen des Erwachsenen. Es hat keinen Sinn mehr, krank zu sein, und es ist auch nicht mehr nötig ... Der Wind hat sich gelegt. Rita steht da und sieht zum erstenmal in ihrem Leben Farben ... Wie sie sich wieder den Dingen zuwendet, die ohne ihr Dazutun existieren, wendet sie sich zugleich gelassener wieder sich selber zu." (98–9)

Der Hinweis allein, daß Rita „keinen Hang zum Sentimentalen" (99) habe, reicht da nicht aus. Denn selbst hier auf der Gegenwartsebene, die nicht ohne Grund auch Reflexionsebene genannt worden ist, droht die Aussage des Romans durch eine

Fülle von fragwürdigen Naturbildern in gefährliche Nähe jener Trivialliteratur zu geraten, die Christa Wolf knapp zehn Jahre zuvor in der ‚Neuen deutschen Literatur' kritisiert hatte.[9] Das Fazit der Handlung, nämlich daß die Ungereimtheiten, Risse und Hohlräume, die auch das Leben der Menschen im Sozialismus bedrohen, so ohne weiteres nicht mit propagandistischer Tünche zu verkleistern sind und daß man lernen muß, die Widersprüche aufzudecken, anstatt ihnen auszuweichen, dieses Fazit scheint nur selten in jenen scheinbar lakonischen, trotzig-erstaunten Bemerkungen auf, die wenig später den Anspruch der Christa T. auf Selbstverwirklichung so effektvoll sichtbar machen. „Man blickt sich um. Sieh mal an, es lebt sich" (99). „Vielleicht", verbindet die kommentierende Erzählerin die private Entscheidung Ritas mit der historisch-politischen Ebene, „vielleicht wird man später begreifen, daß von dieser seelischen Kühnheit ungezählter gewöhnlicher Menschen das Schicksal der Nachgeborenen abhing – für einen langen, schweren, drohenden und hoffnungsvollen geschichtlichen Augenblick." (189)

Der Verdacht, daß formale Kunstgriffe wie die doppelte Klammer von Prolog/Epilog und Gegenwarts-/Vergangenheitshandlung gewisse inhaltliche Einseitigkeiten neutralisieren sollen, wird durch den häufigen, sich bis zu Leitmotiven steigernden Einsatz von Symbolen noch verstärkt. Zahlreiche dieser Symbole nämlich werden, teils wohl aus Freude der noch unerfahrenen Schriftstellern am dichterischen Bild, teils mit der Absicht, die von der sozialistisch-realistischen Literatur angestrebte Eindeutigkeit zu relativieren, in die Rolle zentraler Aussagemittel gedrängt: so zum Beispiel der wiederholte Pfiff einer Lokomotive; das wie eine riesige Gondel über der Stadt schwebende Mansardenzimmer Manfreds; der spontane, lebenslustige Schrei eines Jungen (ein Symbol, das sich später im „Hooohaahooo"[10] der Christa T. wiederholen wird); Manfreds Tätigkeit als Naturwissenschaftler (ein Beruf, der Ende der 60er Jahre im Rahmen der kritischen Auseinandersetzung mit der wissenschaftlich-technischen Revolution problematisiert werden wird); die Testfahrt eines neuen Waggonmodells während des Raumflugs von Jurij Gagarin; Träume, Bilder, Gegenstände und die schon mehrfach erwähnten Naturbilder.

Zwei Beispiele mögen demonstrieren, worum es geht. Zuerst der Anfang jenes „vollkommenen Sommertags", der Rita in der Rückschau als unwiederholbarer „Gipfel" (62) ihres Lebens erscheint. Manfred, „verkrampft", schwitzend und „mißtrauisch gegen sich selbst" (63) hinter das Steuer seines eben erstandenen kleinen Wagens geklemmt, läßt sich auf einer Fahrt ins Grüne von Rita dazu verleiten, mit hoher Geschwindigkeit eine Landstraße entlangzurasen. „‚Mehr!' rief Rita. ‚Mehr, mehr!' Sie fing seinen Blick auf und gab ihn zurück, herausfordernd, rückhaltlos. Ein neuer Ausdruck war in ihrem Gesicht, den kannte sie selbst noch nicht ... Sie war ihm gewachsen! Plötzlich begriff Manfred den Doppelsinn dieses Wortes. Seine Augen wurden heiß, er griff nach ihren Fingern und preßte sie ... Mit großer Geschwindigkeit schwammen sie auf eine Brücke zu, die fern auftauchte, größer wurde, näher kam. Ein schmales, steinernes Tor, hinter dem sich die Weite der Welt auftat, und neue Sehnsucht und neue Weite." (63) „Rückhaltlos", „schwimmen", „Weite der Welt", „neue Sehnsucht", „neue Weite", „mehr" – der Doppelsinn der Worte bezieht sich nicht nur auf die sexuellen Untertöne der Szene, die in Erschöpfung, Glück und mit dem Rauchen einer Zigarette endet; er enthält zugleich den, wenn auch noch mehr oder weniger unbewußten Anspruch der Sozialistin Rita an den Bürgersohn Manfred, sie auf ihrer rasenden Fahrt in die Zukunft zu begleiten. Denn dermaßen ihrer selbst sicher ist sich Rita in diesem Augenblick, daß selbst Manfred das Gefühl nicht zu unterdrücken vermag, wenigstens für diesen einen Tag den „schwankenden Boden" seiner Weltanschauung gegen das „feste Land" (64) der ihrigen vertauscht zu haben. Kurz hintereinander fallen ihm gleich zwei ‚klassische' Parallelen ein („hier laßt uns Hütten bauen" und „Euridike holt Orpheus aus dem Schattenreich" [64]); und die „neue Weite", die sich am Ende jener Landstraße ankündigt, korrespondiert nicht nur mit der Alltagsidylle des Epilogs, sondern entspricht, eher unhistorisch, mehr einem altdeutschen Kupferstich als dem Leben im Industriestaat DDR.

Wohin ein solcher Einsatz von Symbolen führen kann, belegen vor allem aber, dies als zweites Beispiel, die wenigen in Westberlin spielenden Szenen. Hier nämlich droht der Roman zuguterletzt doch noch in das abzurutschen, was bis dahin erfolgreich vermieden worden war: politisch-propagandistische Klischees. Harmlose Sonnenschirme in Straßencafés verwandeln sich da vor den Augen der erstaunten Rita in giftige Fliegenpilze; Liebespaare verlaufen sich, „zum Sterben müde", zwischen den „verschnittenen Hecken" (182) von ausgedörrten Parks; säuerlich vor Vornehmheit riechende Bürgerhäuser halten sich „behutsam am Rand des Abgrunds" (169); und ein „ausgefranster" Mond läßt die Abendluft so dünn werden, daß der unvorbereitete Besucher aus dem Osten „in dem Nichts" (184) zu ersticken droht.

Daß Christa Wolf um die Schwächen solcher Symbolik wußte, beweist die Tatsache, daß sie in ihrem nächsten Roman jenes Bild, das ihr bei der Abfassung des ‚Geteilten Himmels' wohl als überzeugendste Antwort auf Manfreds Weggehen erschienen war, wieder zurücknimmt: die lange und spielerisch dem Leser vorenthaltene „‚Nachricht'" (140 ff.) von Jurij Gagarins Weltraumflug. Gerade dieser technologische Erfolg, 1963 noch als „Herausforderung" (143), als „plötzliche Befreiung vom So-und-nicht-anders" (143–4), als „Flamme", die „die schimmelpelzige Haut von Jahrhunderten abfraß" (144), gefeiert, sollte nun im Roman über Christa T. Zeichen für die Vieldeutigkeit und Unfaßbarkeit unseres technotronischen Zeitalters werden: „. . . Vernunft, dachten wir, Wissenschaft: das wissenschaftliche Zeitalter. Da traten wir nachts auf den Balkon, um für Minuten eine Spur der neuen Sterne den Horizont entlangziehen zu sehen. Die Entdeckung, daß die Welt, aus eisernen Definitionen entlassen, sich unserem Zugriff wieder öffnete, uns nötig zu haben schien mit unseren Unvollkommenheiten, zu denen man sich, da sie uns nicht in den Abgrund zu reißen drohen, auch leichter bekennt . . . Die glückliche, allen Anfängen günstige Zeit früher Unbefangenheit war vertan, wir wußten es. Wir schütteten den letzten Wein in den Apfelbaum. Der neue Stern hatte sich nicht gezeigt."[11]

Ungeachtet der kleinen Schwächen wurde ‚Der geteilte Himmel' in beiden Deutschlands sofort als außergewöhnliches literarisches Ereignis verstanden: in der DDR, weil dort nach dem Mauerbau ein neues politisches Selbstbewußtsein, nicht unähnlich dem von Rita, bestimmte Formen der systemimmanenten Kritik zuzulassen begann; in der BRD, weil man dort jeden einigermaßen objektiven Beitrag zur deutschen Teilung, besonders, wenn er sich noch dazu formal der westlichen Literatur anzunähern schien, als Aufweichungserscheinung oder gar als verkappten Widerstand gegen den SED-Staat auslegte. Gerade im Westen übersah man dabei allerdings, daß die ‚neuen' Formen und Aussagen, die man lobte, in einem Land entstanden waren, das anfing, sich seines Überlebens und seiner Erfolge sicher genug zu werden, um die Existenz von (zunächst noch vor allem durch die faschistische und bürgerliche Gesellschaft vererbten) Widersprüchen anzuerkennen.

Interessanter als die Rezensionen in der ‚Zeit', der ‚Frankfurter Allgemeinen Zeitung' und dem ‚Spiegel' ist deshalb jene von Martin Reso unter dem Titel „ ‚Der geteilte Himmel' und seine Kritiker" gesammelte DDR-Debatte. Wie nicht anders zu erwarten, kristallisierte sich dort nämlich von Anfang an das Bewußtsein um die historische Problematik der Themenstellung und Charakterzeichnung des Romans als entscheidender, wenn auch aus politischen Gründen nicht immer voll ausdiskutierter Streitpunkt heraus.

Ihren Ausgang nahm die Debatte mit einem betont negativen Aufsatz des Kritikerpaars Dietrich Allert und Hubert Wetzelt in der Hallenser Zeitschrift ‚Freiheit'. Allert/Wetzelt's Kritik traf dabei so genau ins Zentrum, daß sie im Laufe der nächsten Monate in den anderen negativen Zuschriften einschließlich der abschließenden Bemerkung der Redaktion der ‚Freiheit' kaum mehr eine substantielle Erweiterung erfuhr. Was sie an dem Roman stört, sprechen Allert/Wetzelt sogleich unverblümt aus: von einer „isolierten Zweisamkeit" der Liebenden ist da die Rede, die „unser neues Lebensgefühl, unsere Auffassung von der Liebe nicht überzeugend gestaltet";[12] von der Abwesenheit „der alles verändernden Kraft unserer Gesellschaft";[13]

von der falschen Einstellung gegenüber der Teilung Deutschlands, die im Gegensatz zu Christa Wolf von der SED ja keineswegs als nationales Unglück angesehen werde; und von einer „dekadenten Lebensauffassung",[14] die besonders dort zutage trete, wo die „Kraft eines Wendland, eines Schwarzenbach, eines Martin ... ganz aus ihnen selbst"[15] kommt. „‚Der geteilte Himmel'", resümieren Allert/Wetzelt, „ist ein literarischer Erfolg in der Gestaltung intimer Gefühle. Ob unser Lebensgefühl *insgesamt* richtig gestaltet wurde, ob es nicht notwendiger rationaler Elemente entkleidet wurde, ob die Konzeption auf der weltanschaulichen Höhe unserer Tage ist, bezweifeln wir."[16]

Das sind die Töne der stalinistischen Kritik der 50er Jahre, und als solche wurden sie von der Mehrzahl der Diskussionsteilnehmer erkannt. „Faktisch, wenn auch ungewollt, begründet der Schlußartikel [der ‚Freiheit'-Redaktion] eine neue Variante der Theorie der Konfliktlosigkeit unseliger Prägung, die von jener dogmatischen Definition des Typischen als einem abstrakten sozialen und historischen Wesen der Dinge genährt wurde. Diese Theorien sind von der Partei geschlagen"[17] – so Hans Koch, damals 1. Sekretär des Deutschen Schriftstellerverbandes. Und Dieter Schlenstedt, der sich in seinem ausgewogenen Aufsatz in den ‚Weimarer Beiträgen' nicht scheut, gleichzeitig die formalen Schwächen des Romans aufzudecken, stellt fest: „Die schematisierende Kritik ist unfähig, die von Christa Wolf vor allem verwandte indirekte Wertung zu verstehen. Sie erwartet eine direkte Replik, sie verlangt von den Figuren, daß sie das aussprechen, was dem kritischen Leser durch den Kopf geht; sie versteht dies als einziges Mittel des Urteils."[18]

Beredte Zeichen dafür, daß immer mehr führende Kulturfunktionäre der Partei eine objektivere Behandlung der Schwierigkeiten und Widersprüche beim Aufbau des Sozialismus in der DDR zu befürworten begannen, legt auch die Veröffentlichungsgeschichte des Romans ab: innerhalb weniger Monate werden in insgesamt zehn Auflagen 160000 Exemplare verkauft; noch 1964 zeichnet die Sektion Dichtkunst und Sprachpflege der Deutschen Akademie der Künste das

„Anfangswerk" durch die Verleihung des mit 10 000 Mark dotierten Heinrich-Mann-Preises aus – allerdings nicht ohne einen Verweis von Alfred Kurella, daß „praktisch gesehen in diesem Buch von einer Totalität des Lebens unserer Republik keine Rede"[19] sein könne. Rasch wird der Roman ins Rumänische, Serbische, Kroatische, Polnische, Ungarische, Bulgarische, Tschechische und Russische, aber auch ins Englische, Französische, Spanische, Finnische und Japanische übersetzt. Und nur ein Jahr nach der Veröffentlichung in Buchform drehte die DEFA unter Regie von Konrad Wolf (Drehbuch von Christa und Gerhard Wolf, Konrad Wolf, Willi Brückner und Kurt Barthel) den Spielfilm ‚Der geteilte Himmel'. Die Wiesbadener Filmbewertungsstelle zeichnet den Streifen mit dem Prädikat „besonders wertvoll" aus, weil „seit 1945 kein Filmregisseur im westlichen Deutschland auch nur annähernd so empfindlich auf die Gewissensnot junger Menschen reagiert"[20] habe. In der DDR zieht die Arbeit von Konrad Wolf wegen ihrer an Sergej Eisensteins Revolutionsfilm ‚Panzerkreuzer Potemkin' erinnernden Montagetechnik eine Diskussion über epische und dialektische Gestaltungsprinzipien im zeitgenössischen sozialistischen Film nach sich.[21]

Die Debatten um die formalen Mittel von Buch und Film deuten an, wie kurz der Weg zu Christa Wolfs nächstem Roman, ‚Nachdenken über Christa T.', war. „Der über Vergangenes reflektierende Mensch", erkennt selbst das ‚Neue Deutschland' an, „geht ... völlig frei mit den Zeitebenen der Geschehnisse um. Er stellt sie nebeneinander, konfrontiert die Begebnisse verschiedener Zeiten und Orte miteinander, stellt zwischen ihnen Kausalzusammenhänge her, setzt sie in dialektische Beziehungen zueinander. Das gleiche unternimmt er analysierend und wertend mit Ansichten, Meinungen, Urteilen, mit politisch-ideologischen und moralischen Standpunkten."[22] Was jetzt, Mitte der 60er Jahre, noch hinzukommen wird, ist ein erhöhtes Bewußtsein der Schriftstellerin dafür, daß ihr jene von Rita mit Mühe und Not gerettete „ungeheure Macht", „die Dinge beim richtigen Namen zu nennen" (190), immer mehr abhanden kommt: ausgelöst durch die immer undurchsichtiger

werdende Struktur der sozialistischen Gesellschaft, die fortschreitende Isolierung des Einzelnen im Getriebe der ohne
Rücksicht auf Verluste forcierten wissenschaftlich-technischen
Revolution, die Banalisierung des täglichen Lebens und die
hoffnungsloser denn je die Wirklichkeit verschleiernden Slogan
auf den propagandistischen Papptafeln.

Christa Wolf hatte 1963 bei einer Debatte über den Lebensweg von Rita vieldeutig über die Möglichkeiten der Zukunft
spekuliert: „Das Hauptproblem vieler jungen Menschen ist
(und wird bleiben) die Spannung zwischen Ideal und Wirklichkeit, zwischen Glückserwartung und Glückserfüllung, der
Widerspruch zwischen den ... Möglichkeiten, die wir schon
haben und ihrer oft unvollkommenen Verwirklichung durch
uns alle"[23]. Keine fünf Jahre später vermeldet eine namenlose
Erzählerin beim Nachdenken über ihre tote Freundin Christa T. nur noch resigniert: „Zu früh gelebt ... aber kein Mensch
kann sich wirklich wünschen, in einer anderen als seiner Zeit
geboren zu werden und zu sterben. Nichts kann man sich wünschen, als an den wirklichen Freuden und den wirklichen Leiden seiner Zeit teilzuhaben. Vielleicht hat sie das zuletzt
gewünscht, vielleicht hing sie mit diesem Wunsch am Leben, bis
zuletzt."[24]

3. ‚Nachdenken über Christa T.‘

Fünf Jahre verstrichen bis zum Erscheinen von Christa Wolfs
zweitem Roman – Jahre, in denen sich die Schriftstellerin in
vielem schneller entwickelte als ihre Gesellschaft. Um so schok-
kierender fiel für manche ihrer Zeitgenossen in der DDR das
Bild aus, das sie von ihrer Generation und den Möglichkeiten
und Grenzen ihres Landes entwarf. Immer noch war sich die
politische Führung der DDR trotz aller Fortschritte ihrer selbst
nicht sicher genug, um Weg und Ziel der gesellschaftlichen
Entwicklung von ihren Schriftstellern kritisch überprüfen und
grundsätzlich in Frage stellen zu lassen. Noch mangelte es an
dem nötigen Vertrauen in das allzu spät einsetzende Wirt-

schaftswunder, um die erstarrten Regeln der ehemals revolutionären und experimentierfreudigen sozialistischen Literatur wieder in Bewegung zu setzen. Ängstlich versteckten sich Kritiker, Literaturwissenschaftler und Schriftstellerkollegen lieber noch einmal hinter den längst ausgeleierten Prinzipien und Schlagwörtern des sozialistischen Realismus: „Perspektivebewußtsein", „intellektualistischer Pseudo-Internationalismus", „Innenweltschau",[1] so zum Beispiel ein Mann namens Max Walter Schulz, immerhin Direktor der Leipziger Schriftstellerschule „Johannes R. Becher", im Jahre 1969 auf dem VI. Deutschen Schriftstellerkongreß zu Christa Wolfs neuestem Roman.

Daß dieser Roman, ‚Nachdenken über Christa T.', dennoch nicht gegen seine Zeit stand, sondern ihr nur voraus war, beweist die Tatsache, daß er – 1968/69 scharf umstritten – inzwischen in Ost und West eine Vielzahl von Neuauflagen erlebte. Und das, obwohl man auf seine zentrale Problemstellung bis heute noch keine überzeugende Antwort gefunden hat: wie und unter welchen Umständen ist es dem Einzelnen innerhalb einer geplanten, straff organisierten Gesellschaft möglich, seine privaten, individuellen und damit ungenormten Lebenserwartungen zu erfüllen und gleichzeitig als tätiges Mitglied der Gemeinschaft produktiv zu sein. „Sie", Christa T., resümiert die Erzählerin des Romans, „vertrat unser Recht auf Erfindungen, die kühn sein sollten, aber niemals fahrlässig. Weil nicht Wirklichkeit wird, was man nicht vorher gedacht hat. Sie hielt viel auf Wirklichkeit, darum liebte sie die Zeit der wirklichen Veränderungen. Sie liebte es, neue Sinne zu öffnen für den Sinn einer neuen Sache … Das Ziel – Fülle. Freude. Schwer zu benennen." (172)[2]

Schwer zu benennen wie die Konfliktsituation, die auch am Beispiel der Christa T. nicht widerspruchsfrei gelöst wird, ist auch die Darstellungsweise des Romans – ein weiterer Stein des Anstoßes für die DDR-Kritik. Merkwürdig verworren bleibt die Identität der Erzählerin, die, einmal mit Christa T., dann wieder mit der Autorin identisch, über das Leben einer kurz zuvor verstorbenen Freundin nachdenkt, ihm nach-denkt, es also im Denken weiterführt, wie schon in der ersten Zeile des

Romans zweideutig festgestellt wird. Undurchsichtig scheint auch die Behandlung der Zeit zu sein: Rückblenden, Vorgriffe, Hinweise auf den Moment der Niederschrift und mehr oder weniger verschlüsselte Bezüge auf historische Ereignisse lassen viele Episoden in Mehrdeutigkeit verschwimmen. Ähnliches bewirken die wiederholt eingeschalteten Träume, Variationen und Zweitfassungen von bereits Erzähltem und die kryptischen Anspielungen auf literarische Vorbilder. Gesichert, nachprüfbar, so scheint es jedenfalls, ist in diesem Roman wenig: nicht die Dokumente und „Zeugen", die die Erzählerin bei der Rekonstruktion der vergangenen Ereignisse anführt; und nicht die eigenen Erinnerungen, auf die sie, wenn nötig, vorsichtig-zögernd zurückfällt.

Ein „leicht angreifbares und schwer greifbares" Stück Literatur also, wie Marcel Reich-Ranicki in der ‚Zeit' feststellte? „Ein Roman, der Interpretationen geradezu herausfordert und der sich schließlich, nicht ohne Grazie und Koketterie, jeglicher Interpretation entziehen möchte"?[3] Etwas „Rätselhaftes", wie ein anderer Interpret behauptet, „das reizt oder Ärgernis erregt"?[4] – Vielleicht. Andererseits enthüllt sich doch spätestens beim zweiten Lesen vieles, was zunächst undurchsichtig, sperrig und verschlüsselt wirkt, als historisch belegtes Ereignis, als literarische Anspielung oder als bedeutungsvoller Hinweis – ohne daß dabei das Bezugsgeflecht in Simplizität und die Symbolik in einfache Stimmungsbilder abrutscht, wie sie im ‚Geteilten Himmel' noch häufig zu finden waren.

Dabei ist die Lebensgeschichte der Christa T., beschränkt man sich auf ihre äußere Entwicklung, alles andere als aufregend oder komplex. Zumeist chronologisch, sonst mit auffällig genauen Zeitangaben versehen oder Verweisen wie „aber dieser Abend gehört noch nicht hierher. Hierher gehört noch . . ." (161) läuft da folgendes ab: Um Weihnachten 1927 wird Christa T. in einem Dorf östlich der Oder in eine Dorfschullehrerfamilie geboren. Auf dem Gymnasium in der Nachbarstadt lernt sie, die von allen Krischan genannt wird, kurz vor Kriegsende die Erzählerin kennen und verliert die eben gewonnene Freundin in den Wirren der Flucht vor der Roten Armee gleich wieder aus den Augen. Landarbeit, eine mehrjährige Tätigkeit als Volksschullehrerin, ein paar halbe Liebschaften, der Entschluß, Germanistik zu studieren – die schwierigen Jahre unmittelbar nach Kriegsende werden rasch zusammengefaßt, denn erst auf der Universität in Leipzig treffen sich die Klassenkameradinnen wieder. Es ist das Jahr 1951. Neue Freunde tauchen auf, Kommilitonen, ein paar romantisch-märchenhafte Gestalten: Günter, der die Fakultät unbedingt dazu veranlassen will, in Gemeinschaftsarbeit einen Kindergarten zu bauen; Gertrud Born, die später Karriere macht und es bis zur Dozentin bringt; die bürgerliche Wirtin, genannt „Dame Schmidt" (47), bei der Christa T. drei Jahre lang wohnt; ein Inder mit dem beziehungsreichen Namen Klingsor; der verträumte Student Kostja, der zu allem ein passendes Zitat weiß; und Kostjas spätere Frau, die blonde Inge. Dann schließt Christa T. ihr Studium ab, freilich nicht ohne wie Rita im ‚Geteilten Himmel' von Selbstmordgedanken bedroht zwischendurch bei ihrer Familie auf dem Dorf und den Künsten eines Spökenkiekers Zuflucht zu suchen. Dennoch trägt ihre Examensarbeit über Theodor Storm, am 22. Mai 1954 eingereicht, die Note „sehr gut" (96) – ohne daß dieser Tatbestand die Verfasserin irgendwie beeindrucken könnte. Ohnehin wird die Tätigkeit als Lehrerin, die jetzt folgerichtig beginnt, schon bald endgültig abgebrochen, denn Christa T. lernt ihren späteren Mann kennen: Justus, der ‚Richtige'. Sie heiratet als ein Kind unterwegs ist, geht als Tierarztfrau aufs Land nach Mecklenburg, hat noch zwei Kinder, alles Mädchen, und versucht, sich im selbstentworfenen Haus an irgendeinem abgelegenen See fürs Leben einzurichten. Unterbrochen wird die Alltagsroutine hier und da durch das Zusammentreffen mit Freunden, durch eine kurze, nicht weiter wichtige Affäre mit einem feschen Förster und den kaum halbherzig zu nennenden Versuchen, als Schriftstellerin zu arbeiten. Unerwartet und gewaltsam bricht schließlich eine unheilbare Krankheit in diesen unsicheren Alltag ein, eine Krankheit, die im Februar 1963 das Leben von Christa T. beendet: Leukämie.

Doch um diesen Lebenslauf, den äußeren, geht es gar nicht.

Vielmehr werden Kindheit und Neuanfang, Enttäuschung, Alltag und Tod der Christa T. immer wieder von der geschickt auswählenden Erzählerin zu typischen Erfahrungen einer ganzen Generation gemacht. So gesehen wäre es durchaus zutreffend, wenn man die Entwicklung der Christa T. mit der Geschichte der DDR parallel setzen würde, und zwar nicht der DDR, die in den offiziellen Geschichtsbüchern zu finden ist, sondern jener anderen, in der sich (fast) durchschnittliche Menschen tagtäglich einzurichten haben. Positiv, also den offiziellen Erwartungen entsprechend, wird eine solche Entwicklung kaum ablaufen, besonders wenn man, wie Christa T., von kleinauf dazu neigt, die Normen und Werte der etablierten Welt andauernd zu überprüfen und in Frage zu stellen. „. . . ich drehte den Kopf und starrte die Neue an, die kein Schulfach nennen wollte, das sie am liebsten hatte, weil sie am liebsten in den Wald ging . . . Verrat lag in der Luft. Aber wer verriet, wer wurde verraten?" (14).

Beginnen wir also noch einmal von vorne und sehen uns die wichtigsten Abschnitte im Leben der Christa T. im Zusammenhang mit der Entwicklung der DDR an. Beinahe unvermittelt gibt da schon das erste Kapitel, das scheinbar Nebensächliches berichtet über Kindheit und Flucht, den Blick in die Tiefe frei auf ein Thema, das Christa Wolf zuerst in der ‚Moskauer Novelle' behandelt hatte und in ihrem nächsten, ‚Kindheitsmuster' genannten Roman erneut aufgreift: die Auseinandersetzung mit den Jahren zwischen 1933 und 1945. Wie zielsicher sie damit, zunächst noch eher beiläufig, einen der wundesten Punkte der DDR-Geschichte anrührt, belegt die Tatsache, daß besagter Max Walter Schulz ihr auf dem VI. Deutschen Schriftstellerkongreß unter anderem vorwarf, eine, wie er meint, längst „bewältigte Vergangenheit zu erschüttern".[5] Da hilft es auch nicht, daß Christa T.'s Vater Sozialdemokrat gewesen war, künstlerische Ambitionen hatte und sich mit seinen lokalen Geschichtsstudien bei dem Gutsbesitzer derart unbeliebt machte, daß ihm 1933 die Scheiben eingeworfen wurden. Denn obwohl man ausdrücklich „Sternkind – kein Herrnkind" (23) ist und sich abseits hält bei Fackelzügen und Feiern für Ritterkreuzträger – davongekommen ist Christa T., wie sich aus der sicheren Perspektive des Rückblicks bestätigt, nur zufällig und auch das nicht, ohne unwiderruflich mit der „dunkleren Hälfte der Welt" (29) in Berührung gekommen zu sein: „Wir könnten uns fragen, warum wir verschont geblieben waren, warum uns die Gelegenheiten nicht zugetrieben waren. Welche denn hätten wir ergriffen. Alle, keine? Und was wußten wir von uns, wenn wir das nicht wußten? Diese entsetzliche Dankbarkeit über den Mangel an Gelegenheit wird man nicht vergessen." (34) Und: „... insgeheim wissen: Viel hat nicht gefehlt, und kein Schnitt hätte ‚das andere' von uns getrennt, weil wir selbst anders gewesen wären. Wie aber trennt man sich von sich selbst?" (33)

Folgerichtig tritt dann auch in ‚Nachdenken über Christa T.' ein „junger sowjetischer Leutnant" auf, der ähnlich wie Pawel in der ‚Moskauer Novelle' fragen muß: „Warum traurig?" (34); und auch jetzt wieder gehen 1945 die alten Tagebücher und Schwüre, die Sprüche und Lieder und vor allem „die Begeisterung, deren man sich nun schämte" allzu demonstrativ in Rauch auf, diesmal freilich nicht, ohne daß die Erzählerin ausdrücklich anerkennt, daß symbolische Akte dieser Art nicht mit der endgültigen Lösung des Problems zu verwechseln seien: „Für diese Sache bis zum Schluß die halben Sätze ..." (35). Was es nämlich noch zu bewältigen gäbe, wäre zum Beispiel „diese fanatische, sich überschlagende Stimme", die auch in der Hölle der Flucht „Treue dem Führer bis in den Tod" bellen konnte und auf die man damals, 17jährig, nur emotional zu reagieren vermochte: „... noch ehe sie den Mann verstanden hat, fühlt [sie] sich kalt werden. Ihr Körper hat, wie auch sonst, eher begriffen als ihr Kopf, dem nun allerdings die schwere Aufgabe des Nacharbeitens bleibt, den Schreck aufzuarbeiten ..." (25). Zu bewältigen wäre auch der Tod jenes Kindes, das Christa T. bei einem Schneesturm in irgendeiner Nacht im Winter 1944/45 aus den Händen gleitet, als sie erschöpft von der Flucht einschläft: „Der Beifahrer schippt das kleine Gesicht wieder zu und sagt zu Christa T.: Das wär's gewesen." (29) Und – vorher schon – das Krachen der Knochen ihres „guten schwarzen Katers" (26), den der Pächter, betrunken und gotteslästerlich fluchend, gegen die Stallwand knallt.

Kaum ist dagegen in diesem Roman, wie später auch in ‚Kindheitsmuster‘, etwas zu spüren von jener Tradition, auf die sich die Regierung und die Literatur der DDR, verunsichert durch die fehlende Revolution am Anfang ihrer Geschichte, auf Kosten der BRD so gerne beruft: KZ, Untergrundarbeit und Antifaschismus. Was nicht heißt, daß Christa Wolf die Opfer des Widerstands gering einschätzt. Nur sind diese Opfer, im Gegensatz zu dem täglichen Faschismus, den sie und die große Mehrheit ihrer Zeitgenossen am eigenen Leib erfuhr, kein Teil ihrer eigenen Erfahrung.

„Nun war sie wohl für immer in die andere Welt geraten, die dunkle, die ihr ja seit je nicht unbekannt war – woher sonst ihr Hang, zu dichten, dichtzumachen die schöne, helle, feste Welt, die ihr Teil sein sollte? Die Hände, beide Hände auf die Risse pressen, durch die es doch immer wieder einströmt, kalt und dunkel . . ." (26)

Verständlich, daß Christa T.'s zweiter Lebensabschnitt, der Neuanfang nach 1945, ebensowenig in den Bahnen der offiziellen Erwartungen verläuft wie der erste. Natürlich nimmt auch Christa T. schon bald gegen den Faschismus Stellung; auch braucht sie kaum mehr, wie Rita im vorhergehenden Roman, über die Alternative Westdeutschland nachzudenken. „Unter den Tauschangeboten", das stellt sie schon früh klipp und klar fest, „ist keines, nach dem auch nur den Kopf zu drehen sich lohnen würde . . ." (55) Und doch: „Wer hätte in seiner großen Verwirrung sich ein Herz gefaßt und ‚so und nicht anders‘ gesagt?" (29–30) Zögernd, „mit halben Sätzen" und „spöttischen Blicken", steht Christa T. da den neuen „Wundern" (31) gegenüber: „Viele Wege gab es damals nicht für uns, keine große Auswahl an Gedanken, Hoffnungen und Zweifeln" (32); unsicher springt sie auf den anfahrenden Wagen der Geschichte, nicht ohne über sich selbst ein wenig erstaunt zu sein und die Zufälligkeit des Entschlusses zu bekritteln: „Anderes ansehen sollen wir uns auch und anderes sehen. Nur das Lachen am Schluß soll bleiben: weil alle die Tage vor uns liegen. Die ganze Zeit, die die Unschärfe wegnehmen wird, ob wir wollen oder nicht. Dann lieber schon wollen. Dann lieber schon einen Weg zweimal machen ... Also gut, sagt sie, warum nicht Lehrerin." (32, 35)

Angekommen, mehr schlecht als recht, wäre sie also im Alltag der neuen Gesellschaft; ihren Entschluß hätte sie gefaßt. Doch während die anderen, auch die Erzählerin, mit Hilfe dieses Entschlusses beinahe übergangslos Hoffnungslosigkeit und Illusionsverlust in Begeisterung, Lernkollektive, Selbstverpflichtungen und die Hebung von Durchschnittsnoten zu verwandeln verstehen, heilt die „Wunde" (37) der Christa T. nur langsam: „... die Angst, einem selbst könnte zustoßen, was gang und gäbe war: spurlos zu verschwinden." (38)

Spurlos verschwinden – die Scheu vor Festlegungen, die hoffnungslose Anstrengung „hineinzupassen", der Zweifel am allgemeinen „Rausch der Neubenennungen", das Zurückzukken davor, „sich selbst einen Namen aufzudrücken, das Brandmal, mit welcher Herde in welchen Stall man zu gehen hat" (40) – zusammen mit dem Entschluß, am Aufbau der Gesellschaft teilzunehmen, für die man sich nun einmal entschieden hat, kommen Christa T. jene Zweifel, die sie fortan zunehmend in ein psychologisches und gesellschaftliches Abseits treiben. Immer heftiger „graut" ihr, die gewohnt ist, hinter die Dinge zu blicken und die ihre Außenseiter- und Beobachterposition nicht für ein oberflächliches Gefühl der Geborgenheit aufgeben will, „vor der neuen Welt der Phantasielosen". Allenthalben sieht sie jene „Tatsachenmenschen" und „Hopp-Hopp-Menschen" (55) emporkommen, die fortan in der DDR den Ton angeben. Brutal wird sie, für die die Broschüren von Gorki und Makarenko „so wichtig wie die tägliche Nahrung" (36) sind, an die unbewältigt gebliebene Vergangenheit ihres Landes erinnert: „So dünn ist die Decke, auf der wir gehen, so dicht unter unseren Füßen die Gefahr, durchzubrechen in diesen Sumpf. Den Kater an die Stallwand schleudern, den Jungen im Schnee liegenlassen, die Vogeleier gegen den Stein werfen. Das wird sie nun treffen, sooft es ihr begegnet." (37)

Und oft, zu oft trifft es sie in den kommenden Jahren. So oft, daß sie ihre Lust auf Veränderung, ihre Hoffnung auf die Zukunft und ihren aktiven Einsatz für die um sie entstehende neue Welt schließlich wieder aufgibt: In einer Sommerliebe zum Beispiel, die allzu häufig die Worte „vollständig" und „für immer" (43) gebraucht; in den „geschwungenen Fahnen", den „überlauten Liedern", den „hoch über unseren Köpfen im Takt klatschenden Händen" und den „heftigen, sich überschlagenden Worten", die schon bald nicht mehr von „gutem Glauben und Ungeschick und Übereifer" hervorgebracht werden, sondern von „Berechnung, Schläue, Anpassungstrieb" (59); bei ihrer Wirtin, die in einer nach einem deutschen Philosophen benannten Straße wohnt, in der Armeen von Hausfrauen allmorgendlich ihre Teppiche klopfen, und die nicht versteht, warum ihre Mieterin auf den Wandspruch, der schon bei Christa Wolfs Großvater in der Wohnung gehangen hatte, lieber verzichtet: „Wenn auch der Hoffnung letzter Anker bricht, verzage nicht" (47); in den „überlebensgroßen Papptafeln", hinter denen sich die Menschen zu verstecken beginnen; in Gestalt der „schrecklich strahlenden Helden der Zeitungen, Filme und Bücher" (60) begegnet es ihr; und schließlich – das wäre der bislang schwerste, zu ihrem ersten Zusammenbruch führende Schlag – in jenen ungenannt bleibenden und diskret auf den „Frühsommer dreiundfünfzig" verlegten Ereignissen des 17. Juni 1953. „Diese Atemlosigkeit oder diese Unfähigkeit, tief einzuatmen. Als ob ganze Teile der Lungen seit Ewigkeit nicht mehr mittun", schreibt sie damals in einem Brief an die Schwester, den die Erzählerin wohl nicht nur deshalb „gern unterschlagen" (73) hätte, weil in ihm weniger von einer „tiefen Übereinstimmung mit dieser Zeit" (74) als von Selbstmord und der ein wenig mystisch anmutenden Hoffnung auf ein „Kind" (75) die Rede ist: „Kann man aber leben, wenn ganze Teile nicht mittun? . . . Glaub mir, man bleibt, was man war: lebensuntüchtig. Intelligent, nun ja. Zu empfindsam, unfruchtbar grübelnd, ein skrupelvoller Kleinbürger . . . Mir steht alles fremd wie eine Mauer entgegen . . . Eine Kälte in allen Sachen. Die kommt von weit her . . . Menschen, ja. Ich bin kein Einsiedler, Du kennst mich. Aber kein Zwang darf dabeisein, es muß mich zu ihnen drängen. Dann wieder muß ich allein sein können, sonst leide ich." (73-4)

Da hilft es auch nicht, wenn die mit- und nachdenkende Freundin ausdrücklich betont, daß hier „kein Verfahren" stattfinde, „kein Urteil" gesprochen werden soll, nicht über sie und nicht über das, „was wir ‚die Zeit' nennen" (59); damals war Christa T. in der Furcht, „das könnte ihre Welt ein für allemal nicht sein", doch „in der Versuchung gewesen zu gehen". Und zwar nicht, wie so viele, in den Westen, wo sie ein „Leben mit anderen Gestrandeten" (75) zu führen gehabt hätte, sondern, viel schlimmer, in Krankheit und Tod: „Todeswunsch als Krankheit. Neurose als mangelnde Anpassungsfähigkeit an gegebene Umstände. So der Arzt, der das Attest für die Universitätsbehörden schrieb." (75-6)

Doch soweit ist es Mitte der 50er Jahre noch nicht. Vorerst noch glaubt sie, das Ende abwenden zu können durch die Flucht in die Geborgenheit ihres Dorfes und durch die Fähigkeiten eines Hellsehers. Was sie nicht hindert, den Bericht, den sie über die okkulte Sitzung schreibt, unter eine ironisch-mundartliche Überschrift zu stellen: „‚Wat de Generool seggt hett.'" (81) Denn was kommen mußte, kommt: anstatt ihr den gewünschten Ausweg zu prophezeien und die so sehnlich erhoffte Selbstverwirklichung für eine bessere Zukunft zu versprechen, sagt ihr der General ein frühes Ende voraus. Und dann: „Kein Sterbenswort mehr vom General." (87)

Damit sind wir, was die Struktur des Romans betrifft, in der Mitte der Handlung, im zehnten von zwanzig Kapiteln angelangt. Christa T. befindet sich auf der ersten Talsohle ihrer Entwicklung: die private und öffentliche Bewältigung der Kindheitserlebnisse hatte vertagt werden müssen; ihr Anspruch auf Selbstverwirklichung ist von den Propagandaphrasen der stalinistischen Jahre erstickt worden; die Hoffnung auf rasche Realisierung ihrer Ideale droht sich in den Mühen der realsozialistischen Ebenen zu verlieren; der Glaube an die Legitimität des eigenen gesellschaftlichen Systems zerstößt sich an der dogmatischen Engstirnigkeit, dem skrupellosen Funktionärspragmatismus und den politischen Kurzsichtigkeiten des Jahres 1953.

Nun ändert das alles nichts an Christa T.'s grundsätzlicher Übereinstimmung mit ihrer Zeit, aber von jenem kaum getrübten Enthusiasmus des Neuanfangs ist nicht mehr viel übrig geblieben. So nämlich, wie man es sich vorgestellt hatte, ist das Leben im neuen Staat eben nicht geworden.

Dennoch versucht Christa T. noch einmal, sich zum Überleben einzurichten. Die Examensarbeit über Storm wird abgeschlossen (auf sie wird noch zurückzukommen sein), die Aufgaben eines Lehramtes erneut übernommen. Nur ist in den Schulen inzwischen eine andere Generation nachgewachsen, die mehr denn je vom Ideal des „neuen Menschen" entfernt ist und mit der man als Lehrerin überraschend wenig gemein hat. Ohne Zögern machen sich diese Schüler über die ethischen Ansprüche der Lesebuchgeschichten lustig: „Edel sei der Mensch . . ." (102); zynisch belehren sie ihre Lehrerin darüber, daß es praktischer sei, das „Pflichtthema": „Bin ich zu jung, meinen Beitrag für die Entwicklung der sozialistischen Gesellschaft zu leisten?" (103) auch pflichtgemäß zu behandeln, gleichgültig, ob man tatsächlich Mitglied des entsprechenden Jugendverbandes werden will oder nicht. Rat weiß da auch der Direktor, ein „überzeugter Materialist" (104), ehemaliger Zuchthäusler und Überlebender der alten Tage, nicht mehr, denn was er erfahren hat, gehört für Christa T. ebenso einer anderen Zeit an wie die frühreifen Lebensweisheiten der Jüngeren. Jene Wette, die einen ihrer Schüler, Hammurabi genannt, dazu verführt, vor ihren Augen den Kopf einer Kröte abzubeißen, läßt sich jedenfalls nicht verhindern. Der Film läuft zum zweitenmal ab: „Da knallt der schwarze Kater noch einmal an die Stallwand. Da zerschellen noch einmal die Elsterneier am Stein. Da wird noch einmal der Schnee von einem steifen kleinen Gesicht gewischt . . . Christa T. fühlt eine Kälte den Rücken hochsteigen, bis in den Kopf. Sie wendet sich ab, geht weg. Nicht Ekel kommt – Trauer." (109-10) Was dagegen die neue Gesellschaft tatsächlich von ihren Mitgliedern erwartet, erklärt ihr Jahre später bei einem zufälligen Zusammentreffen einer jener Schüler, der ausgerechnet Mediziner geworden ist, zu einem Zeitpunkt, als Christa T. bereits endgültig über Anfechtungen dieser Art erhaben ist: „Überleben, ist ihm klar geworden, sei das Ziel der Menschheit immer gewesen und werde es bleiben. Das heißt, ihr Mittel zu jeder Zeit: Anpassung. Anpassung um jeden Preis." (112)

Erhaben über eine derartige Lebensphilosophie bleibt Christa T. freilich nur deshalb – man schreibt inzwischen das Jahr 1960 –, weil sie seither den Weg der Anpassung selbst ausprobiert und verworfen hat. Von ihrer Liebe zu Justus, einem netten, durchschnittlichen Tierarzt, war nämlich unterdessen die Rede, von Heirat und Kinderkriegen, von den Vorzügen des Landlebens und von dem regelmäßigen Rhythmus eines Hausfrauendaseins. Beileibe keine Flucht ins private Glück im stillen Winkel, wie manche Kritiker festzustellen glaubten; und auch keine Erneuerung der altdeutschen Idyllen, die zuletzt noch im ‚Geteilten Himmel' für Stimmung gesorgt hatten. Vielmehr stellt der von Christa T. bei vollem Bewußtsein gefaßte Beschluß, nach dem Scheitern als aktivem Mitglied der sozialistischen Gesellschaft zumindest den begrenzten Möglichkeiten der Rolle von Mutter und Tierarztfrau gerecht zu werden, einen letzten Versuch dar, ihrem Leben einen privaten und öffentlichen Sinn zu geben. Ein Familien- und Landleben also als Alternative zu den überspannten Ansprüchen der Anfangs- und Lehrjahre: der Versuch, sich nach der Sturm- und Drangzeit der Aufbauperiode mit der ‚Ankunft im Alltag' der DDR-Gesellschaft abzufinden. Dabei dürfte schon hier klar sein, daß auch dieser Lebensabschnitt der Christa T. fehlgehen muß: „Jetzt heißt es, doppelt vorsichtig zu sein", warnt die nach-denkende Freundin vorsorglich, „man wird das Gefühl nicht los, den Schlüssel gefunden zu haben. Jetzt heißt es, Argwohn zu wahren." (120) „Natürlich hat sie auch Schutz gesucht, vielleicht hätte man das früher sagen sollen, und wer würde es ihr verdenken? Dämme bauen gegen unmäßige Ansprüche, phantastische Wünsche, ausschweifende Träume. Einen Faden in die Hand nehmen . . ., an dem man sich, wenn es not tut, halten kann: den alten Faden, der aus soliden Handgriffen und einfachen Tätigkeiten gemacht ist." (122)

Halten konnte dieser Faden, aus Selbstaufgabe, Täuschung

und Resignation gesponnen, sicherlich nicht. Zuerst setzen die Schmerzen wieder ein, die physischen. Dann werden, das Jahr 1956 rollt ab, auf der großen politischen Bühne die „eisern Gläubigen" abgelöst, zugleich aber auch die „Bühnenscheinwerfer" für die Statisten gelöscht: „. . . wir [mußten] uns daran gewöhnen . . ., in das nüchterne Licht wirklicher Tage und Nächte zu sehen." (132) Und schließlich, Christa T. hat sich gerade in einem kleinen mecklenburgischen Landstädtchen niedergelassen und ist dabei, sich mit den alteingesessenen Honoratiorenfrauen der Gegend bekannt zu machen, beginnt sie schon wieder, sich in ihrer „eigenen Wohnung um[zu]sehen, als wäre sie einem todfremd, als könnten die Möbel jeden Augenblick Beine kriegen und die Wände Löcher" (140).

Das trotzige Lachen, das gerade noch die Stadt davor gerettet hatte, sich aufzulösen, „wenn man genau hinsieht" (135), ist nun verklungen: „Das Spiel mit Varianten hat aufgehört." (136) Was übrig bleibt ist jenes Anna Seghers abgesehene Konzept vom ‚gefährlichen' und ‚gewöhnlichen' Leben, das ihr sagt, „wie gefährlich Gefahrlosigkeit sein kann" (139): „Nicht daß sie Vollkommenheit erwartet hätte, aber sie will alles neu und frisch haben, nichts soll blaß und zufällig und banal sein wie in Wirklichkeit, etwas anderes soll dastehen, nicht immer nur wieder das längst Gesehene und überall Verkündete. Originalität, notiert sie sich, und dazu: verschenkt, aus Feigheit." (142)

Konsequent läßt sie, der schon immer „Gewissen" und „Phantasie" (171) wichtiger für den Fortbestand der Menschheit waren als etwa die Erschließung aller Energiequellen der Erde, denn auch jenen neuen Stern des Sputniks (wir hatten im letzten Kapitel schon darauf hingewiesen) untergehen: denn, so beginnt sie einzusehen, statt die Welt aus ihren ‚eisernen Definitionen' zu entlassen und sie endlich wieder ihren Bewohnern mit allen ihren ‚Unvollkommenheiten' zu öffnen, löst auch der wissenschaftlich-technische Fortschritt nicht mehr als „ein bißchen Gerede von Vorangekommensein" (142) aus, bringt einen Mut hervor, der statt „Klarheit" und „Bewußtsein" zu erzeugen „nichts als die Oberfläche der Geschehnisse" (141-2) anrührt.

Jetzt kann das Ende schnell kommen: weder eine mit einem schicken Jäger absichtlich konventionell-kitschig ausgestattete Liebesaffäre noch die Geburt eines weiteren Kindes noch auch der verzweifelte Versuch, wenigstens mit dem geplanten Haus am See etwas aus eigener Kraft hervorzubringen, hält den Untergang auf. „Sie spürte, wie ihr unaufhaltsam das Geheimnis verlorenging, das sie lebensfähig machte: das Bewußtsein dessen, wer sie in Wirklichkeit war." (156) „Da haben wir sie, Christa T., von ihren Schwierigkeiten reden hören, ein einziges Mal ... Daß sie sich vor den Festlegungen scheute. Daß alles, was erst einmal ‚dasteht' ..., so schwer wieder in Bewegung zu bringen ist, daß man also schon vorher versuchen muß, es am Leben zu halten, während es noch entsteht, in einem selbst. Es muß andauernd entstehen, das ist es. Man darf und darf es nicht dahin kommen lassen, daß es fertig wird." (166)

Festlegungen und Fertigsein, Jahres- und Gedenktage, Fortschrittsfetischismus und die verzweifelte Anrufung der längst im Pragmatismus einer konservativen Parteibürokratie erstarrten revolutionären Tradition – es ist kaum mehr zu übersehen: was Christa T. hier auf ihre eigene Entwicklung bezieht, will Abbild und Kritik der Zustände in ihrem Land sein. Während sich nämlich das Gros der DDR-Schriftsteller in Nachfolge von Brigitte Reimanns Erzählung ‚Ankunft im Alltag' (1961) noch darum müht, sich das eben erst gewonnene Selbstbewußtsein und den neuen Stolz auf die eigenen sozialistischen Lebensformen in der sogenannten „Ankunftsliteratur"[6] gegenseitig zu bestätigen, hat Christa Wolf, wohl nicht zuletzt unter dem Eindruck der Werke von Anna Seghers und Max Frisch, bereits damit begonnen, die Gefahren dieser Ankunft für die zukünftige Entwicklung aufzuzeigen. ‚Alltag' bedeutet für sie bestenfalls Bequemlichkeit und im schlimmsten Fall Rückfall in kleinbürgerliche Lebensmuster; und mit ‚Ankunft' setzt sie die Erstarrung jener Ideale und Hoffnungen gleich, wegen denen man sich damals, nach Kriegsende, überhaupt noch einmal zu einem Neuanfang entschlossen hatte.

Ist ‚Nachdenken über Christa T.' deshalb, wie behauptet wurde, eine Elegie?[7] Hätten wir nichts als Trauerarbeit über eine Randfigur der sozialistischen Gesellschaft vor uns, einer Figur, die, „zu früh geboren", an der Diskrepanz zwischen Ideal und Wirklichkeit, zwischen Lebenserwartung und Lebenserfüllung zu Grunde geht in der nutzlosen Hoffnung, daß „die Zeit für sie arbeitet", daß „nicht mehr lange ... an dieser Krankheit gestorben werden" (180) wird? Betreibt Christa Wolf gar, wie ihr von anderer Seite vorgehalten wurde, den versteckten Import bürgerlicher Denkmodelle, wie Nihilismus, Defätismus und eine Art von Wohlstandsidylle mit Eigenheim und gesichertem Privatleben?

Wohl kaum. Denn gerade den Aspekt im Leben der Christa T., der die Einflüsse der „dunklen" „Welt" (26) überwinden und die Risse und Brüche in ihrer Existenz verkleistern könnte, haben wir bisher ausgespart: die Skizzen und Überschriftensammlungen, Aphorismen und Gedichte, Prosaerzählungen und Auseinandersetzungen mit literarischen Vorbildern. Kurz: die schriftstellerischen Versuche der Christa T.

Um es gleich vorwegzunehmen: veröffentlicht wurde keine dieser Arbeiten; so weit reicht die Kraft von Christa T. nun doch nicht, noch nicht einmal, als das Angebot einer lokalen Zeitung zur Mitarbeit kommt. Die Aufgabe des Veröffentlichens und damit auch ein Gutteil der Verantwortung für das Gesagte, wird stillschweigend der Freundin überlassen, die, so muß es sich Christa T. erhofft haben, rückblickend nach ihrem Tod über die nötige Distanz verfügt, um aus den Briefen und Versuchen, aus Zeugenberichten und eigenen Erinnerungen ein Bild jener Zeit herzustellen, das unmittelbarer und wahrheitsgetreuer als alle autobiographischen Bemerkungen sein soll. Was nicht heißt, daß die abgerissenen Sätze, die Titel und Szenen, die Christa T. hastig auf der Rückseite von Rechnungen und Milchsollerfüllungsformularen festhält, wenn schon nicht als direkte, öffentliche Beispiele, dann doch wenigstens als private Lebensretter dienen. „Daß ich nur schreibend über die Dinge komme", zitiert die Erzählerin Christa T. (wobei diese Zitate im Roman meist durch Kursivdruck gekennzeichnet sind): „Hat sie es sich wirklich vorgeworfen? Erklärt dieser geheime Selbstvorwurf den Zustand ihrer Hinterlassenschaft?

. . . Soviel Achtlosigkeit läßt sich nicht mehr als Unordnung tarnen oder als Flüchtigkeit. Der Vorwurf der Schwäche schimmert durch, mit der sie sich gegen die Übermacht der Dinge zu wehren meinte: schreibend. Und, trotz allem, über die Dinge kam. Sie hat nicht gewußt, daß sie das von sich sagen konnte." (39)

Die Versuche, ihre Schwächen schreibend einzudämmen, reichen denn auch bis weit in die Kindheit zurück. Da wird uns die Zehnjährige vorgeführt mit ihrer „kindlichen Krakelschrift": „Ich möchte gerne dichten und liebe auch Geschichten." (22) Oder: „Wie bin ich zu bedauern, ich armes, armes Kind, sitz hinter festen Mauern, und draußen geht der Wind . . ." (26) Die Studentin tritt auf, die sich aus der Gefahr, inmitten des ‚Rauschs der Neubenennungen' unterzugehen, zu retten versucht: „Leben, erleben, freies großes Leben! O herrliches Lebensgefühl, daß du mich nie verläßt! Nichts weiter als ein Mensch sein . . ." (40). Klingsor, jener an ‚Parzival', den ‚Heinrich von Ofterdingen' des Novalis und Hesses ‚Märchen' erinnernde Inder mit dem „glutvollen Blick, dem schneeweißen Turban und den leider durchlöcherten Socken", erscheint ihr im Traum und trifft sie anderntags ausgerechnet auf der Technischen Messe wieder, wo er sie „Dichter" (58) nennt, ein Wort, das sie sich so, auf sich selbst bezogen, nie gestattet hätte. Ein naives, dreistrophiges Gedicht, 1950/51 entstanden, wird zitiert, in dem „Einfachheit" und „wahre Empfindung" (63) die allzu simplen Reime wettmachen sollen. Kostja schließlich, „die vollkommene Liebe" (64) tritt auf, „ein schönes Spiel, Übung für schwebende Stunden, haarscharf am Rande der Wirklichkeit" (65) – Kostja, der zu jeder Gelegenheit das passende Zitat weiß, den „die Wirklichkeit . . . nur noch beschmutzen" (66) könnte, weil er alles schon einmal in seinen Büchern erfahren hat, und den nur ein ‚literarisches' Erlebnis davon abhält, die Wirklichkeit und die Verse endgültig miteinander zu vertauschen: die Prüfungsstunde des Studenten Günter nämlich, dem er eben *en passant* die Freundin weggenommen hatte und der sich jetzt vor großem Auditorium („‚Doch Brutus ist ein ehrenwerter Mann'") standhaft weigert, für seine Klasse

„den Vorrang der gesellschaftlichen vor den persönlichen Motiven im Verhalten Ferdinands" in Schillers ‚Kabale und Liebe' herauszuarbeiten. „So weit", kommentiert die Erzählerin zweideutig, „hatten wir es schon gebracht." Doch Kostja, vor dem Günter selbstzerstörerisch „für die Tragödie in der modernen Liebe" (70) streitet und sich deshalb des Subjektivismus anklagen lassen muß, Kostja beginnt in diesem Augenblick die „blonde Inge wirklich zu lieben" (71-2) und sich von Christa T. zu entfernen.

Schreiben und literarische Anspielungen also als Erkenntnismittel, als Möglichkeiten zur Bewältigung von Wirklichkeit, der vergangenen ebenso wie der gegenwärtigen und der zukünftigen. Schreiben aber auch als Ventil für unverbrauchte Gefühle und Pläne, als Schutzwall gegen das Unverständnis der prosaischen Ansprüche der Gesellschaft. Noch deutlicher als in den frühen Entwürfen und Skizzen wird dieses Thema in jener Examensarbeit variiert, die Christa T. nach ihrer Rückkehr aus dem Dorf im Spätsommer 1953 zu schreiben beginnt.

Der Titel dieser Arbeit lautet: „Der Erzähler Theodor Storm." (96) Ihr Ziel ist es – ganz unwissenschaftlich, aber für das Autor-Erzähler-Held Verhältnis unseres Romans außerordentlich aufschlußreich – im Leben und Werk von Storm die Voraussetzungen für das eigene Schreiben abzuklären und herauszufinden, „wie man denn – und ob überhaupt und unter welchen Umständen – in der Kunst sich selbst verwirklichen könne" (97). Betroffen von so viel Offenheit gibt da die Erzählerin zu, daß sie das nicht erwartet habe: „Auf mitgehendes Verständnis, auf Bekenntnisse war ich nicht gefaßt, noch weniger auf Selbstprüfung und fast unverhüllte Selbstdarstellung, auf den Einbruch persönlicher Problematik in die leidenschaftslose Untersuchung." (96-7) „Hart schreiben" (95), fordert die Freundin nämlich, statt in den „überlegenen Tonfall" der „vorgeformten, klappernden Sätze" (96) zu verfallen, mit denen man damals seine Themen zuzudecken pflegte, sich an das Nüchterne, Überschaubare halten, ohne dem Häßlichen auszuweichen oder sich unkritisch vom „Peripheren", vom „kleinen Naturstück" mitreißen zu lassen. Was nicht bedeutet, daß sich so, schon hier auf das eigene Ende hindeutend, Gefahren wie die, durch den tragisch-unlösbaren Konflikt zwischen „Wollen und Nicht-Können in den Lebenswinkel gedrängt" (98) zu werden, auch tatsächlich abwenden ließen, daß „ungebrochenes Künstlertum" und „volles Menschentum" (97) derart zu retten wären.

Viel gibt es fortan nicht mehr zu berichten, denn konsequent ist das rotbraune Notizbuch bei der Übernahme der neuen Rolle als Hausfrau und Mutter verstummt: „Kochrezepte und Etatpläne füllen seine letzten Seiten." (124). Erst viel später, als der Tod bereits unabwendbar geworden ist, werden hier und da noch einmal ein paar fahrige Notizen hingeworfen, eine Nacherzählung der Geschichte vom Lappen notiert, die Klein-Anna, ihre Tochter, erzählt, eine Skizze vom geplanten Haus versucht. Zu langsam und zu spät muß Christa T. damals deutlich geworden sein, daß „das wirkliche Material sich stärker widersetzt als Papier" (158). Jedenfalls vermag auch jener letzte Anlauf keinen Ausweg mehr zu bieten: „Rund um den See" (170), eine Sammlung von ‚wahren' Schicksalen, Legenden und Begebenheiten, die sich im täglichen Leben an jenem See abspielen, an dem Christa T. ihr Haus gebaut hat. Jetzt endlich zwingt sie die „Angst vor den ungenauen, unzutreffenden Wörtern" (169), die Einsicht, daß das Leben durch Worte verletzbar sei, endgültig dazu, die großen Entwürfe, den unmäßigen Anspruch auf die unmittelbare Konkretisierung der offiziellen und privaten Utopien aufzugeben. Kirchenbücher liest sie, klönt mit den Bauern, versucht, ihnen ihre Geschichten aus der Nase zu ziehen, und macht zu allem Notizen. Und das nur, um es dann plötzlich wieder aufzugeben, den Deckel über dem Fach mit den Entwürfen ungeduldig zuzuschlagen, als ihr der Satz einfällt: „Tatsachen? An Tatsachen halten. Und darunter in einer Klammer: Aber was sind Tatsachen?" (170)

Mittel zur Selbstverteidigung, zur Ich-Findung und zur Klärung der unauflösbar scheinenden Lebenswidersprüche sollten Christa T.'s schriftstellerische Versuche sein. Als Schutzwall sollten sie sich gegen das Dunkle, gegen die Kälte stemmen, die in ihr Leben strömt. Standgehalten haben sie nicht. So wie ihr

Leben, das dem Kollektiv verantwortliche Leben der Studentin und Lehrerin in das private Leben der Hausfrau und Mutter, in Unordnung, Krankheit und Tod enden, vermochte auch die Kunst keinen Ausweg aus dem Dilemma des modernen Lebens zu weisen. Zumindest steht Christa T. die Kraft, die sie gebraucht hätte, um ihr bedrohtes Leben der Mit- und Nachwelt als Exempel, als Muster, zur Warnung und zur Nachfolge, vorzuhalten, nicht im nötigen Maße zur Verfügung.

So bleibt es der Erzählerin und dem Leser überlassen, das Leben und die Werke dieser an ihrer Zeitgenossenschaft, ihrem Mit-Leiden mit ihrer Zeit zugrunde gegangenen Frau zu Ende zu denken: „Wenn ich sie erfinden müßte – verändern würde ich sie nicht. Ich würde sie leben lassen ... Erfahrungen aufzeichnend, die die Tatsachen des wirklichen Lebens in ihr hinterlassen haben ... Den Durst nicht löschen, den sie immer spürt ... Würde sie die wenigen Blätter vollenden lassen, die sie uns hinterlassen wollte und die, wenn nicht alles täuscht, eine Nachricht gewesen wären aus dem innersten Innern, jener tiefsten Schicht, in die man schwerer vordringt als unter die Erdrinde oder in die Stratosphäre, weil sie sicherer bewacht ist: von uns selbst." (173) „Einmal", so schließt der Roman, „wird man wissen wollen, wer sie war, wen man da vergißt. Wird sie sehen wollen, das verstände sie wohl ... Wird sie, also, hervorzubringen haben, einmal ... Wann, wenn nicht jetzt?" (183)

Damit wäre unsere Analyse bei jenem Aspekt angelangt, der ‚Nachdenken über Christa T.' so komplex, aber auch so reizvoll macht: der Rolle der Erzählerin und, eng damit verknüpft, der Erzählweise, dem Stil des Romans. Leicht macht es sich Christa Wolf auch hier nicht, denn die Spannung zwischen Erzähl- und Handlungszeit, zwischen dem rückblickenden, nach-denkenden Betrachter und den agierenden Personen, die im ‚Geteilten Himmel' noch offen sichtbar gewesen war und deshalb recht konstruiert wirkte, ist diesmal zu einem zentralen, wenn auch nur schwer durchsichtigen Aussagemittel aufgerückt. Das um so mehr, als Christa Wolf inzwischen noch eine weitere Dimension ins Spiel gebracht hat, die bei dem Roman von 1963 eher wie ein stilistischer *Fauxpas* gewirkt hatte: jene auch für den aufmerksamen Leser kaum zu entwirrende Verquickung der Identität vom Autor, Erzähler und Held, von Christa Wolf, der namenlosen Freundin der Christa T. und Christa T. selbst also.

Wenig, ja beinahe gar nichts erfährt der Leser über das Leben der Erzählerin: als eine Freundin von Christa T. wird diese Frau vorgestellt; ein Jahr jünger sei sie gewesen, also fast genauso alt wie die Autorin; verheiratet, Kinder, Studium der Germanistik in Leipzig, Schriftstellerin – alles wie Christa Wolf. Auch die Jugend in einem kleinen Städtchen östlich der Oder, die Flucht und der Neuanfang nach 1945 weisen, der Roman ‚Kindheitsmuster‘ wird es wenig später bestätigen, in diese Richtung; ebenso die Tatsache, daß die Erzählerin ihren Bericht unmittelbar nach dem Tod der Christa T. im Frühjahr 1963 aufzuzeichnen beginnt – zur selben Zeit also, da Christa Wolf mit der Arbeit an ‚Nachdenken über Christa T.‘ anfing.

Die Indizien wirken überwältigend – und doch ist die Autorin nicht so ohne weiteres gewillt, ihre Identität mit der Erzählerin zuzugeben und damit die Verantwortung für deren Schreibweise, Auswahlprinzipien und kommentierende Eingriffe zu übernehmen. Merkwürdig verwirrend ist jene mit C.W. gezeichnete Vorbemerkung formuliert (in der späteren Paperbackausgabe wird diese Passage dem Text übergangslos als Nachbemerkung angehängt), in der es ausdrücklich heißt: „Wirklich lebende Personen und wirkliche Ereignisse sind ihnen [den Nebenpersonen und Situationen] nur zufällig ähnlich.“ (6) Mehrdeutig weist Christa Wolf noch im Erscheinungsjahr des Romans in einem Interview, das freilich bezeichnenderweise ein „Selbst“-Interview ist, die Möglichkeit der Autobiographie bzw. des dokumentarischen Schreibens zurück: „‚Frage‘: So schreiben Sie also eine Art von posthumen Lebenslauf ... ‚Antwort‘: ... wäre ich Mathematiker, würde ich wahrscheinlich von einer ‚Funktion‘ sprechen: Nichts mit Händen Greifbares, nichts Sichtbares, Materielles, aber etwas ungemein Wirksames. ‚Frage‘: Immerhin haben Sie nun zugegeben, daß zwei authentische Figuren auftreten: Christa T. und ein Ich. ‚Antwort‘: Habe ich das zugegeben? Sie hätten recht,

wenn nicht beide Figuren letzten Endes doch erfunden wären
...". Und weiter, sich im selben Atem mehrfach widerspre-
chend: „Das dachte ich zuerst. Später merkte ich, daß das
Objekt meiner Erzählung gar nicht so eindeutig sie, Christa T.,
war oder blieb. Ich stand auf einmal mir selbst gegenüber, das
hatte ich nicht vorgesehen. Die Beziehungen zwischen ‚uns‘ –
der Christa T. und dem Ich-Erzähler – rückten ganz von selbst
in den Mittelpunkt: die Verschiedenheit der Charaktere und
ihre Berührungspunkte, die Spannungen zwischen ‚uns‘ und
ihre Auflösung, oder das Ausbleiben der Auflösung."[8]

Doch das Verwirrspiel geht noch weiter. Kaum hat man sich
nämlich als Arbeitshypothese über die Identität von Autor und
Erzähler Gedanken gemacht, da kommt eine völlig neue
Dimension ins Spiel: jetzt plötzlich soll auch noch Christa T.
mit der Autorin identisch sein, das T. des Nachnamens nur ironisch mit dem Leser spielen. Wobei nicht zu vergessen ist, daß
in dem besagten Zitat auch die Rede war von der „Verschiedenheit der Charaktere", von Spannungen zwischen den beiden Polen eines ironisch in Anführungszeichen gesetzten
„wir". So, als ob er die Situation vollends verwirren wolle, mel-
dete sich nach Erscheinen des Romans auch noch Hans Mayer
zu Wort. Er, der Anfang der 50er Jahre Ordinarius für deutsche Literatur an der Universität in Leipzig war, erinnert sich
oder meint zumindest sich zu erinnern, „daß es eine reale Christa T. mit einer ähnlich ablaufenden Lebensgeschichte gegeben
hat. Eine Freundin in der Tat der Christa Wolf." Und auch jene
Examensarbeit über Theodor Storm soll es nach Mayer gegeben haben,[9] während Christa Wolf in der bereits zitierten Vorbemerkung zu dem Roman, mehrfach gebrochen und modifiziert, fortfährt: „Christa T. ist eine *literarische* Figur. *Authentisch* sind *manche* Zitate aus Tagebüchern, Skizzen und Briefen.
Zu *äußerlicher* Detailtreue sah ich mich nicht verpflichtet." (7,
meine Hervorhebungen) Was sie andererseits nicht davon
abhält, wenig später in dem Interview mit Carl Corino gerade
und unkompliziert festzustellen: „... daraus, daß eben diese
Vorbemerkung von mit offenbar von einer Reihe von Kritikern
für einen Trick genommen wurde, wurde sie oft nicht ernst

genommen ... was aber tatsächlich zu Mißinterpretationen führt. Ich meinte das ganz ernst. Es gab sie, diese Christa T., es gab ihr Leben, dessen Fakten und einzelne Stationen ich kannte oder nach ihrem Tod kennenlernte ... und es gab auch diese Dokumente, aus denen ich zu einem Teil einige von ihnen zitiere. Dann aber ... war ich natürlich vor die Frage gestellt, daß ich allein damit nicht auskam und daß manches, worauf es mir sehr ankam, in der Interpretation dieses Lebens natürlich erfunden werden mußte."[10]

Aufschlußreich für das Verständnis der Romanstruktur sind schließlich auch das unnumerierte Vorkapitel, in dem die Erzählerin über Anlaß und Art ihres Berichtes nachdenkt, und das als Höhepunkt und eigentlicher Schluß anzusehende 19. Kapitel, in dem in einer traumartigen Sequenz die Gedanken der Erzählerin und der Christa T. unmerklich ineinanderübergehen. „Nachdenken, ihr nach-denken. Dem Versuch, man selbst zu sein. So steht es in ihren Tagebüchern, die uns geblieben sind ... zwischen den Zeilen der Briefe, die ich kenne. Die mich gelehrt haben, daß ich meine Erinnerung an sie, Christa T., vergessen muß. Die Farbe der Erinnerung trügt." (9)

Kein Zweifel, schon in diesen ersten Zeilen des Romans wird beinahe alles Wichtige vorweggenommen: eines der zentralen Themen, nämlich die Suche nach dem Selbst, nach jenem später wiederholt kursiv oder in Großbuchstaben gesetzten ICH; das dreifache ‚Nachdenken' der Erzählerin, das „denken über" oder „erinnern", aber auch „nachfolgen im Denken" meinen kann; die behutsame Auswertung von dokumentarischem Material, das erst durch das Lesen zwischen den Zeilen und die, ebenfalls relativierten, subjektiven Erinnerungen der Erzählerin seinen Wert erhält; und der Einbezug des Lesers in die Handlung durch das vertrauliche „uns" (das sich an anderen Stellen allerdings auch auf die Erzählerin und Christa T. bzw. die Erzählerin und ihre Zeitgenossen beziehen kann). Unsicherheit und Zweifel, gefaßt in semantischen und grammatischen Zweideutigkeiten, kennzeichnen also von Anfang an die Haltung der Erzählerin: Angst nämlich hat sie, wie sie auf den ersten Seiten des Romans gleich dreimal wiederholt, sowohl davor, die Freundin durch ihr Verstummen endgültig dem Tod zu überliefern, als auch vor der Versuchung, über die Verstorbene, die sich beim Schreiben so „leicht ... wie kaum eine Lebende" (9) herbeizitieren läßt, unbotmäßig zu verfügen, sie durch „nachlässige Trauer und ungenaue Erinnerung und ungefähre Kenntnis" (10) unwiderruflich zum Schwinden zu bringen. Denn, so betont sie ausdrücklich, nicht Christa T. hat uns, sondern wir, Erzählerin, Autorin und Leser, haben sie nötig.

Nötig aber wozu? Für den, der die Antwort bis dahin noch nicht gefunden hat, faßt Christa Wolf sie kurz vor dem Ende ihres Buches noch einmal zusammen, als sich für die Erzählerin in der Nacht zwischen 1961 und 1962 in einem traumähnlichen Zustand Zeit, Ort und Identität aufzulösen beginnen und leitmotivisch die wichtigsten Themen des Romans in ihrem Gedächtnis Revue passieren: „... die Schwierigkeit, ‚ich' zu sagen" (167); die ‚Angst vor den ungenauen, unzutreffenden Wörtern'; Kostjas „verantwortungsloser Bereich der bloßen Wort-Existenz" (170); die Anwesenheit von ‚Gewissen' und ‚Phantasie' als Voraussetzung für den „Fortbestand der Menschheit" (171); das ‚Recht auf Erfindungen' und ‚Veränderungen' (172); „Schreiben" als „groß machen" (173); und als Schlüssel für die Erzählsituation ein Exkurs über den konsequenten Gebrauch der „dritten Person" in Christa T.'s (und ihren eigenen) Manuskripten: „SIE, mit der sie sich zusammentat, die sie sich hütete, beim Namen zu nennen, denn welchen Namen hätte sie IHR geben sollen? SIE, die weiß, daß sie immer wieder neu zu sein, neu zu sehen hat, und die kann, was sie wollen muß. SIE, die nur die Gegenwart kennt und sich nicht das Recht nehmen läßt, nach ihren eigenen Gesetzen zu leben. Ich [!] begreife das Geheimnis der dritten Person, die dabei ist, ohne greifbar zu sein, und die, wenn die Umstände ihr günstig sind, mehr Wirklichkeit auf sich ziehen kann als die erste: ich. Über die Schwierigkeit, ich zu sagen." (168)

So sicher, wie sie sich noch der ‚erfundenen' Leben von Manfred und Rita gewesen war, vermag sich Christa Wolf fortan ihrer eigenen Vergangenheit – und um die geht es ja hier – nicht mehr zu sein. Wenn der Roman dennoch nicht jener extremen Formlosigkeit verfällt, die man zur Genüge aus der westlichen Literatur kennt, dann vor allem, weil die Autorin ebenso wie ihre Heldin „die äußerste Abneigung gegen das Ungeformte" (22) besitzt. Droht ihr dennoch gegen Ende des Romans die Chronologie immer mehr aus der Hand zu gleiten, weil sich die Handlung dem „Unschärfenbereich der Gegenwart" (141) nähert, einem Bereich, in dem Wahrsagungen, Träume und Märchen die Rolle der ‚realistischen‘ Dokumente zu übernehmen haben, dann beweist das nur, wie schwer es Mitte der 60er Jahre für die sozialistische Literatur war, ‚wahrheitsgetreu‘ über die von falschen Erinnerungen und bewußten Mißinterpretationen bedrohte unmittelbare Vergangenheit zu berichten. Wiederholt muß denn auch die Erzählerin die einfachsten Geschichtchen, die, wie zum Beispiel ihr Besuch bei der ehemaligen Kommilitonin Gertrud Born-Dölling, zunächst im Ton eines authentischen Berichts erzählt worden sind, als die Wahrheit verzerrende Erfindungen wieder zurücknehmen. Episoden, wie die Séance beim Generool oder der Bericht von der ersten Nacht mit Justus werden in Zweitfassungen variiert; und ein optimistischer, an die sozialistisch-realistische Literatur gemahnender Schluß für die Krötengeschichte wird aus besserem Wissen um die Vieldeutigkeit der Realität korrigiert: „Wie stimmen wir im Innersten überein mit allen, die solche Schlüsse, je weniger sie stattfinden, um so heftiger begehren. – In Wirklichkeit passierte das Wahrscheinlichere . . ." (110)

Ähnliches läßt sich für den Stil des Romans feststellen: auch hier wird die Aussage beständig durch den einschränkenden Gebrauch von Konjunktiven, subjektiv verwendeten Modalverben oder – ganz offen – Partikeln wie „aber", „ja", „doch" usw. relativiert: „ich wünsche mir doch sehr, wir hätten es getan"; „wie ich es mir . . . wünsche"; „mögen wir gedacht haben" (164). Das hat zwar einerseits zur Folge, daß jene Naturbilder, die im ‚Geteilten Himmel‘ noch in die Nähe von Trivialliteratur gerieten, mit Hilfe von ironischen Zwischenbemerkungen gerettet werden können, daß also wieder so etwas wie eine moderne Idylle möglich wird: „Jetzt ist die Sonne in die Hecken gefallen. Fehlt bloß noch, daß sie quer über eine Wiese laufen und das ausgebreitete Heu duftet. Also gut, sie laufen, und das Heu duftet, das haben wir ja alles in der Hand. Jetzt soll sie ihn nach den Pappeln fragen . . .“ (44). Andererseits droht die Methode der indirekten, versteckten Aussage bei dem häufigen Gebrauch von Zitaten, den wiederholten Anspielungen auf literarische Figuren und bei den hier (im Gegensatz zu ‚Kindheitsmuster‘) noch in Grenzen gehaltenen (volks-)etymologischen Wortableitungen in ein leicht überspanntes literarisch-sprachwissenschaftliches Ratespiel auszuarten. Wohin das führen kann, belegt zum Beispiel Fritz J. Raddatz’ Besprechung des Romans für den ‚Spiegel‘, in der neben Tonio K., also Thomas Mann und Franz Kafka, und Kleists Brief vom 5. Februar 1801 an seine Schwester gleich auch noch Fontane, Huchel, Mickel, Strittmatter und sogar Pascal als Vorlagen bemüht werden.[11]

Dennoch ist die Tatsache, daß Christa Wolf derart intensiv mit der Form des Zitats arbeitet, durchaus aufschlußreich. Zitieren nämlich bedeutet, die Intention und Form des zitierten Werkes und unter Umständen einer ganzen literarisch-kulturpolitischen Epoche in schöpferische Spannung zu setzen mit dem eigenen Schaffen und mit der eigenen Zeit. Zitieren wäre, so gesehen, eine Art von Sonderform der Rezeption des Kulturerbes, ein indirektes Aussagemittel, das in seiner schillernden Vieldeutigkeit dem Textzusammenhang neue Tiefendimensionen verleiht, und, selbst wenn die Zitate wie in ‚Nachdenken über Christa T.‘ für den Leser zum Teil durch Kursivdruck kenntlich gemacht sind, eine endgültige, definitive Interpretation verhindert.

Besonders deutlich läßt sich das am Beispiel eines ‚romantischen Motivs‘ aus Christa T.’s Studentinnentagen nachweisen: „Kostja oder die Schönheit.“ (64) Kostja nämlich, der Kommilitone, der nicht aufhören kann, die „wirklichen, aber unvollkommenen Sätze“ (67) der Christa T. an Zitaten aus der Weltliteratur zu messen, die ihm beständig durch den Kopf gehen, dieser Kostja ist für Christa T. so etwas wie die Personifizierung ihres Wunsches, Dichterin zu werden. Strukturell einleuchtend steht die Episode mit ihm deshalb zwischen der Interpretation eines ihrer einfachen Gedichtchen („Ein neues Großstadtglück hab' ich gewonnen . . ." [62]) und jenem Brief an die Schwester zum 17. Juni 1953, zwischen poetischem Anspruch und politischer Notwendigkeit, zwischen Ideal und Wirklichkeit also. Erzählt wird sie – wie könnte es anders sein – durch eine ganze Reihe von Zitaten und literarischen Anspielungen, in deren Zentrum die Spannung von künstlerischer Subjektivität und Öffentlichkeit, von Gefühl und Ratio steht. Zuende geht die „Komödie" der Liebesbeziehung zwischen Christa T. und Kostja dann ausgerechnet unter dem nicht auszuhaltenden Blau des Himmels „an einem Tag im schönen Mond September" (66): womit einerseits Anna Seghers' Erzählung ‚Das wirkliche Blau' (1967) und andererseits Bertolt Brechts anti-Liebesgedicht ‚Erinnerung an die Maria A.' (1920) aus der ‚Hauspostille' gemeint ist.

Beide Zitate deuten in dieselbe Richtung. Anna Seghers läßt einen mexikanischen Töpfer auf der Suche nach dem einzigen Farbstoff, dem „wirklichen" Blau, der ihn und seine Kunden zu befriedigen vermag, seine verlorengegangene künstlerische Subjektivität wiederfinden – allerdings erst, nachdem ihn seine Odyssee durch Mexiko als Mitglied des „fortschrittlichen" Teils seines Volkes ausgewiesen hat.[12] Ein Kompromiß also, den Christa T. nicht mehr zu realisieren in der Lage ist, heute nicht wie damals unmittelbar nach 1945: „Das Gefühl von Unziemlichkeit überwinden . . . Den Blick heben. Nur nicht bis zur Sonne, die bringt mich um. Sie wird das Blau flüssig machen, metallisch und flüssig, sie gönnt es uns nicht, diese unerträgliche Sehnsucht nach dem wirklichen Blau, aber ich hole es mir, jetzt, eine Sekunde noch . . . Ja. Man legte sie auf einen Wagen . . . Ihr seht doch, sie schafft es nicht. Sieht kräftig aus, aber inwendig ist sie zart oder was." (35)

„Inwendig . . . zart oder was": das trifft auch auf Brecht als den Verfasser jenes Gedichtes über eine gewisse Marie A. zu, das Kostja unter dem blauen Septemberhimmel zitiert. Denn wichtig ist dieses Gedicht im Rahmen von Brechts Werk vor allem deshalb, weil es zu den ganz wenigen (lyrischen) Selbstzeugnissen eines Dichters gehört, der das Persönliche und das Emotionale zeit seines Lebens mit einem hohen Grad von Erfolg hinter der „Maske eines kühlen Vernunftmenschen"[13] zu verbergen verstand: – „Und auch den Kuß, ich hätt ihn längst vergessen/ Wenn nicht die Wolke dagewesen wär/ Die weiß ich noch und werd ich immer wissen/ . . ./ Und jene Frau hat jetzt vielleicht das siebte Kind/ Doch jene Wolke blühte nur Minuten/ Und als ich aufsah, schwand sie schon im Wind".[14]

So komplex und vielschichtig wie hier sind die meisten der mehrere Dutzend zählenden Zitate natürlich nicht angelegt. Der Einschnitt des Jahres 1945 wird – um nur einige wenige Beispiele anzuführen – durch einen Kinderreim („Dreh dich nicht um, dreh dich nicht um, wer sich umdreht oder lacht . . ." [22]), eine Anspielung auf die Bibel bzw. Johannes R. Bechers Nationalhymne der DDR („Wiederauferstanden von den Toten" [30])[15] und den Hinweis auf Gustav Schwabs Ballade ‚Der Reiter und der Bodensee' kommentiert. Die altmodische Dame Schmidt muß sich von Christa T. ins Gesicht lachen lassen: „Bürger, schützt eure Anlagen." (48) Die Anfang der 50er Jahre von der Erzählerin und ihren Freunden geführten schwärmerischen Gespräche „über die Beschaffenheit des Paradieses, an dessen Schwelle . . . [man] mit großer Gewißheit" zu stehen meint, werden rückblickend ironisch als im Doppelsinn des Wortes ‚unmögliche' Heilsgeschichte kommentiert: „Wahrlich, ich sage dir, heute noch wirst du mit mir im Paradiese sein!" (56) Und der Generationenkonflikt zwischen der Lehrerin Christa T. und ihren Schülern manifestiert sich in der Aufspaltung eines Goethe-Zitats in die beiden Teile „Edel sei der Mensch" und „. . . denn das unterscheidet ihn" (102), zwischen denen sich eine Schülerin demonstrativ gelangweilt die Haare kämmt.

Relativiert werden soll die traditionelle sozialistisch-realistische Literatur und ihre ebenso vorfabriziert wie hochfahrend daherkommenden Antworten auf die Probleme des Sozialismus schließlich durch die zahlreichen literarischen Anspielungen in ‚Nachdenken über Christa T.'. So deklamiert Christa T.

zum Beispiel als Germanistikstudentin tagsüber „gehorsam" das altdeutsche „Ik gihôrta d'at seggen" aus dem ‚Hildebrandslied', liest abends dann aber Dostojewski und denkt über dessen „Behauptung, das Allerweichste könne das Allerhärteste besiegen" (41) nach – wobei man wissen muß, daß Dostojewski seit den zwanziger Jahren von der staatsoffiziellen sozialistischen Ästhetik hinter den ‚Realisten' Tolstoi zurückgestellt wurde und nach Maßgabe des jeweiligen politischen Klimas neben Kafka und Joyce als oppositionelles Reizwort zu wirken vermochte.

Ähnlich mehrschichtig will auch das Kostüm interpretiert werden, das Christa T. auf jenem – „sowieso erfundenen" (120) – Maskenball trägt, der einen entscheidenden Wendepunkt in ihrem Leben markiert: „... da kam sie als Sophie La Roche, hatte sich aber überhaupt nicht kostümiert ... und teilte jedem mit, wen sie darstellte. Justus, an ihrer Seite, so wenig verkleidet wie sie, spielte den Lord Seymour, jedenfalls behauptete sie es." (117-8) Gemeint, relativiert Christa T. weiter, sei dabei aber nicht so sehr die La Roche, die „überspannte und etwas sentimentale Schwärmerin" aus dem 18. Jahrhundert, sondern das Fräulein von Sternheim, die „künstliche Figur" ihres 1771 erschienenen Romans ‚Geschichte des Fräuleins von Sternheim'. In die nämlich hatte die „wider Willen ans Landleben gefesselte" Autorin hemmungslos „all ihre unerfüllte Sehnsucht verströmt" (118). Ihr hatte sie, wie es später auch Christa T. widerfahren wird, auferlegt, nach allerlei abenteuerlichen Umwegen und falschen Verbindungen mit ihrem Geliebten, dem edlen Lord Seymour, zusammenzukommen, um ein volles, von Nächstenliebe und alltäglicher Großmut gekennzeichnetes, aber langweiliges, Landleben zu führen. Kommentiert Christa T. ihren eigenen Lebensweg ironisch: „Und zum Lohn für alles Lord Seymour, das Ende vom Lied." (119)

Doch damit nicht genug der Parallelen, denn der Untertitel des Romans der La Roche, die übrigens ebenso wie Christa Wolf ihrer Heldin den eigenen Vornamen, Sophie, gegeben hat, lautet: „Von einer Freundin derselben aus Original-Papieren und anderen zuverlässigen Quellen gezogen." Und auch die Darstellungsweise des Romans von 1771 versucht sich, trotz der Rückgriffe auf damals übliche Klischees wie Entführung, Intrige und zufälliges Zusammentreffen in einer neuen, über die vorherrschende Schwarz-Weiß-Malerei des Rationalismus und Pietismus hinausgehende Individualisierung der Charaktere – ein Zug, der sich sowohl bei Sophie La Roche als auch bei Christa Wolf in einem unvermittelten Aufeinanderprallen von kühl-zurückhaltenden und schwärmerisch-empfindsamen Passagen niederschlägt. Am wichtigsten aber – und damit wird neben den gesellschaftskritischen Aspekten der Storm-Analyse vor allem Christa Wolfs Engagement für eine Frauenliteratur weiter ausgebaut – beginnt sich mit dem Fräulein von Sternheim ein Frauentyp anzukündigen, der sich von dem korrupten, unmoralischen und unproduktiven Hintergrund der herrschenden, durchweg männlichen Kreise abhebt. Davon wird im Zusammenhang der Erzählungen des Bandes ‚Unter den Linden‘, dem Romantikbuch ‚Kein Ort. Nirgends‘ und dem Antikeprojekt um Kassandra noch mehrfach und mit zunehmender Eindringlichkeit zu sprechen sein.

Und so geht es weiter: Die Tradition des Frauenromans (auf die bereits Gabriele Wohmann in ‚Christ und Welt‘ kritisch aufmerksam gemacht hat[16]), die Unsicherheit der nach Fakten suchenden Chronistin, das ironische Spiel der bisweilen durchaus sentimentalen Christa T. und ihrer ‚Erfinderin‘ mit dem larmoyanten Roman der Empfindsamkeit, die Abspiegelung der Frustrationen der Schriftstellerin La Roche in der Lebensgeschichte der wohl nur halb von ihr erfundenen Romanfigur des Fräuleins von Sternheim; dazu die schon Jahre vorher ausgerechnet von Kostja ausgesprochene Warnung an Christa T., daß es „Bettinen ... und Anetten“ (65) nicht mehr gebe – wobei Bettina, die Enkelin der La Roche, eine Mittlerfigur zwischen dem schwärmerischen 18. und dem realistischen 19. Jahrhundert, noch mehr der Vergangenheit angehört, während Anette, also wohl die Droste-Hülshoff, mit ihren immer wieder von dämonischen Kräften bedrohten Prosastücken schon den Erinnerungsnovellen Theodor Storms nähersteht – zwei, drei Bezugsebenen lassen sich ohne weiteres für fast jede dieser kur-

Episoden aufdecken. Deutlicher sollte die Funktion der arischen Anspielungen auch bei den anderen Beispielen nicht mehr werden, seien es die Zitate von Johann Gottfried Seume (23), Gustav Schwab (34), Goethe (64), Brecht (66) und Maxim Gorki (111) oder die Hinweise auf Thomas Manns ,Zauberberg' (128), Flauberts ,Madame Bovary' (153) und die „überaus freundlichen, aber recht banalen Stückeschreiber" (156) der sozialistisch-realistischen Literatur.

Bliebe noch übrig eine Bemerkung zu den (volks-)etymologischen Wortspielen und semantischen Doppeldeutigkeiten, die, angefangen mit dem Titel, hier und da auftauchen, obwohl sich die Erklärung nach dem bisher Gesagten eigentlich erübrigen dürfte. Denn auch hier soll über die Vieldeutigkeit der Aussage das Leben aus seiner sprachlichen Erstarrung gerettet werden, zugleich aber auch auf die Schwierigkeit, ja Unmöglichkeit verwiesen werden, durch Sprache zu gesicherten Erkenntnissen zu gelangen. Die doppelte Bedeutung von „wiederholen" (180), „entledigen" (79) und „zu sich kommen" (176) gehört hier genannt, ebenso wie der Hinweis, daß „Sehnsucht" von „sehen" komme (90) und „Wunder" die emotionale Ableitung aus „Wunde" (178) sei. Dabei ist es sicherlich kein Zufall, wenn die ihrer Sache immer unsicherer werdende Erzählerin vor allem gegen Ende ihres Berichtes auf solche Stilmittel zurückgreift.

Semantische Doppeldeutigkeiten, literarische Anspielungen, Zitate, wechselnde Erzählperspektiven, eine schwer zu durchschauende Zeitstruktur, die freie Verarbeitung von historisch belegbaren und erfundenen ,Quellen' – was in ,Nachdenken über Christa T.' zuweilen an formalistische Spielerei und elitäre Literarisierung zu grenzen scheint – ist nicht mehr und nicht weniger als ein Garant für das Engagement des Autors. Ein kurzer Abschnitt aus dem „Weltbilder" überschriebenen Kapitel des 1968 entstandenen Essays ,Lesen und Schreiben' erklärt am Beispiel von Georg Büchners Novelle ,Lenz', worum es Christa Wolf wohl auch beim Schreiben des eigenen Romans gegangen war: „Die Distanz des nüchternen Beobachters, die der Krankenbericht ihm anbot, mußte ihm recht sein – entäußern wollte er sich nicht. Man mag von Mimikry reden. Nur soll man nicht weiterhin, wie Büchners Mit- und Nachwelt, seine Entdeckung übersehen: daß der erzählerische Raum vier Dimensionen hat; die drei fiktiven Koordinaten der erfundenen Figuren und die vierte, ‚wirkliche‘ des Erzählers. Das ist die Koordinate der Tiefe, der Zeitgenossenschaft, des unvermeidlichen Engagements, die nicht nur die Wahl des Stoffes, sondern auch seine Färbung bestimmt. Sich ihrer bewußt zu bedienen, ist eine Grundmethode moderner Prosa. Komplizierte Erzählstrukturen, die dadurch hervorgebracht werden, haben nichts mit Willkür zu tun – so, wie Georg Büchner nicht zufällig unvermittelt, von einem Satz zum anderen vom ‚Er‘ zum ‚Ich‘ übergehen kann: eine Methode, die heute noch Befremden erregt.“ Und weiter heißt es: „‚Mit wenigen Mitteln‘ hat er sich selbst dazugetan, seinen unlösbaren Lebenskonflikt, die eigene Gefährdung, die ihm wohl bewußt ist. Ein Konflikt, in dem sich die tausendfache Bedrohung lebendiger, entwicklungshungriger und wahrheitssüchtiger Menschen in Restaurationszeiten gesteigert spiegelt: der Dichter, vor die Wahl gestellt, sich an unerträgliche Zustände anzupassen und sein Talent zu ruinieren oder physisch zugrunde zu gehen.“[17]

Wieder also, wie zuvor schon am Beispiel Storms, der Vergleich der bürgerlichen Gesellschaft des 19. Jahrhunderts mit dem Zustand der DDR; wieder die konsequente Verteidigung der zur Darstellung der gesellschaftspolitischen Problematik nötigen ästhetischen Mittel. „Warum gerade dieser Storm? Sie [Christa T.] sagt: Weil sein Weltverhältnis ‚vorwiegend lyrisch‘ ist und weil eine solche Natur, in eine von Niedergangstendenzen und Epigonentum gezeichnete Zeit gestellt, besondere Anstrengungen nötig hat, um dennoch ihr Werk hervorzubringen.“ (97)

Kein Wunder, wenn sich hier an dieser Stelle die DDR-Kritik meldet, der zwar die schöpferische Aufarbeitung des realistischen Kulturerbes des 19. Jahrhunderts zusagt und die, zögernd, gewillt ist, das auf die Gegenwart bezogene „ungebrochene Künstlertum“, das sich bei Storm in der „Unmittelbarkeit der Eindrücke“ (97) manifestiert, durchgehen zu lassen; die sich aber auf keinen Fall mit Christa T.'s Vergleich der bürgerlichen Gesellschaft Storms und der eigenen sozialistischen Gesellschaft der DDR abfinden kann. Dazu stellvertretend Horst Haase in einer Besprechung des Romans für die ‚Neue deutsche Literatur': „Sehr problematisch erscheint es mir allerdings, wenn nicht nur die Kritik an den subjektiven Grenzen des Dichters Storm auf Christa T. bezogen ist, sondern auch die objektive gesellschaftliche Situation des 19. Jahrhunderts auf die Gegenwart übertragen wird. Die drohende Zerstörung der menschlichen Persönlichkeit! Die Vernichtung des menschlichen Selbstgefühls! Solche Kennzeichen einer antihumanistischen Gesellschaftsordnung in unsere sozialistische Welt zu projizieren, muß den Realismus der Darstellung in starkem Maße beeinträchtigen."[18]

Eher zufällig und wider Willen hat Horst Haase damit den eigentlichen Kern des Romans freigelegt: die Kritik am damaligen Entwicklungsstand der DDR-Gesellschaft. Poesie und Politik, Trauer und die Angst davor, sein Leben verpaßt zu haben, seine Möglichkeiten nicht bis zum Ende ausschöpfen zu können, Kritik an der immer bedrohlicher werdenden Bürokratisierung und Vermassung der modernen Industriegesellschaften, Vereinzelung, Entfremdung, aber auch die Angst vor jener fatalen Selbstzufriedenheit, die sich auf dem Erreichten ausruht, anstatt mit allen Mitteln für die Konkretisierung der großen Utopie tätig zu bleiben – diese zentralen Anliegen des Romans spiegeln sich in dem von Johannes R. Becher übernommenen Motto des Romans wider: „Was ist das: Dieses Zu-sich-selber-Kommen des Menschen?" (5)

Niedergeschrieben hatte Becher diese Zeilen in seine Tagebuchskizzen vom „Aufstand im Menschen" nach allem was wir wissen in einer ganz ähnlichen Stimmung wie Christa Wolf ihr Christa T.-Manuskript: Becher, 1947/48 enttäuscht von der Erstarrung des Neubeginns unmittelbar nach Kriegsende und von der Reglementierung der Literatur durch einen bürokratischen Funktionärsapparat; Christa Wolf desillusioniert durch die Rückfälle in eine kulturpolitische Eiszeit auf dem 11. Plenum des ZK der SED im Dezember 1965. Während Christa

Wolfs Roman in der DDR ein quasi-Veröffentlichungsverbot erhielt, gab Becher als langjähriger Meister der Selbstzensur sein Manuskript, das allzu offen in die Nähe von Existentialismus und Nihilismus geraten war, gar nicht erst aus der Hand. Was dann doch noch, wie der von Christa Wolf übernommene Satz, in das 1951 erschienene Tagebuch ‚Auf andere Art so große Hoffnung' aufgenommen wurde, erhielt die abwiegelnde Unterschrift „Aus dem Leben eines bürgerlichen Menschen unserer Zeit": „Was ist das: dieses Zu-sich-selber-Kommen des Menschen? Es ist die Erfüllung aller der Möglichkeiten, wie sie dem Menschen gegeben sind. Unlust und Unbehagen schaffen Traurigkeit, und die Traurigkeit steigert sich zur Angst, zur Schwermut und zur Verzweiflung, da wir das Leben nicht leben, das uns zu leben gegeben wäre."[19]

So weit jedoch, wie es sich der Altkommunist und spätere Kulturminister der DDR Johannes R. Becher und seine um 37 Jahre jüngere Kollegin Christa Wolf erhofft hatten, war die offizielle Kulturpolitik der DDR selbst Ende der 60er Jahre nicht. Noch wurde ohne Zögern von Kritikern und Autoren behauptet, daß die „sozialistische Literatur ... darauf angewiesen [sei], Typen zu schaffen, die sich in vorgegebenen soziologischen Bahnen bewegen". Noch auch ließ sich der „Kreis dessen, was wir über uns selbst wissen oder zu wissen glauben", nicht ohne mit den Maßstäben der Zensur zu kollidieren, „durchbrechen" oder „überschreiten".[20] ‚Nachdenken über Christa T.' mußte damit notgedrungen von einem literarischen Ereignis zu einem politischen Fall werden: der rasch verkauften ersten Auflage von 15 000 Exemplaren[21] (F. J. Raddatz spricht fälschlicherweise von 800,[22] Heinz Kersten von 4000 Exemplaren[23]) folgte erst vier Jahre später eine Neuauflage; Rezensionen wurden bis auf ein paar repräsentative Beispiele in der ‚Neuen deutschen Literatur'[24] und in ‚Sinn und Form'[25] nicht gedruckt; der schriftstellernde Funktionär Max Walter Schulz durfte das Buch auf dem VI. Schriftstellerkongreß im Mai 1969 öffentlich jener weiter oben bereits angeführten Vergehen bezichtigen.

All das vermochte eine positive Reaktion auf ‚Nachdenken über Christa T.' von liberalen Kritikern im sozialistischen Ausland nicht zu verhindern. Adam Krzemiński etwa erklärte den Roman in der renommierten Warschauer Wochenzeitschrift ‚Polityka' kurzweg zum „Ereignis des Jahres 1969",[26] und ein anonymer Rezensent der Moskauer ‚Literaturnaja gazeta' rief Christa T. gar zum „moralischen Vorbild"[27] ihrer Generation aus. Fünf Jahre später zog dann endlich auch die DDR nach: im Rahmen der Liberalisierung der Kulturpolitik unter dem Ulbricht-Nachfolger Erich Honecker erschien 1973 die zweite, 1974 eine dritte Auflage des Buches. Ein längeres Zögern wäre wohl auch allzu diskriminierend gewesen: nicht nur war Christa Wolfs Roman den einschlägigen Bestsellerlisten zufolge in der BRD zu einem bei Kritik und Publikum gleichermaßen durchschlagenden Erfolg geworden; ‚Nachdenken über Christa T.' war innerhalb weniger Jahre auch ins Polnische, Ungarische und Tschechische, ins Englische, Französische, Italienische, Norwegische, Dänische, Holländische, Schwedische, Finnische, Spanische und Japanische übersetzt worden. „Die absurde Meinung", so hatte Christa Wolf bereits 1968 in ihrem ‚Selbstinterview' zu dem Roman vorhergesagt, „die sozialistische Literatur könne sich nicht mit den feinen Nuancen des Gefühlslebens, mit den individuellen Unterschieden der Charaktere befassen ... diese absurde Meinung wird niemand mehr vorbringen. Die Jahre, da wir die realen Grundlagen für die Selbstverwirklichung des Individuums legten, sozialistische Produktionsverhältnisse schafften, liegen hinter uns. Unsere Gesellschaft wird immer differenzierter. Differenzierter werden auch die Fragen, die ihre Mitglieder ihr stellen – auch in Form der Kunst."[28]

4. ‚Till Eulenspiegel'

Wer nach den beiden großen Romanen die von Christa Wolf zusammen mit ihrem Mann Gerhard geschriebene Filmerzählung ‚Till Eulenspiegel' liest, wird rasch eine Reihe von vertrauten Themen und Problemen wiederentdecken: So zum Beispiel eine auf die Gegenwart bezogene Verarbeitung des kulturellen

Erbes; die Figur des Außenseiters als kritischem Kommentator einer von Erstarrung und Pragmatismus bedrohten Gesellschaft; die Aufforderung an den Leser, durch selbständiges Mitdenken den vorgelegten Text zu vollenden; die Verquikkung von Biographie und Typik; das – hier allerdings problematisch wirkende – Sich-selbst-Dazutun des Autors in Form von soziopolitischen Kommentaren; und schließlich, als Überleitung von den Traum- und Märchenszenen in ‚Nachdenken über Christa T.' zu den phantastischen Geschichten von ‚Unter den Linden', das bewußte Spiel mit den grotesken und unwirklichen Passagen der Volksbuchvorlage.

Vertraut ist für das Ehepaar Wolf auch das Medium Film. Gemeinsam hatten sie im Jahre 1964 das Drehbuch für die Verfilmung des ‚Geteilten Himmels' bearbeitet; 1966 schrieb Christa Wolf den Text für den nie zuende geführten Film ‚Fräulein Schmetterling'; und 1968 stellte sie zusammen mit anderen die Spielfilmfassung von Anna Seghers Deutschlandroman ‚Die Toten bleiben jung' her. Diesmal freilich, beim Eulenspiegel-Stoff, sollte die Umsetzung der literarischen Vorlage neben den üblichen künstlerisch-formalen Schwierigkeiten noch eine neuartige weltanschauliche Problematik mit sich bringen. Denn nicht darum ging es jetzt, an Stelle eines in sich geschlossenen Romans eine episodenhaft locker aufgebaute Sammlung von Schwänken in ein völlig andersgeartetes Medium zu transponieren; vielmehr mußte die in den Texten von Anna Seghers und Christa Wolf bereits vorgegebene sozialkritische und politische Tendenz erst einmal in der Volksbuchvorlage aus dem 16. Jahrhundert aufgefunden und herausgestrichen werden. Und da die Verfasser ausdrücklich nicht einen historischen Film drehen wollten („ein historischer Stoff, der für mich nicht während der Arbeit einen Zeitbezug hätte, würde mich langweilen"[1]), galt es außerdem noch, den Urtext auf mögliche Relevanz für die DDR-Situation hin abzuklopfen.

Eine bessere Vorlage als das Volksbuch vom „kurtzweilig lesen von Dyl Ulenspiegel gebore oß dem land zu Brunßwick" (1515) hätte sich das Germanistenpaar Wolf zur Bewältigung dieser vielfältigen Aufgabe freilich kaum auswählen können.

Mehr als das zeitgenössische ,Schildbürgerbuch', ,Hans Clawerts Werckliche Historien', die ,Repues franches' um François Villon oder auch die damals gerade aus der Türkei nach Mitteleuropa gelangenden Schwänke der Eulenspiegelgestalt Nasreddin Hodscha, von den älteren Quellen des ,Pfaffen Amis' und der ,Geschichte des Pfarrers vom Kalenberg' ganz zu schweigen, ist nämlich gerade das Buch von Till Eulenspiegel als Ausdruck der Rebellion gegen die brüchige spätmittelalterliche Weltordnung bekannt geworden. Deshalb der ungeheure Erfolg der Schwänke bei seinen Zeitgenossen, der sich in der großen Zahl der Nachdrucke des Volksbuches niederschlägt; deshalb wohl auch die rasch in verschiedenen Ländern anschwellende Flut von über zweihundert Nach- und Umdichtungen des Eulenspiegelbuches – obwohl dabei nicht zu übersehen ist, daß bei vielen dieser Nachdichtungen die politische Brisanz der Vorlage geflissentlich zugunsten eines unreflektierten Lachens über die „praktischen Scherze" des Spaßmachers Till in den Hintergrund rückt.

Gerade um das Rebellische ihres Helden geht es nun aber den Wolfs. Geschickt nehmen sie sich deshalb die Freiheit heraus, die ohnehin verworrenen Lebensdaten Tills um knapp zweihundert Jahre zu verschieben, damit der Schalk seine Schwänke nicht im politisch und soziologisch verhältnismäßig stabilen 14. Jahrhundert, sondern vor dem Hintergrund der Reformation, des Amtsantritts von Karl dem V. und den ersten Gärungen der Bauernkriege inszenieren kann. Hier, zwischen dem 15. und 16. Jahrhundert, an der Wende vom Mittelalter zur Neuzeit, agiert Till in einer Periode der sozialen, politischen und ideologischen Umstürze, in der, ob er es nun will oder nicht, seine Streiche einen revolutionären Anstrich erhalten: Amerika wird da entdeckt; der Buchdruck ermöglicht die Verbreitung von allerhand Schrifttum – auch des Eulenspiegel-Volksbuchs – an die bislang unwissend gehaltenen Volksmassen; die Kirche versucht, ihre verlorengegangene Autorität mit Hilfe von Ketzerprozessen, Bannbullen und Ablaßzetteln zurückgewinnen; Karl der V., der ,letzte Ritter', kann nur durch Korruption und Intrigen zum Oberhaupt des Deutschen

Reiches gewählt werden; der Adel glaubt, seinen finanziellen Verpflichtungen allein durch noch härtere Auspressung der leibeigenen Bauern nachkommen zu können; das ehemals glanzvolle Rittertum ist endgültig zu räuberischem Straßengesindel abgestiegen; und die scholastischen Gelehrten der mittelalterlichen Schule werden offen und öffentlich von ihren aufgeklärten humanistischen Kollegen verspottet. Alles in allem ein gefundenes Fressen für einen Schalk wie Till, der gewillt ist zunächst einmal jeden beim Wort zu nehmen.

Der anonyme Verfasser des Volksbuches und, in seiner Nachfolge, das Ehepaar Wolf lassen sich denn auch bei der drastisch-polemischen Tendenz ihrer farbigen Gesellschaftsbilder nicht lumpen. Kritik an der skrupellosen Geschäftemacherei der Kirche (Buch 1, Kap. 1–18),[2] dem dekadenten Raubritterstand (Buch 1, Kap. 27–34), dem versnobten Adel (Buch 1, Kap. 44–59), dem selbstgefälligen städtischen Bürgertum (Buch 2, Kap. 1–28) und dem zunächst naiv weltoffenen, dann unter dem Einfluß von Etiketten und einem jesuitischen Beichtvater rasch verhärtenden Kaiser (Buch 2, Kap. 29–56) machen die zentralen Teile des Drehbuches aus.

Wenig zuträglich für die Absichten der Wolfs ist es dabei freilich, wenn die als rückschrittlich und unfähig entlarvte Führungsschicht des Landes allzu oft durch arg überzeichnete Typen porträtiert wird, besonders da die Gescholtenen nicht in jedem Fall durch ihre eigenen Aktionen oder Aussagen, sondern häufig genug nur durch die wertenden Vokabeln der Verfasser gekennzeichnet werden. „Blasierte Töchter" und ein „vorlautes Jüngelchen von Sohn" (6) gehören da der gräflichen Familie des Herrn Till von Ütze an. Geldgierig und reichlich vertrottelt kommt der Raubritter Kunz daher. „Grob" und „boshaft" (11) handeln die Büttel der Mächtigen. „Ängstlich verknöchert" (67), „säuerlich" (69) und „humorlos" (154) zeigen sich die Scholastiker, während die Würdenträger der Kirche als „wohlwollend" (180) überlegen, kaltblütig berechnend (30), „unerbittlich" (21) geschäftstüchtig oder auch „ausgezehrt, unstet, von einer inneren Glut verbrannt" (118) beschrieben werden.

Wer von vornherein derart deklassierte Gegner hat, dem gelingt es dann natürlich auch wie Till, seine Streiche ohne rechtes Risiko erfolgreich abzuwickeln: also dem Raubritter nicht ein Frühlingsveilchen sondern einen „frischen Haufen" (52) Exkremente zu verehren; der Kirche die Opferwilligen abspenstig zu machen, indem er nur von ehrbaren Frauen einen Obolus nehmen will; die Scholastiker vor dem versammelten Hof des Kaisers lächerlich zu machen, als er ihnen auf die Frage nach der Progression der höllischen Strafen den Rat gibt, doch selber nachprüfen zu gehen, ob es dort die Teufel nicht ebenso treiben wie hier auf Erden die „mächtigen Herren" „mit dem gemeinen Mann" (155); oder auch einem einflußreichen Fürsten eine weiße Wand als Familiengemälde zu verkaufen, das nur von edel geborenen Betrachtern gesehen werden kann.

Soweit so gut, vielleicht noch, solange es sich um Kritik an den rückwärtsgewandten und um ihre Privilegien besorgten Schichten handelt. Denn wie man solche Passagen auch ästhetisch einordnet, fest steht, daß einem Schalk wie Till sogar die überzeichnetsten Karikaturen der Mächtigen kaum in die Nähe der schwarz-weiß gemalten Helden aus der sozialistisch-realistischen Literatur geraten. Problematischer werden die typisierenden und damit durchweg statisch bleibenden Charakterzeichnungen des Drehbuches erst dort, wo Christa und Gerhard Wolf versuchen, die Keime einer neuen, besseren Gesellschaft aufzuspüren. Doppelt muß da nämlich die Vorlage des Volksbuches bearbeitet werden, weil es mit einer Abbildung des progressiven Bürgertums, das sich damals gerade, gestützt auf Handel, Handwerk und Technologie, auf die Machtübernahme vorbereitet, für sozialistische Schriftsteller natürlich nicht getan ist. So konzentrieren die Wolfs denn auch einerseits einen Gutteil der im Volksbuch noch recht wahllos auf Adel, Kirche, Bauern und Städter verteilten Episoden auf das aufstrebende Besitzbürgertum, weil gerade in den von Patriziern und Handwerksmeistern beherrschten Städten „am ehesten ... der Beginn der Neuzeit" (89) auszumachen ist. Andererseits sehen sie sich auf Grund ihres eigenen Klassenstandpunktes dazu gezwungen, die historische Entwicklung noch einmal zu raffen, damit ihr Held auch die „selbstgerechte" und „mit sich zufriedene" (90) „Engstirnigkeit und Rücksichtslosigkeit" (91) der neuen „hierarchischen Struktur" der bürgerlichen Gesellschaft anzuprangern vermag. „Geckenhaft" und „dummstolz" benehmen sich folglich die Patrone, „hochnäsig und unerreichbar" (93) die schönen Bürgerfräulein, neureich (51) und arrogant der Sprößling einer Händlerfamilie: „Till ist in der Wohnung des Meisters Gottlob untergekrochen: in die drückendste Enge. Nichts könnte man sich vorstellen, was seinem Charakter mehr widersprechen würde. Anachronistisches, spießig gewordenes Zunftbürgertum, Dumpfheit, schlecht verhehlte Armut. Meister Gottlob, früh verbraucht, vergrämt wirkend, ein Grübler, abhängig vom Urteil der Leute, ein Muster an Biederkeit und Bravheit, der zwischen zwei Zeiten steht, ohne es zu wissen, und dabei zerrieben wird." Gefolgt von dem entscheidenden Satz: „Till hat in die Tragik dieses Vorgangs kaum ein Einsehen." (96)

Was für die abgemusterten Adeligen, Geistlichen und Gelehrten und für die neue, bürgerliche Klasse gilt, trifft freilich auch auf die selten genug in Erscheinung tretenden Revolutionäre aus dem Volk zu: so wie die negativen Figuren werden auch deren positive Gegentypen nicht voll ausgestaltet. Nirgends in der Filmerzählung schöpfen Figuren wie das Pauker-Jäcklein, der Bettlerkönig Schandolf und der ‚rote' (115) Bauernführer Jobst ihr Potential als Revolutionäre aus. Und auch der weitgehend im Hintergrund verbleibende Luther, Sammelpunkt von Plebejern, Handwerkern und dem „militanten Kern" (170) der Studenten, vermag nicht über den Mangel an ernstzunehmenden Gegenkräften hinwegzutäuschen. Kommt es, wie bei der von Till einberufenen Versammlung der Innungsgesellen, überhaupt einmal zur offenen Äußerung von Unmut (die übrigens im Original noch ausschließlich gegen Tills Ulk gerichtet waren), dann verpufft der Protest in der Ziel- und Führungslosigkeit der anonymen Masse. Das Pauker-Jäcklein vermag sich bei einem öffentlichen Disput mit Vertretern der Kirche nur zu einem verschwommenen Utopismus aufzuraffen, Bilder von einem „Tausendjährigen Reich",

vom christlichen Paradies auf Erden, von „Brüderlichkeit" (19)
und gleichem Besitz für alle gehen wirr bei ihm durcheinander.
Nicht ohne Grund schreibt deshalb Hermann Kähler im
‚Neuen Deutschland', daß die Autoren bei ihrer Umarbeitung
der Vorlage vor den „äußerst dramatischen Widersprüchlich-
keiten" jener Zeit halt machen und sich hinter „märchenhaften
Wendungen" und der Darstellung „‚privater' Probleme"[3] verstecken. Oder um ein spezifisches Beispiel anzuführen: daß sie
im Zeitalter eines Thomas Münzer und Florian Geyer die
durchaus legitime „Demonstration" (126) der Gesellen für
einen ‚blauen Montag' als „Zusammenrottung" ohne „rechtes
Ziel und ohne Führung" (125) darstellen und damit als sponta-
nes Revoluzzertum disqualifizieren. Bezeichnenderweise droht
denn auch gerade in den ‚revolutionären' Passagen des Buches
den Autoren ihr ansonsten untadeliger Stil aus dem Griff zu
gleiten: „Tills Gesicht, die Gesichter der Bauern. Dagegen die
Mönche und Priester. Es ist, als ob sogar die Natur sich verän-
dert hat, als ob der Himmel weniger drückt, die Sträucher am
Weg lebendiger sind." (20) Unhistorisch projiziert die Schluß-
einstellung mit einem reichlich unmotivierten Handgemenge
zwischen Baron und Bauern und einem Lied, das über einer
symbolischen „Frühlingslandschaft" „liegt" (192), die frustrier-
ten Hoffnungen der Unterdrückten in eine bessere Zukunft.

Spätestens mit dem offenen Ende des Drehbuches wären wir
bei der Frage nach der Relevanz des Eulenspiegel-Films für die
Kinogänger der DDR angelangt – einem Problem, das die
Autoren anscheinend nicht voll in den Griff zu bekommen vermochten. Zwar wird da gleich in der ersten Einstellung sze-
nisch demonstriert, wie sich die Zuschauer zu dem Gezeigten
selbst hinzutun könnten, um es gleichsam im Sinne von Brechts
epischem Theater durch ihre aktive Mitarbeit zu vollenden: bei
einem Mysterienspiel herrscht demonstrativ „zwischen den
Bühnendarstellern und dem größten Teil des Publikums" eine
derart „fröhliche Intimität" (7), daß einer der drei heiligen
Könige aus seiner Rolle fällt und sich in die Darstellerin der
Jungfrau Maria verliebt. Andererseits gibt es aber eine Fülle
von Anzeichen, die darauf hinweisen, daß es dem Buch an

einer überzeugenden Wirkungsstrategie mangelt. Die häufig eingeschalteten soziologischen und geschichtsphilosophischen Kommentare gehören hierher, die nicht nur Beleg für die subjektive Betroffenheit der Erzähler sein wollen (wie etwa das intime „wir", das schon in ‚Nachdenken über Christa T.' aufgefallen war), sondern zu ganz direkten Belehrungen ausarten, die mit einem „Hauch von Schulfunk"[4] selbst den nur vage informierten Leser unterschätzen (z. B. S. 14, 45, 89, 134, 145 usw.). Und das „Nachwort" von Wolfgang Heise gehört hier genannt, das mit seinen wissenschaftlich-trockenen Hinweisen auf die rebellischen Qualitäten der Volksbuchvorlage dem Drehbuch den richtigen ideologischen Drall gibt.[5]

Interessanter als solche didaktisch-gelehrten Einschübe sind da schon die Implikationen der offenen und versteckten Zitate. Hier nämlich wird deutlich, daß es dem Autorenpaar keineswegs nur um die Abgrenzung des Volkes von Adel und Bürgertum geht, und damit um eine Polemik gegen den bürgerlich-kapitalistischen Bruder im westlichen Teil von Deutschland, sondern um ein Reihe von handfesten internen Problemen der DDR. Ein Zitat aus Friedrich Engels ‚Der deutsche Bauernkrieg' liest sich da zum Beispiel so: „Damit die bestehenden gesellschaftlichen Verhältnisse angetastet werden konnten, mußte ihnen der Heiligenschein abgestreift werden." Und zwei aus Marx' Frühschrift ‚Zur Kritik der Hegelschen Rechtsphilosophie' übernommene Sätze lauten: „Man muß das Volk vor sich selbst erschrecken lehren, um ihm Courage zu machen." (5) Sowie: „Man muß diese versteinerten Verhältnisse dadurch zum Tanzen zwingen, daß man ihnen ihre eigene Melodie vorsingt!" (89)

Wer ‚Nachdenken über Christa T.' gelesen hat, wird die Sprengkraft solcher Zitate für die DDR-Situation erkennen: Till, durch die hierarchisch geordneten, versteinerten Verhältnisse seiner Zeit in die Rolle des Außenseiters gezwungen, erscheint hier mit Hilfe von Marx und Engels als Kritiker einer jeden unbeweglich gewordenen Gesellschaft, also auch der der DDR. Seine Streiche gegen den selbstgefälligen Adel und die Kirche könnten ebensogut auf die zeitgenössischen „Hopp-

Hopp-Menschen",[6] die unantastbare Kaste der DDR-Technokraten, gemünzt sein; die Aufrüttelung des Volkes aus seiner Passivität ist offensichtlich auch an die Stillen im eigenen Land gerichtet. Heiligenscheine abzustreifen gäbe es da nämlich genug; und die Melodie ihrer eigenen „versteinerten Verhältnisse" versuchte Christa Wolf ihren Mitbürgern seit geraumer Zeit aufzuspielen. Jene Auszeichnung, die Till dem Hofnarren Kunz „für den Verrat unwürdiger Geheimnisse" (174) anheftet, gewinnt denn auch vor allem dadurch an Bedeutung, daß sie schon in Ingeborg Bachmanns Gedicht ‚Alle Tage‘ (aus: ‚Die gestundete Zeit‘) dazu diente, den anonymen, scheinbar harmlos-alltäglichen Totalitarismus in unserem Jahrhundert zu entlarven.

All das heißt natürlich nicht, daß es sich bei der Eulenspiegel-Bearbeitung nur um ein geschickt verpacktes Stück Protestliteratur handelt. Vielmehr reiht Christa Wolf das Drehbuch zielsicher und konsequent in ihre literarische Entwicklung während der entscheidenden Jahre zwischen dem VI. und VII. Schriftstellerkongreß der DDR ein, erneuert in ihm ihre konstruktiv angelegte Kritik an der fortschreitenden Bürokratisierung und Vermassung des Lebens, wiederholt ihre insistierende Warnung vor der tödlichen Erstarrung jedweder Dynamik und plädiert einmal mehr für die Außenseiter und Randerscheinungen der Gesellschaft: „Ich hatte ein Gesicht vor Augen, das im Wechsel der Lebensalter härter, aber auch menschlicher wird, und Haltungen eines Menschen, der es lernt, unter schwerem Druck und in schwerer Bedrängnis souverän seine Mittel einzusetzen – nicht nur, um sich zu wehren, sondern um den Raum für reale Freiheiten für sich und seinesgleichen ... zu erweitern ... Uns interessierte von Anfang an eine Gestalt, die, aus naiven, gläubigen Anfängen sich durch Lebenserfahrung herausarbeitend, am Ende die Machtverhältnisse und Konventionen ihrer Zeit durchschaut und, bis auf den Grund ernüchtert, aber nicht resigniert, mit ihnen umzugehen, ja zu spielen weiß ... Zugleich aber rücken wir sie so weit von uns weg, daß unser eigenes Verwickeltsein in die unmittelbaren Zeitereignisse uns nicht hindert, sie unvoreingenommen zu betrachten. Eine Art von Verfremdung also, die uns auch erlauben sollte, Probleme und Konflikte zu bearbeiten, die wir aus verschiedenen Gründen historisch konkret für die Gegenwart noch nicht aufwerfen oder aufwerfen können ... Dies aber ist ein weites Feld ..."[7]

Bliebe nachzutragen, daß sich das, was Christa Wolf in ihrem Interview aus dem Jahre 1974 anzudeuten scheint und was von einem westdeutschen Kritiker in der ‚Süddeutschen Zeitung' sofort konkretisiert wurde („Gewisse ideologische Bedenken mögen die Entscheidung gegen das Projekt mitbestimmt haben. In Babelsberg muß man vorsichtig sein"[8]), schon bald als falsch erwies: so wie mit einiger Verspätung der Roman ‚Nachdenken über Christa T.' in der DDR zu einem Bestseller wurde, kam im Frühjahr 1975 der ‚Eulenspiegel'-Film der Wolfs in der Regie von Rainer Simon zur Uraufführung.[9]

5. Erzählungen: ‚Juninachmittag', ‚Unter den Linden', ‚Kleiner Ausflug nach H.'

Erzählungen hatte Christa Wolf – sieht man einmal von den etwas irreführenden Genrebezeichnungen der ‚Moskauer Novelle' und des ‚Geteilten Himmels' ab – bis Mitte der 70er Jahre nur vier veröffentlicht: ‚Juninachmittag' (1967), ‚Selbstversuch' (1973), ‚Unter den Linden' (1974) und ‚Neue Lebensansichten eines Katers' (1974). Andere Texte, wie ‚Dienstag, der 27. September' und ‚Blickwechsel', werden entweder ausdrücklich als Tagebucheintragung klassifiziert oder gehören auf Grund ihrer literaturtheoretischen bzw. politischen Tendenz eher in den Bereich der Essayistik.[1]

‚Juninachmittag' war zuerst 1967 beim Aufbau Verlag in ‚Neue Texte 6. Almanach für deutsche Literatur' erschienen und ist mit zahlreichen Nachdrucken und Übersetzungen zu einer der in Ost und West bekanntesten Arbeiten von Christa Wolf geworden. ‚Unter den Linden', ‚Neue Lebensansichten eines Katers' und ‚Selbstversuch' kamen in Buchform 1974 in dem zugleich vom Aufbau Verlag in der DDR und von Luchterhand in der BRD vorgelegten Band ‚Unter den Linden‘ heraus. Ein fünfter Prosatext, ‚Kleiner Ausflug nach H.‘, war zwar bereits 1971 entstanden, erschien aber erst 1980 bei Luchterhand in den ‚Gesammelten Erzählungen‘.[2]

Es ist gewiß kein Zufall, daß ‚Juninachmittag‘ zu den bekanntesten Wolf-Texten zählt. Denn noch vor Erscheinen der Reflektionen über Christa T. gelingt es Christa Wolf hier, auf wenigen Seiten Thema und Darstellungsweise des komplexen Romans zu antizipieren – d. h. vorsichtig-tastend den Anspruch von Menschen zu beschreiben, die sich, so weit wie möglich, inmitten der vielfältigen Bedrohungen und Ängste des modernen Lebens zu verwirklichen suchen. Erstaunlich ist dagegen, daß die Erzählung, deren ideologische Sprengkraft und stilistischen Modernismen dem Christa T.-Roman in nichts nachstehen, den Zensoren entgangen ist. Kritisieren nämlich ließe sich da vom Standpunkt der damals noch vorherrschenden sozialistisch-realistischen Ästhetik aus eine ganze Menge – zum Beispiel schon die ersten paar Zeilen des Textes: „Eine Geschichte? Etwas Festes, Greifbares, wie ein Topf mit zwei Henkeln, zum Anfassen und zum Daraus-Trinken? Eine Vision vielleicht, falls Sie verstehen, was ich meine. Obwohl der Garten nie wirklicher war als dieses Jahr. Seit wir ihn kennen, das sind allerdings erst drei Jahre, hat er nie zeigen dürfen, was in ihm steckt. Nun stellt sich heraus, daß es nicht mehr und nicht weniger war als der Traum, ein grüner, wuchernder, wilder, üppiger Garten zu sein. Das Urbild eines Gartens. Der Garten überhaupt. Ich muß sagen, das rührt uns. Wir tauschen beifällige Bemerkungen über sein Wachstum und verstehen im stillen, daß er seine Üppigkeit übertreibt; daß er jetzt nicht anders kann, als zu übertreiben, denn wie sollte er die seltene Gelegenheit nicht gierig ausnützen, aus den Abfällen, aus den immer noch reichlichen Regenabfällen der fern und nah niedergehenden Unwetter Gewinn zu ziehen? Dem eenen sin Ul is dem annern sin Nachtigall." (34)[3]

Ausdrücklich wird da dem Leser gleich zu Anfang statt einer handgreiflichen Geschichte eine Vision, ein Traum angeboten. Was freilich, sofortige Modifikation, nicht heißen soll, daß solche Visionen nicht „wirklicher" als die Realität des Tages sein können: „Urbild" nämlich, „Garten überhaupt". Kleine, unscheinbare Bemerkungen machen den Leser zum Mitwisser, zum Komplizen: „. . . falls Sie verstehen, was ich meine." Wendungen wie „obwohl" und „allerdings" untergraben die Sicherheit der Aussagesätze. Das intime „wir" der 1. Person Plural ermöglicht beinahe unmerkliche Übergänge zwischen der Autorin, der Erzählerin, ihren Familienmitgliedern und dem Leser. Und auch an Ironie und Selbstkritik läßt Christa Wolf es nicht fehlen: jenem Garten nämlich, „grün, wuchernd, wild, üppig" wird im gleichen Atem vorgehalten, daß er „seine Üppigkeit übertreibe", wenn er „aus den immer noch reichlichen Regenabfällen der fern und nah niedergehenden Unwetter" Gewinn zu ziehen versucht. Oder anders gesagt, in eine ironisch-relativierende plattdeutsche Volksweisheit verschlüsselt: „Dem eenen sin Ul is dem annern sin Nachtigal."

Noch bevor Thema, Personal und Szenerie der Erzählung dingfest gemacht worden sind, ist der Leser also schon darauf eingestimmt, daß der vorliegende Text nicht nur das autobiographisch gefärbte Stimmungsbild eines Sommernachmittags im heimatlichen Garten sein möchte. Worum es in ‚Juninachmittag' geht ist vielmehr die beständig relativierte und modifizierte Gegenüberstellung des privaten Anspruchs auf frei wuchernde Visionen, auf anscheinend hoffnungslos unrealistische Phantasien auf der einen und die Bedrohung dieser Visionen durch „Unwetter" der verschiedensten Art auf der anderen Seite.

Hineingezogen in diesen Konflikt zwischen Innen- und Außenwelt werden dabei, mehr als üblich in einer Kurzgeschichte, eine Vielzahl von Personen: die Autorin, deren Wohn- und Familienverhältnisse das Muster für den Garten liefern und die sich – kaum vermittelt durch eine Erzählerin – ähnlich wie beim Nachdenken über die Kunstfigur Christa T. gleich zu Beginn durch das „ich" der ersten Person Singular selbst ‚zu der Handlung hinzutut'; der Leser, der durch das wiederholte „Sie" oder auch „du" direkt angesprochen wird; und natürlich die Akteure in der Erzählung selbst: die Familienmitglieder – zwei Töchter, acht und dreizehn, der Vater und die Erzählerin – sowie eine Reihe von Besucher.

Drinnen in diesem merkwürdigen Traumgarten tut sich freilich recht wenig, und das wenige, das passiert, hat eher mit märchenhaften Phantasien als mit konkreter Handlung zu tun: Die Achtjährige, einfach „das Kind" genannt, schnitzt da an einem Stück Borke herum, „das zuerst ein Schiff . . ., später ein Dolch, dann etwas aus der Umgebung eines Regenschirms" (34) und schließlich ein Ul werden soll und entdeckt ein Weilchen später mit kindlichem Eifer in den Wolken allerlei phantastische Gebilde: „Schiffe und Burgen", „wilde Gebirgsketten und goldüberzogene Meere der Seligkeit", „Wüstenoasen" und „Palmengipfel" (37). Die Mutter liest in irgendeinem Roman, in dem es Akazien, Macchiastauden und Pinien, aber auch „Einsiedler", „Verhexte" und „gräßliche Volksrachen" (41) gibt. Und alle zusammen versuchen sich an einem Wortspiel, bei dem die freie, unreflektiert-spontane Assoziation von zusammengesetzten Substantiven „Mißbildungen" wie „Wurmgespenst und Mauseregen und Nachtloch und Pilzwurm und Lochglück" (43) hervorbringt.

„Unwahrscheinliche Geschichten" – der Untertitel des sechs Jahre später zusammengestellten Bandes ‚Unter den Linden' böte sich, liest man ihn in seiner ursprünglichen Bedeutung, sicherlich auch für „Juninachmittag" als Interpretationshilfe an, wäre nicht zwischen den phantastisch anmutenden Beschäftigungen der Familie eine Fülle von Hinweisen auf die sehr reale und bedrohliche Existenz von ganz konkreten historischen, politischen und gesellschaftlichen Kräften verborgen. „Das Kind" etwa schnitzt seine Phantasiegebilde mit einem völlig „stumpfen Messer", mit dem man sich, so der Volksmund, „viel öfter" schneidet als mit einer scharfen Klinge. Wozu die Erzählerin kryptisch anmerkt: „Ich aber, geübt im Überhören versteckter Vorwürfe, legte mich in den Liegestuhl zurück und las weiter, was immer man gegen ein stumpfes Schnitzmesser vorbringen mochte." (34) Der in Italien spielende Roman ruft wegen seiner Grausamkeiten nicht nur ein vages Angstgefühl bei der Leserin hervor, sondern provoziert auch den „vorwurfs-

vollen" Kommentar der Tochter zu dem Wort „Mittelmeer":
„Ihr immer mit euern Fremdwörtern!" (35) Und die frei assozi-
ierende Phantasie des Kindes löst bei den Erwachsenen plötzlich einen unbestimmten „Anflug von Unsicherheit über die
Zuverlässigkeit von Himmelslandschaften" (37-8) aus.

Doch damit nicht genug der Bedrohungen. Gestört wird die
friedliche Gartenidylle auch aus ganz anderen Richtungen –
zum Beispiel aus der Luft. Da gemahnen zwei „harmlos-neu-
gierige" (49) Hubschrauber die Familie an die Existenz der
nahen Demarkationslinie zu West-Berlin. „Immer ... noch"
läßt der Knall eines Düsenjägers zumindest den Älteren in
Erinnerung an den Krieg „den Boden unter den Füßen" (39)
wegsacken. Mehr oder weniger versteckte Hinweise auf ver-
gangene und zukünftige Waffengänge produziert auch ein einfaches Verkehrsflugzeug, das, voll von Staatssekretären, Wirt-
schaftskapitänen und „Prinzessinnen", die alle ein Wochen-
ende Frontstadtmoral gemimt haben, auf dem Weg von
Westberlin in die BRD den Garten überfliegt: „Übrigens:
ungünstiges Gelände. Von der Luft aus allein ist da nicht viel zu
machen." (37)

Aber die Gefahren für die Gartenidylle kommen, wie nicht
anders zu erwarten bei Christa Wolf, keineswegs nur aus Richtung Westen. Bedroht werden die Individualität und die (künstlerische) Phantasie der Gartenbenutzer – ähnlich wie in den
ersten Romanen der Christa Wolf – auch durch den täglichen
Sozialismus in der DDR. Kriegerisch geht es, zumindest wenn
man die Sprache betrachtet, zum Beispiel bei den trivialen Auseinandersetzungen mit einem Nachbarn zu, der sein „akkurat
gepflegtes Grundstück" durch „Armeen von Pusteblumenfall-
schirmchen" bedroht sieht und der den „Respekt" (38) der
Familie verliert, als er allen Ernstes von dem Kind fordert, in
einer Präventivaktion die gelben Löwenzahnblüten im elterli-
chen Garten zu zerstören. Ein gesellschaftsbewußter, Leitarti-
kel lesender Ingenieur von gegenüber, der gewohnt ist, sich
auch in seinem Privatleben an Vorgedrucktes, also die Zeitschriften „Ihre Frisur" und „Innenarchitektur" (41) etwa, zu
halten, stört ein Sprachspiel der Familie, das seinen Reiz aus

der Spontaneität von Assoziationen gewinnt: „Wir ließen uns natürlich nicht lumpen und ... bedienten ihn mit Arbeits-Brigade und Sonder-Schicht ...‚ und das Kind brachte ganz verwirrt Pionier-Leiter heraus. Aber ein richtiges Spiel wurde nicht aus Gewerkschaftsaufbau und Brigadestunde ..." (44). Die Lehrerin der Tochter wird kritisiert, weil sie mit ihren kitschigen Abschlußfeiern, bei denen die Mädchen in „rotem Schleiergewand" (42) und bei „bengalischer Beleuchtung" „über die Bühne zu schweben" (43) haben, einem lange verstaubten Ideal von Schönheit und Vollkommenheit Vorschub leistet. Und schließlich wird die scheinbar heile Welt des Gartens auch noch durch zwei Besucher bedroht: Frau B., besserwisserisch vertraut mit den Regeln der Natur und der unfehlbaren Weisheit des Hundertjährigen Kalenders, hat – „unverschuldetes Schicksal" (52) – zwei taubstumme Kinder, die sie freilich ohne große Gewissensbisse in den Westen bzw. eine zwar erreichbare, ihr aber „fremde" (49) Stadt verloren hat. Die Witwe Horn, die auf ein harmloses Schwätzchen vorbeischaut, entpuppt sich als geizig, sensationslüstern und, – „selbstverschuldetes Unglück" – hoffnungslos einsam: ein paar Küken „in der guten Stube" (52) sollen ihr den „hassenswürdigen" Mann, der sie verlassen hat, und die „liederliche" (51) Schwiegertochter, die sie mitsamt dem Sohn hinausgeworfen hat, ersetzen.

Eben diese Witwe Horn ist es dann auch, die die Erzählerin mit ihrem Bericht von einem Eisenbahnunglück, bei dem die „blonde", „schlanke" (50) Frau eines Schauspielers aus der Nachbarschaft umgekommen ist, zum Nachdenken über den langsam sinkenden Juninachmittag und über die Bedrohung durch den Tod anregt, in dem die Erzählung gipfelt und endet. „Nichts sehen und nichts hören" will die Erzählerin mehr nach diesem Bericht, weil auch der anderen Hören und Sehen vergangen sind. „Ich lehnte den Kopf an das Kissen in meinem Liegestuhl ... Der ganze federleichte Nachmittag hing an dem Gewicht dieser Minute. Hundert Jahre sind wie ein Tag. Ein Tag ist wie hundert Jahre. Der sinkende Tag, sagt man ja. Warum soll man nicht spüren können, wie er sinkt ... Aber man kriegt Angst, wenn immer noch kein Boden kommt, man wirft Ballast ab, dieses und jenes, um nur wieder aufzusteigen. Wer sagt denn, daß der Arm schon unaufhaltsam ausgeholt hat zu dem Schlag, der einem die Hände aus allem herausreißt? Wer sagt denn, daß diesmal wir gemeint sind?" (52-3)

Phantasie und Traum, gedankliche Assoziationen und sprachliche Neologismen, Ungewohntes, Irrationales also hatte in 'Juninachmittag' dazu gedient, die allzu verläßlich erscheinende Oberfläche der Realität als rissig und brüchig zu entlarven. Wenn das Irrationale dann in den drei „unwahrscheinlichen" Erzählungen des Bandes 'Unter den Linden' zusammen mit dem Grotesken und der wissenschaftlichen Phantastik zum alles beherrschenden Formprinzip wird, dann wohl vor allem deshalb, weil die Autorin angesichts der fortschreitenden Industrialisierung, Bürokratisierung und Vermassung des Lebens im Sozialismus immer deutlicher zu fühlen beginnt, daß die „Vorgänge, Zustände und Denkweisen" ihrer Gesellschaft nur noch durch krasseste „Verfremdungseffekte" aus ihrer Erstarrung zu lösen sind. „Stören"[4] soll diese erste Sammlung von Geschichten der Christa Wolf nämlich den Leser, ihn zum Nachdenken über seine eigene Lage zwingen und dazu anregen, das Störende zu ändern.

„Unwahrscheinlich", wie der Untertitel andeutet, sind die in 'Unter den Linden' vorgestellten Texte in der Tat. Da scheint für die Erzählerin bei einem geträumten Spaziergang entlang der bekannten ostberliner Prachtstraße hinter den zerbröckelnden Fassaden der eben erst wiederaufgebauten Gebäude und den Masken von Freunden und Feinden, denen sie begegnet, plötzlich die alte Sehnsucht nach einer humaneren Gesellschaft auf. Ein schreibender Kater berichtet in einer anderen Geschichte von den angestrengten Versuchen seines habilitierten Herrchens, mit Hilfe eines lückenlosen psychologisch-kybernetischen Computerprogramms die allzu unproduktiven Zeitgenossen in sogenannte „Normalmenschen" (118) zu verwandeln, die dann im SYMAGE (SYSTEM DER MAXIMALEN KÖRPERLICHEN UND SEELISCHEN GESUNDHEIT) der zukünftigen Gesellschaft das uneingeschränkte TOMEGL (TOTALE MENSCHENGLÜCK) erfahren können. Und ein weiblicher Doktor der Physiopsychologie schließlich läßt sich in der dritten Erzählung bei einem Selbstversuch mit Hilfe des Hormons Petersein Masculinum 199 in einen Mann verwandeln, nur um auf diese Art hinter das Geheimnis ihres typisch männlichen und total liebesunfähigen Vorgesetzten zu kommen.

Unwahrscheinlich sind die drei vorliegenden Geschichten aber auch deshalb, weil in ihnen noch viel direkter und offener als in dem Roman über Christa T. eine heilige Kuh der DDR-Planer entzaubert wird: die „wissenschaftlich-technische Revolution". Ob in den Traumvisionen von ‚Unter den Linden', den grotesken ‚Neuen Lebensansichten eines Katers' oder dem utopischen, im Jahre 1992 angesiedelten ‚Selbstversuch' – hinter literarischem Experiment, Wissenschaftskritik und Gleichberechtigungsanspruch der Frau tut sich gleichermaßen die zentrale Frage auf, ob die DDR mit ihrer Zukunftsplanung richtig programmiert ist.

Alte Themen werden in diesem Zusammenhang von Christa Wolf auf neuen Instrumenten angeschlagen: dem Rollenspiel in der geplanten und verplanten Gesellschaft steht einmal mehr der Anspruch des Individuums auf Uneigentlichkeit entgegen – diesmal allerdings nicht als „Nach-Denken", sondern in Form der märchenhaften Traummetaphorik einer hermetisch verschlüsselten Liebesgeschichte; die perfektionistische Zukunftsgläubigkeit der wissenschaftlich-technischen Planung des Sozialismus wird konfrontiert mit den Erkenntnismöglichkeiten der schöpferischen Phantasie der Kunst – erzählt aus der grotesken Perspektive eines Katers; und der Frage von Gleichberechtigung und Identität der Frau wird, dem thematischen Kontext entsprechend, direkter, humorloser, aber damit auch weniger sentimental nachgegangen – im Gewand einer Science-fiction story.

Traumstruktur und Märchensymbolik machen die Titelgeschichte des Bandes zu einer der schwierigsten, aber zur reizvollsten Erzählung von Christa Wolf. Das Entstehungsdatum, 1969, verweist auf die Nähe zu dem Buch über Christa T. und dem Essay ‚Lesen und Schreiben'. Nur ist inzwischen als Reaktion auf die Kritik am Roman alles ein wenig extremer geworden, die „traditionelle Schreibweise" der Autorin noch mehr aus dem Blickfeld geraten: Immer wieder wird da die Fabel in sich überlagernde und kaum mehr eindeutig zu entschlüsselnde Erinnerungsbruchstücke aufgelöst. Enger denn je sind die Beziehungen zwischen Autor, Figuren und Leser geknüpft (auch wenn sich der Leser nie ganz klar darüber wird, ob denn nun er selber oder ein Freund der Erzählerin mit dem vertraulichen „du" gemeint ist). Offener noch als bisher wird die Verläßlichkeit von nachprüfbaren, ‚realistischen‘ Fakten als den einzigen Garanten für „Wahrheit" zurückgewiesen: „Aber die Wahrheit ist keine Geschichte und überhaupt nichts Glaubwürdiges . . . Für dich, damit du mir glauben kannst, gehe ich nun daran, die Übergänge zwischen dem Glaublichen und dem Unglaublichen zu verwischen." (62)

Einen Inhalt, der sich so ohne weiteres zusammenfassen ließe, besitzt ‚Unter den Linden‘ also nicht, bestenfalls ein paar durch den Spaziergang und durch das Thema „Liebe" lose verbundene Episoden, in denen über die Bedrohung der Begeisterung, über den Verlust von Leidenschaft und über Nonkonformismus und Anpassung spekuliert wird. Dabei ist „Liebe", das gilt auch für die beiden anderen Erzählungen in diesem Band, nicht nur ein Siegel für die persönlichen, privaten Beziehungen zwischen den Bekannten der Erzählerin, sondern vor allem ein Synonym für jedes ehrlich gemeinte Engagement, sei es für die gemeinsame politische Sache, für einen anderen Menschen oder irgendeine andere Aufgabe.

Öffentliches und Privates sind deshalb in ‚Unter den Linden‘ auf kaum zu entwirrende Weise miteinander verknüpft. Der gesellschaftliche Absturz eines Menschen – und um die Enttäuschung der Hoffnung, die die Erzählerin vor Jahren in eine Reihe von ‚Neuerern‘, wie das damals hieß, gesetzt hatte, geht es hier unter anderem – wird „fast immer durch den Verlust der Sympathie" (91) auf persönlicher Ebene eingeleitet oder begleitet. Peter zum Beispiel, der mit der Erzählerin seit den gefährlichen, aber begeisternden Jahren der illegalen Arbeit im Westsektor Berlins befreundet ist und dem sie jetzt vor der

Humboldt-Universität im Traum wiederbegegnet, hat beim Umschreiben einer etwas „heiklen" (66) Dissertation nicht nur seinen Enthusiasmus für den Aufbau des Sozialismus gegen die übliche Karriere als Dozent eingetauscht, sondern auch seine Liebesfähigkeit verloren. Seiner Frau Marianne gibt er wegen einer Studentin den Laufpaß, nur um kurz darauf auch die sitzenzulassen, unfähig, seine Ziellosigkeit zu überwinden: „O gewiß, sagte ich. Herr Jedermann gibt sein Geld aus, damit die Volkswirtschaft floriert, aber er spart sich seine Gefühle. Kollege Jedermann wird konkurrenzfähig. Genosse Jedermann hat Erfolg." Andere, wie Max, „der Alte", der immer versucht war, seine Bekannten miteinander zu verkuppeln, haben es da leichter: er darf „rechtzeitig gehen", noch „ehe er dahin gekommen wäre, alles Bestehende gutzuheißen, bloß weil es besteht" (81).

„Die Liebe, wenn sie sich selbst ernst nimmt, ist verloren" (88): mit diesem Axiom der Erzählung muß nun aber nicht nur „das Mädchen" leben lernen, das in seiner Leidenschaft zu einem Dozenten, der offensichtlich mit Peter identisch ist, keine „Vernunft" (87) annehmen will und das nach seiner Zwangsexmatrikulierung in einer Lampenfabrik endet, sondern auch die Erzählerin. Ihr nämlich, der noch ein letztesmal mitten Unter den Linden ein goldener Märchenfisch zuschwimmt, Symbol für die „Sehnsucht nach Aufrichtigkeit" und den Mut zur Verweigerung der alltäglichen „Floskeln" (69), und vor deren Augen einer der Wachsoldaten vor dem Ehrenmal für die Opfer des Faschismus unbeschadet aus der Rolle fällt, um im Schatten eines nahen Baumes Posten zu beziehen, ihr wird wegen ihrer Sucht nach Liebe und Uneigentlichkeit von der Gesellschaft schließlich der Prozeß gemacht. „Alle steckten sie unter einer Decke ... Es geht ihnen nicht darum, mich zu beschämen, ihr Auftrag ist nur, mich zu überführen ... Ich war in die Falle gegangen ... Im Laufschritt erreiche ich die sowjetische Botschaft ... Es muß in dieser gottverdammten Straße doch eine Instanz geben, bei der man sich beschweren kann. Nein, sagt jemand neben mir. Damit rechnen Sie besser nicht." (83, 85-6)

Doch das harte Urteil des Gerichts ist – der Traum macht's

möglich – nicht endgültig. Negativ enden lassen will Christa Wolf ihre Erzählung trotz des Abbaus vieler Illusionen augenscheinlich nicht. In einer Art Rahmenhandlung gibt sie deshalb, ähnlich wie im ‚Geteilten Himmel‘, der Erzählerin die Möglichkeit, ihren pessimistischen Traumreport aus dem Wachen und der sicheren Distanz der Zeit heraus noch einmal zu revidieren. „Nun klärte sich mit einem Schlage alles auf. Ich sollte mich wiederfinden – das war der Sinn der Bestellung … Eine Menge von Gefangenschaften fiel für immer von mir ab.“ (95–6) „Unbeschreiblich liebe ich diese sicheren Anfänge … Immer wußte ich, auch mir würden sie einst wieder zur Verfügung stehen. Das sollte das Zeichen sein für Wiederaufnahme in … den Bund der Glücklichen.“ (54)

Selbstfindung einer Frau und die Befreiung von gesellschaftlichem Rollenspiel durch die Suche nach „Liebe“ – leitmotivisch wird das Fazit des Spaziergangs nicht nur am Anfang und Ende von ‚Unter den Linden‘, sondern auch an entscheidender Stelle in ‚Selbstversuch‘ wiederholt: „Denn höher als alles schätzen wir die Lust, gekannt zu sein.“ (54, 96, 174) Wobei „kennen“ wie später in den Essays zur Romantik in seiner zweifachen, die Themen der Erzählung miteinander verknüpfenden Bedeutung gelesen werden muß, im biblischen Sinne als „lieben“ und im modernen als „vertraut sein mit“. Und noch eine dritte Lesart spielt hinein: „gekannt zu sein“ heißt nämlich auch, sich als Künstler seinen Zeitgenossen mitteilen und dabei sich selbst wiederfinden. Auf diese dritte Variante deutet hin, daß jene vorurteilsfreie, lachende und selbstsichere Frau, die der Spaziergängerin am Ende ihres Traumes begegnet, nicht nur mit der Erzählerin, sondern – einmal mehr ins Autobiographische hinüberspielend – auch mit der Autorin identisch zu sein scheint: ihr „halblanges dunkles Haar“ (95) auf jeden Fall weist in diese Richtung. „Nie vorher hatte eine Begegnung mich so getroffen … Viel später erst, heute, kam mir der Gedanke, in gewohnter Weise über mein Erlebnis Rechenschaft zu geben, denn höher als alles schätzen wir die Lust, gekannt zu sein.“ (95–6)

Was in der positiven Schlußwendung von ‚Unter den Linden‘

ein wenig unmotiviert gewirkt hatte, verbietet sich in den beiden anderen Geschichten des vorliegenden Erzählungenbandes von selbst. An Stelle einer konkreten Perspektive und emotionaler Einfühlung werden hier Groteske und Satire als Stilmittel eingesetzt, die dem Leser keine fertigen Lösungen auftischen, sondern von ihm verlangen, sich seine eigenen Gedanken zu machen – über sich selbst und über den Entwicklungsstand der Gesellschaft, in der er lebt.

Max, der als Ich-Erzähler die ,Neuen Lebensansichten eines Katers' aus der Vierbeinerperspektive niederschreibt, bezieht sich denn auch wiederholt auf seinen großen Ahnen, den Kater Murr von E. T. A. Hoffmann. Sensible, emotionale Künstlernaturen, so deuten seine Aufzeichnungen an, werden von unserem wissenschaftlichen Zeitalter offensichtlich noch weit mehr als vom Mief des Bildungsphilistertums des beginnenden 19. Jahrhunderts in ihrer Individualität bedroht. Der Faktor „Persönlichkeit" und der „ganze Komplex ,schöpferisches Denken'" stünden Gefahr, ohne viel Federlesen von der Gesellschaft „amputiert" (119) zu werden.

Ziel der Forschungsarbeit von Max' Herrchen, einem Professor für angewandte Psychologie namens Rudolf Walter Barzel, ist es nämlich, durch die „totale Ausbreitung der alles erkennenden, alles erklärenden, alles regelnden Ratio" jedweden Aspekt des Lebens zu kontrollieren, die „Tragödie" (101) abzuschaffen und noch zu unseren Lebzeiten besagtes TOMEGL auf Erden zu realisieren. Aber was sich als durchaus humanes Ideal anläßt, schlägt im Laufe des Experimentes rasch ins Unmenschlich-Faschistoide um. SYMAGE, Unterbegriff von TOMEGL, könnte nur durch ein von ,individuellen Schwächen' und ,unpraktischen Leidenschaften' wie Wagemut, Selbstlosigkeit, Phantasie, Schönheitsempfinden usw. befreites Monstrum, auch Normalmensch genannt, bevölkert werden, ein Reflexwesen, das, notfalls zu seinem Glück gezwungen, seine vormals in unproduktiven Gefühlen verschlissenen Kräfte voll und ganz für die Herstellung materieller Güter und den Fortschritt der Volkswirtschaft einsetzt. Tätigkeiten, die, wie Max aus der „regelmäßigen Lektüre dreier Tageszeitungen" entnimmt, dem „eigentlichen Daseinszweck" (100) der Menschheit ohnehin besser entsprächen als der Verschleiß durch Emotionen wie Liebe und Trauer oder das Schreiben von Prosa.

Schärfer und unvermittelter hatte Christa Wolf die Zukunftsvisionen ihrer Gesellschaft bis dahin nicht kritisiert – denn daß es ihr trotz aller utopischen Elemente und der Universalität der Problemstellung vordringlich um die eigene Umwelt geht, deuten nicht nur Schlagworte wie „Schematisierbarkeit", „technisch-wissenschaftlicher Fortschritt" (100) und „Irrationalismus" (109) an, sondern auch die stellvertretend ironische Haltung dem eigenen Werk gegenüber. Die Seele nämlich, dem Kater Murr noch unentbehrlich, scheint sich heutzutage, „da alle großen Entdeckungen gemacht sind" und die Schriftsteller Gefahr laufen, „zwischen steiler Abseitigkeit und plattem Epigonentum" aufgerieben zu werden, nur noch durch „Tricks" wie „‚Mutmaßungen', ‚Nachdenken' und die Äußerung von ‚Ansichten'" in den Griff bekommen zu lassen: „Tricks, die, wenn vielleicht nicht zu größerer Klarheit des Stils, so doch gewiß zu einem tiefsinnigeren Gesichtsausdruck dieser Autoren geführt haben müssen; ein Ausdruck übrigens, den auch ich beherrsche ..." (98)

Um so merkwürdiger ist es, daß die DDR-Kritik bei der Besprechung der ‚Neuen Lebensansichten' in genau die Falle gelaufen ist, die Christa Wolf so deutlich markiert zu haben meinte. Horst Simon etwa sieht sich in der Parteizeitung ‚Neues Deutschland' bei der Lektüre des Katerberichts sofort daran erinnert, „wie in westlichen Boulevardblättern geklatscht und getratscht wird", fühlt sich selbst aber nicht im geringsten angesprochen: „TOMEGL ... und SYMAGE ... sind ... Erfindungen einer soziopsychologischen Forschungslinie, die eher in jene andere Welt gehörten."[5] Und Hans Kaufmann versucht in den ‚Weimarer Beiträgen', den Text dadurch zu entschärfen, daß er die Gestalt des Erzähler-Ichs, „selbstverständlich"[6] nicht mit der Autorin identifiziert (was weder mit Christa Wolfs bisherigem Schaffen noch mit dem autobiographischen Ton der Hoffmannschen Vorlage in Einklang zu bringen ist).

‚Animalische Triebe', die sich Professor Barzel, ohnehin geplagt von Impotenz, Defäkationsunfähigkeit und Schlaflosigkeit, im Bewußtsein des Fehlschlagens seiner Versuche in Gestalt einer Kognakflasche und der Nachbarstochter „Malzkacke" (107) erlaubt, stehen in der DDR offensichtlich selbst nach der offiziellen Abmusterung des „entwickelten gesellschaftlichen Systems des Sozialismus" niedrig im Kurs.

Die Hoffnung, daß die „Schwächen" des Homo sapiens womöglich doch nicht so ohne weiteres wegzuprogrammieren sind, läßt sich Christa Wolf deshalb nicht nehmen. Nach dem Professor weigert sich am Ende der Erzählung auch der Computer Heinrich, das un-menschliche Experiment zu unterstützen. Und die benachbarte Proletarierfamilie, als Kontrast zu der sterilen Wissenschaftlichkeit des Barzel-Teams eingeführt, wird sich bis auf weiteres unbesorgt und unverklemmt an ihren unproduktiven Schwächen, Partnertausch und Rosenzucht, erfreuen dürfen.

Erkennt man in Max, dem „geheimnisvollen" (98) Kater, trotz seines Geschlechts so etwas wie eine Personifikation von ‚typisch weiblichen Eigenschaften, Emotionalität und Spontaneität, vis-à-vis dem Rationalismus der wissenschaftsgläubigen Männerwelt, dann ist es gar nicht mehr so weit bis zu dem Stichwort für die dritte und letzte Erzählung in ‚Unter den Linden': Gleichberechtigung der Frau.

In der Tat ist diese Erzählung, ‚Selbstversuch. Traktat zu einem Protokoll', zuerst im Jahre 1973 in einem Heft der Zeitschrift ‚Sinn und Form' zum Thema Geschlechtertausch erschienen. Ja, es scheint nicht zu viel gesagt, wenn man mit ihr den Anfang von Christa Wolfs bewußter und andauernder Auseinandersetzung mit dem Thema Frauenliteratur datiert, einem Thema, bei dem ihr „die Galle überläuft, eben weil der radikale Ansatz, von dem wir ausgegangen sind (‚Befreiung der Frau') steckenzubleiben droht in der Selbstzufriedenheit über eine Vorstufe, die wir erklommen haben".[7] Dennoch war die Frage von Emanzipation und Gleichberechtigung für Christa Wolf damals wie heute kein Selbstzweck. Vielmehr ist Emanzipation für sie ein Begriff, den Frauen und Männer brauchen, sind Sensibilität und Liebe Eigenschaften, die alle Menschen für ein lebenswertes Leben benötigen. ,Selbstversuch' wäre demnach, nun am Gegensatz Mann-Frau demonstriert, als eine weitere Warnung zu lesen vor der Bedrohung des Lebens durch die planmäßig-wissenschaftliche Wegprogrammierung aller individuellen Eigenschaften der menschlichen Rasse, deren Variationen und Mutationen Christa Wolf seit ,Nachdenken über Christa T.' immer wieder als Voraussetzung für eine bessere Zukunft verstanden hat.

In der Tat ist es in Umkehr der klassischen Fabel von Teiresias diesmal eine Frau (33 Jahre alt, promoviert, ansehnlich), die – wiederum in der „ich"-Form berichtend – in Gestalt eines Mannes im „Hinterland des Gegners" (170) auf der Suche nach Liebe die Forscherwut, die intellektuelle Disziplin und die emotionale Kälte ihres Vorgesetzten als frustriertes Rollenspiel und die wissenschaftliche Planung des Lebens als unmenschliches Experiment entlarvt. Anders, wie die Versuchsperson nach ihrer Verwandlung heißt, faßt in einem persönlich gefärbten Traktat zu dem streng wissenschaftlich gehaltenen Versuchsprotokoll die Gefühle, die sie kurz vor dem freiwilligen Abbruch des Experiments empfand, folgendermaßen zusammen: „Die Teilerblindung, die fast alle Männer sich zuziehen, begann auch mich zu befallen ... Wo ich früher aufbegehrt hatte, erfaßte mich jetzt Gleichmut. Eine nie gekannte Zufriedenheit begann sich in mir auszubreiten. Einmal akzeptiert, gewinnen die Übereinkünfte, die wir scharf beargwöhnen müßten, eine unwiderstehliche Macht über uns ... Schon kam es mir nicht mehr gefährlich vor, an jener Arbeitsteilung mitzuwirken, die den Frauen das Recht auf Trauer, Hysterie, die Überzahl der Neurosen läßt und ihnen den Spaß gönnt, sich mit den Entäußerungen der Seele zu befassen ... Während wir Männer ... uns unbeirrt den Realitäten widmen, den drei großen W: Wirtschaft, Wissenschaft, Weltpolitik ..." (181-2) Gefolgt von dem entscheidenden Satz: „So weit war ich noch nicht, Professor." (182)

Einmal hinter das Geheimnis der Männerwelt gekommen, kann sich die Erzählerin beruhigt zurückverwandeln lassen in eine Frau. Jetzt endlich steht ihr eine neue Sprache zur Verfügung, deren Vieldeutigkeit sie sich nicht mehr mit Hilfe des etymologischen Wörterbuches vergewissern muß; und jetzt weiß sie auch (oder fühlt sie es eher?) wie *ihr* „Experiment" aussehen wird: „. . . der Versuch zu lieben. Der übrigens auch zu phantastischen Erfindungen führt: zur Erfindung dessen, den man lieben kann." (185)

,Phantastisch' im doppelten Sinn des Wortes ist auch die vierte Erzählung von Christa Wolf aus den frühen siebziger Jahren: ,Kleiner Ausflug nach H.' Da entpuppt sich was als durchaus alltäglicher Reisebericht anfängt schon bald als ein satirisches Traumgeflecht, das an die undurchsichtigen und verkehrten Welten von Kafkas Erzählungen und von Anna Seghers' ,Reise ins Elfte Reich' (1939) erinnert. Die Stadt H. (für ,Heldenstadt'), die die Erzählerin bei ihrer Fahrt nach „Osten" (124) besucht, gibt es allein in der Phantasie von Autorin und Lesern – wenn man einmal davon absieht, daß dieses Heldenstadt bisweilen Züge von jenen Prominentensiedlungen trägt, in denen sich die reüssierte Autoren- und Funktionärskaste der SED zu Wochenenden und Ferien versammelt. „In diesem Land", heißt es gleich zu Anfang, „war es doch keine Seltenheit, mitten in der Landschaft auf Betonstraßen zu stoßen, die im Krieg zu versteckten Militärobjekten gezogen worden waren. Diese hier war funkelnagelneu. Der Mensch unterdrückt den Gedanken an Unerklärliches." (125) Die Bewohner von H. sind keine Menschen aus Fleisch und Blut, sondern den Romanen, Theaterstücken und Filmen von DDR-Schriftstellern entsprungen. „Filmriß" (156), registriert die Erzählerin am Ende, als sie nach der Rückkehr aus H. in ihrem Hotelzimmer aufwacht, ohne zu wissen, wie sie dorthin geraten ist.

Phantastisch im umgangssprachlichen Sinne, also unglaublich, außergewöhnlich, ist aber auch die Schärfe, mit der sich Christa Wolf in ,Kleiner Ausflug nach H.' über die Literaturgesellschaft, in der sie lebt und arbeitet, lustig macht. Bevölkert nämlich wird Heldenstadt von jenen unerträglichen (Stereo-) Typen, die den Leser in der DDR damals bereits seit zwei Jahrzehnten den Spaß an der Literatur verdorben hatten. So wird die Erzählerin bei ihrer Ankunft in H. unter einem „mächtigen roten Transparent" (125) von einem „Durchschnittsexemplar der Gattung ERSTER VORSITZENDER" (129) begrüßt. „Helden der ersten Stunde" (131), Büchern und Filmen wie „‚Samen ins Land‘" (132) und „‚Wir sind die ersten‘" (133) entstiegen, besiedeln die zerstörten, brennenden Vororte von H. Eine „übergroße Steinfigur" des „GROSSEN MANNES" (135) steht inmitten der „Abteilung NEUER MENSCH" (134), die – weil „zu anfällig gegen negative Umwelteinflüsse" (138) – hermetisch von den anderen Stadtbezirken abgeriegelt ist. „Positive Helden mit kleinen menschlichen Schwächen", die sich „bis zum vorvorletzten Plenum so großer Beliebtheit bei den Romanautoren erfreut hatten", treffen sich abseits der Prachtstraßen bei Vodka in einer verfallenen altberliner Eckkneipe mit Namen „‚Quellenklare Tropfen‘" (140). Dr. Peter Stumm, der in seiner Habilitationsschrift „Die Beziehungen zwischen den Einwohnern von Heldenstadt und ihren Urbildern DRAUSSEN" (142) folgerichtig entdeckt hat, daß es Heldenstadt gar nicht gab, versackt hoffnungslos im Suff. „Arme Westler", „zu allermeist Schöpfungen gut verdienender Kriminalautoren", bewohnen einen kleinen, durch „fremdartigen Benzingeruch und einen gewissen Luxus" (144) gekennzeichneten Nebenbezirk. Und so geht es weiter in H., vorbei an einem „Zug historischer Helden" (144) und einer psychiatrischen Anstalt, in der „Katalog-Paranoiker" (147-8), „Abgebrochene" aus nie zu Ende geführten Manuskripten und „Phasenneurotiker" (148) vor sich hinvegetieren, bis hin zur „Königsebene" (150), dem sauberen, bürgerlich ausgestatteten Hochhaus der „Planer und Leiter" (151).

Höhepunkt und Schluß des Traumbesuchs ist dann eine Szene, die sehr direkt auf die Entstehungszeit der Erzählung zurückweist: Aufgrund „neuester Weisungen" (155), die der Fahrer des Delegationswagens im Namen der sogenannten GEWOSTA, der Gesellschaft zum Wohle der Staatsbürger, nach Heldenstadt mitbringt, wird der „Erste Vorsitzende", der plötzlich „ganz alleine abseits" (156) steht, durch einen anderen Ersten Vorsitzenden abgelöst. „DRAUSSEN, das heißt: in

Sektor W. (Wirklichkeit) . . ., habe man die Pläne ändern müssen; das ziehe natürlich tiefgreifende Folgen für die Literatur nach sich. Schluß mit den Phasenhelden! laute jetzt die Losung . . . Die unsäglich banale und schädliche Losung LF (‚Lebensfreude‘) sei . . . für immer aus dem Verkehr gezogen, wie sie es verdiene." (156).

Kein Zweifel, Christa Wolf geht in ‚Kleiner Ausflug nach H.‘ mit den Kulturfunktionären und Zensoren ihres Landes weitaus schärfer ins Gericht, als etwa Jurij Brežan in seiner ‚Weihnachtsgeschichte‘ (1969). Veröffentlicht worden ist der Text in der DDR denn auch nicht. Und auch davon, daß sie der eben anbrechenden Ära Honecker mehr zutraue als dem Zeitalter Ulbricht, findet sich in diesem satirischen „Abriß der DDR-Literaturgeschichte"[8] kaum eine Spur. Der Direktor der psychiatrischen Anstalt jedenfalls vermeldet bei der Verabschiedung der Besucher allen Ernstes: „Die Phantasten, die davon ausgehen, daß Menschen reif und frei sein könnten, stiften mehr Schaden als wir Realisten. Darüber denken Sie mal nach." (150).

Was sich bei der Analyse von Christa Wolfs frühen Romanen angedeutet hatte, bestätigt sich damit bei der Lektüre der Kurzgeschichten: mit der Bedrohung der weltanschaulichen Gewißheiten, den immer prononcierter werdenden Zweifeln an einer reibungslosen Vervollkommnung der sozialistischen Gesellschaft und der Gefährdung der Existenz des einzelnen durch eine vermaßte, verwaltete und verwissenschaftlichte Welt beginnt auch die sozialistische Prosa die Fähigkeit zu simplen, realistischen Darstellungen von ‚nicht-antagonistischen‘, also lösbaren Problemen zu verlieren. Wie weit mit einer solchen formal komplizierter werdenden Literatur dem Durchschnittsleser in der DDR auf Dauer gedient ist, sei dahingestellt. Denn so sehr eine vielschichtigere Abbildung des Lebens in der DDR dringend von Nöten ist, so wenig läßt sich von der Hand weisen, daß wichtige Positionsmeldungen hinter modernen Stilmitteln und ausgeklügelten Erzählstrukturen verloren gehen können und daß Literatur, ähnlich wie im Westen, zu einem Vergnügen für eine Handvoll Spezialisten wird. Doch Christa

Wolf braucht sich, wie es scheint, trotz gelegentlicher Kritik[9] keine Sorgen in dieser Richtung zu machen: zumindest deutet der überwältigende Erfolg ihrer Bücher in Ost und West an, daß sie ungeachtet aller formalen Experimente durchaus in der Lage ist, ein breites Publikum anzusprechen.

6. ‚Kindheitsmuster‘

Christa Wolfs dritter Roman ‚Kindheitsmuster‘, erschien zur Jahreswende 1976/77 inmitten turbulenter Zeiten. Am 16. November 1976 war Wolf Biermann auf Beschluß des Politbüros der SED aus der DDR ausgebürgert worden. Einen Tag später, am 17.11., übergaben zwölf der prominentesten DDR-Schriftsteller einen „Offenen Brief" in Sachen Biermann dem ‚Neuen Deutschland‘ und – als er dort nicht abgedruckt wurde – den westlichen Presseagenturen France Press und Reuter. Zu den Unterzeichnern des kollektiv erarbeiteten Protestschreibens, mit dem sich innerhalb von wenigen Tagen über hundert Schriftsteller und Künstler solidarisch erklärten, gehörten auch Christa und Gerhard Wolf. Im Text heißt es: „Wolf Biermann war und ist ein unbequemer Dichter – das hat er mit vielen Dichtern der Vergangenheit gemein. Unser sozialistischer Staat, eingedenk des Wortes aus Marxens ‚18. Brumaire‘, dem zufolge die proletarische Revolution sich unablässig selber kritisiert, müßte im Gegensatz zu anachronistischen Gesellschaftsformen eine solche Unbequemlichkeit gelassen nachdenkend ertragen können … Wir protestieren gegen seine (Biermanns) Ausbürgerung und bitten darum, die beschlossene Maßnahme zu überdenken."[1]

Während der nächsten Wochen wurden Robert Havemann unter Hausarrest gestellt, Sarah Kirsch aus den Mitgliederlisten der SED gestrichen und Gerhard Wolf aus der SED ausgeschlossen. Am 20. Dezember bzw. am 20. Januar 1977 entfernte die Berliner Sektion des Schriftstellerverbandes der DDR neben Jurek Becker, Volker Braun, Günter de Bruyn, Sarah Kirsch und Ulrich Plenzdorf auch Christa Wolf aus ihrem Vorstand.[2] Gerhard Ziegengeist, der Direktor des Zentralinstituts für Literaturgeschichte an der Akademie der Wissenschaften, sprach damals vor einer „vertraulichen Parteirunde der Akademie" von einer „konterrevolutionären Aktion der Schriftsteller", einem „reinigenden Gewitter an der Kulturfront" und dem Einfluß des „sogenannten Eurokommunismus" auf „unsichere Kantonisten" in der DDR. Über Christa Wolf sagte er: „Wir haben vor zwei Jahren versucht, in den ‚Weimarer Beiträgen' Christa Wolf realistisch einzuordnen. Das ist nicht gelungen. Wenn die ‚Süddeutsche Zeitung' lanciert, daß es Bestrebungen gibt, Christa Wolf für den Nobelpreis vorzuschlagen, gehen wir darauf nicht ein. (Wachsende Unruhe)"[3]

Die Folgen der Biermann-Affäre sind bekannt und oft beschrieben worden. Eine Reihe von bekannten DDR-Autoren, aber auch viele der nachwachsenden jüngeren Talente wechselten noch 1976 in den Westen über. Andere versuchten, mit den entsprechenden Visa ausgestattet, zwischen der DDR und der Bundesrepublik oder West-Berlin hin- und herzupendeln. Wieder andere, wie Christa Wolf mit ‚Kein Ort. Nirgends', suchten schreibend über die Krise zu kommen.[4]

Freilich gab es neben den Parteirügen, Ausschlußverfahren und Publikationsverboten im Umkreis der Biermann-Ausbürgerung auch Anzeichen dafür, daß die SED es mit Blick auf die Kontinuität des DDR-Kulturlebens nicht auf eine grundsätzliche Konfrontation mit den Kulturschaffenden des Landes ankommen lassen wollte. Die neuesten Bücher von Unterzeichnern des Biermann-Briefes erschienen planmäßig: von Helga Schütz ‚Jette in Dresden', von Sarah Kirsch ‚Musik auf dem Wasser' und ‚Rückenwind', von Christa Wolf das Erinnerungsbuch ‚Kindheitsmuster', dessen Erstauflage von 60 000 Exemplaren bereits im Februar 1977 verkauft war.[5] Vor allem aber drang mit der Publikation von Maxie Wanders Frauenprotokollen ‚Guten Morgen, du Schöne' (1978) ein seit geraumer Zeit anwachsendes kritisches Potential an die Öffentlichkeit, zu dem Christa Wolf mit ihren Arbeiten über Frauen und Frauenliteratur schon bald entscheidend beiträgt. Erich Honecker stellte daraufhin Mitte März 1977 wieder einmal fest, daß in der Literatur „die Darstellung von Konflikten nicht nur möglich, sondern auch gefordert" sei: „Wir wollen und brauchen eine stets vertrauensvolle und schöpferische Atmosphäre der Beziehungen zwischen der Partei und den Kunstschaffenden."[6]

‚Kindheitsmuster' wurde, wenn man von der emotionalen und rasch disqualifizierten „Gegenerinnerung" Annemarie Auers absieht, im großen und ganzen positiv aufgenommen.[7] Auf Kritik traf eigentlich nur die Form und der Aufbau des Buches: Klaus Jarmatz klagte im ‚Neuen Deutschland' über die „komplizierte Struktur, die den Zugang zu dem Buch erschwert".[8] Günther Cwojdrak beschwerte sich in der ‚Weltbühne' darüber, daß ihm das Nebeneinander von Erzählung, Essay, Reportage und Tagebuch beim Lesen „manchmal mehr Mühe aufbürdet, als die Sache selbst erfordert hätte".[9] Und Hermann Kant, der prominenteste Nicht-Unterzeichner des „Offenen Briefes", beließ es in seiner Rezension des Romans im ‚Sonntag' bei dem zweideutigen Satz: „Sehr streiten will ich aber für dieses Buch, denn uns gehört es zu, und wir dürfen es uns nicht nehmen lassen."[10] Von einem „Mangel an . . . politischer Eindeutigkeit", der von den „platten und . . . findigen Burschen der westlichen Medien" ausgeschlachtet werden könnte, ist jedenfalls nur bei einem DDR-Rezensenten, dem Jenenser Literaturprofessor Hans Richter, die Rede, der sich dann allerdings selbst mit gutem Recht als „pedantisch" und „schulmeisterlich"[11] disqualifiziert – Eigenschaften, die einige Jahre zuvor bereits Adolf Endler im Rahmen einer Lyrik-Debatte bei Richter entdeckt hatte.

Christa Wolfs Eintreten für Biermann hatte also offenbar kaum Folgen für die Rezeption von ‚Kindheitsmuster'. Dazu fehlte dem Buch jene gegenwartsbezogene Sprengkraft, die ‚Nachdenken über Christa T.' vor dem Hintergrund der wissenschaftlich-technischen Revolution der 60er Jahre besessen hatte.[12] Thema ist diesmal nämlich weniger die DDR als deren Vorgeschichte: die stark autobiographisch gefärbten Kindheitserlebnisse eines Mädchens namens Nelly Jordan im nationalsozialistischen Deutschland; der tägliche Faschismus in dem mitteldeutschen Städtchen Landsberg an der Warthe, in dem sich damals von 1943 bis 1945 übrigens zufällig auch als „rang-dienstältester Offizier"[13] ein deutscher Dichter namens Gott-fried Benn aufhielt; Krieg, Flucht und – vorsichtig angedeutet – der Neuanfang nach 1945. Familiengeschichten also, von Heinersdorf-Oma und Tante Lucie, von Schnäuzchen-Opa und Onkel Walter Menzel, Nachbarntratsch, Standbilder mit blütenweißen, akkurat geplätteten BdM-Blusen, „EDEKA-Faschismus"[14] und jede Menge Jungmädchenträume und -ängste. Dazu die märkische Landschaft: Kiefern, Sand, Himmel.

Euthanasie und die Fremdarbeiter aus der Ukraine, Konzen-trationslager und Krieg finden in dieser Schein-Idylle nur am Rande Platz. Juden und Kommunisten kennen die Duckmäu-ser, von denen keiner über die von den Nazis gezogenen Stränge schlägt, zum Glück nicht. Und dem „Führer" hat man auch nie von Angesicht zu Angesicht gegenübergestanden. Die Beschränkung der Presse- und Versammlungsfreiheit im Früh-jahr 1933 kümmert die Jordans und ihre Nachbarn wenig, da sie „ja auch bislang keine Publikationen geplant ... oder an Massenzusammenkünften teilgenommen"[15] hatten. Aus ähnli-chen Gründen überliest man die Notiz, die am 21. März dessel-ben Jahres die Einrichtung des KZ-Dachau „ordnungsgemäß" (41) im Landsberger ‚General-Anzeiger‘ bekannt gibt.

Unangenehm wird die Situation erst, als ein SA-Standarten-führer persönlich in den Laden kommt und Vater Jordan vor-rechnet, wieviel er während der letzten Jahre der Roten Hilfe gespendet hat: „Einen Stuhl hat es in Bruno Jordans Laden nie gegeben. Setzen konnte man sich nicht, wenn einem die Knie weich wurden. Man konnte nur – wie ein hypnotisiertes Kanin-chen, kann ich dir sagen – in die scharfen Pupillen hinter dem Kneifer starren." Doch auch hier zieht man sich erfolgreich aus der Affäre. Ein halber Sack Mehl und ein halber Sack Zucker für das nächste Kreistreffen der SA bereinigen die Situation: „Das ist kulant gedacht und zeitgemäß gehandelt." (44) Und so geht es weiter bis 1945: Bobrowskische Heimatbilder, geschickt und einfühlsam eingeschmuggelte Erkenntnisse der Kinderpsy-chologie, kleine Lügen und kleine Diebstähle, die Jahre in der Schule. Dazwischen – blaß und flüchtig – Hinweise auf die

Kristallnacht, Erinnerungen an eine brennende Synagoge, die Nachricht vom Angriff auf Polen, Gerüchte über Kriegsverbrechen und, ganz am Ende, die immer hysterischer werdende Stimme von Goebbels im Volksempfänger.

Ähnlich „normal" und „langweilig" mag das Leben im nationalsozialistischen Deutschland in der Tat abgelaufen sein. Solange man nicht, wie es Bruno Jordan beinahe passiert wäre, zu einem Erschießungskommando eingeteilt wurde, blieb diese Welt heil. Nachdenken, Initiative und Mut waren nicht erwünscht. Zum Überleben reichte es aus, wenn man die Angewohnheit beibehielt, keine Fragen zu stellen.

Dann, plötzlich, mitten im kalten Winter 1944/45, der Zerfall der „schönen Gegend" Landsberg: die kopflose Flucht in Richtung Westen, die Begegnung mit einem ehemaligen KZ-Insassen und dessen Satz „Wo habt ihr alle bloß gelebt?" (306), das Verbrennen des Tagebuchs der 15, 16jährigen Jungvolkführerin, die Überwindung einer Tuberkulose mit Hilfe der unverbrauchten Neugier auf das eben beginnende neue, zweite Leben. Im Frühjahr 1947 bricht die Erzählung schließlich abrupt ab. Der Leser wird mit den ersten Versuchen Nellys zurückgelassen, das in ihr und um sie entstandene Vakuum durch tätige Mitarbeit am Aufbau des physisch und psychisch zerstörten Landes auszufüllen. Die Antwort auf die Jahre später gestellte Schlüsselfrage „Wie sind wir so geworden, wie wir sind?"[16] bleibt aus – es sei denn, man verstehe den kurzen Auftritt der Christa T. als Hinweis darauf, daß der ältere Roman dem jüngeren wie eine Fortsetzung zugeordnet ist.

So nahe an der Realität war beim Thema „unbewältigte Vergangenheit" bislang noch kein DDR-Schriftsteller geblieben, nicht Anna Seghers in ‚Die Toten bleiben jung', nicht Franz Fühmann in ‚Kameraden' und sicherlich nicht Hermann Kant in seinem 1977 erschienenen Roman ‚Der Aufenthalt'. „Ein wenig stört mich", stellte Christa Wolf 1975 anläßlich einer Lesung aus dem Manuskript von ‚Kindheitsmuster' in der Akademie der Künste der DDR fest, „daß viele unserer Bücher über diese Zeit enden mit Helden, die sich schnell wandeln, mit Helden, die eigentlich schon während des Faschismus zu ziemlich bedeutenden und richtigen Einsichten kommen, politisch, menschlich. Ich will keinem Autor sein Erlebnis bestreiten. Aber mein Erlebnis war anders. Ich habe erlebt, daß es sehr lange gedauert hat, bis winzige Einsichten zuerst, später tiefgehende Veränderungen möglich wurden."[17]

Untergrundkämpfer und Widerständler wird man in diesem Buch deshalb ebenso vergeblich suchen wie groteske Gnome und brandstiftende Biedermänner, ganz zu schweigen von teppichbeißenden SS-Größen. Keine Spur auch von bekehrten Nazis und heroisch-opferbereiten KPD-Funktionären, die den DDR-Lesern jahrelang die Auseinandersetzung mit der Vergangenheit erspart hatten. Kaum, daß das Dienstmädchen der Jordans flüsternd bekennt, daß es aus einer Kommunistenfamilie stammt oder daß der Vater eingesteht, bis Anfang 1933 Sozialdemokrat gewesen zu sein. „Meine Meinung ist . . .", heißt es dazu von Christa Wolf in jener Leserdiskussion von 1975, „daß Literatur versuchen sollte, diese Schichten zu zeigen, die in uns liegen – nicht so säuberlich geordnet, nicht katalogisiert und schön ‚bewältigt', wie wir es gern möchten. Ich glaube nicht, daß wir die Zeit des Faschismus in diesem Sinne ‚bewältigt' haben, auch wenn es in unserem Staat in unvergleichbar anderer und gründlicherer Weise geschehen ist als zum Beispiel in der Bundesrepublik."[18]

Doch Vergangenheitsbewältigung spielt sich in ‚Kindheitsmuster' nicht nur auf der Ebene der Erinnerung ab. Vielmehr wird der Bericht über das Leben der Nelly Jordan von zwei weiteren, in der Erzählzeit angesiedelten Ebenen ergänzt, durchbrochen, variiert: den Aufzeichnungen von einer Zweitagereise, die die Erzählerin im Sommer 1971 mit Ehemann H., Bruder Lutz und der fünfzehnjährigen Tochter Lenka in die ehemalige Heimatstadt Landsberg macht, die jetzt in der Volksrepublik Polen liegt und Gorzów Wielkopolski heißt; und der Abbildung von Gedanken, Nachrichten und Problemen bei der Niederschrift des Manuskripts zwischen November 1972 und Mai 1975.

Merkwürdig flach und zu wenig unbefriedigend wirkt dabei die Beschreibung der Polenreise – ein Thema, das spätestens seit Rolf Schneiders ‚Die Reise nach Jaroslaw' (1974) für die DDR-Literatur wichtig geworden ist. Gerüche, Landschaftsbilder, Erinnerungen, Heimweh, Vergessen – sicherlich. Ein Versuch, mit den neuen Bewohnern der Stadt Kontakt aufzunehmen, sich in die Problematik der Polen, zum Beispiel in das gerade in den ehemals deutschen Gebieten besonders ausgeprägte Generationsbewußtsein einzudenken, bleibt aus. Kein Wort fällt darüber, daß jene Menschen, die 1945/46 die leerstehenden Wohnungen in Landsberg übernahmen, selbst als Flüchtlinge aus den sowjetisch besetzten Gebieten um Lemberg und Vilnus gekommen waren. Nichts steht da geschrieben von der Sorge der Polen vor einem neuen Konflikt, vor der Rückkehr der Deutschen, auch jener Deutschen aus der DDR, die mit ihren eben erstandenen Trabants und Wartburgs Ferien in der „alten Heimat" machen. Und auch darüber, was die Einwohner von Gorzów Wielkopolski von ihren sozialistischen deutschen Nachbarn halten, über ihre stille Genugtuung, daß sie zwar nicht materiell, aber in vielem anderen besser dran sind als die Genossen im „Wirtschaftswunderland" DDR, verliert die Erzählerin kein Wort.

Komplex und gewichtig fällt im Vergleich zu dem Reisebericht aus Polen dagegen die zweite Gegenwartsebene aus. Einmal, weil hier scheinbar wie nebenher Episoden aus dem Familienalltag der Erzählerin und schlagzeilenartig wiedergegebene politische Nachrichten aus der ersten Hälfte der 70er Jahre voller Sorge daraufhin abgeklopft werden, ob und in welcher Gestalt der Faschismus auch heute noch weiterlebt. Und zum anderen, weil auf dieser Ebene der Leser eingeladen wird, mit- und nachzudenken, wie aus persönlichen Erinnerungen und dokumentarisch belegten Fakten jene subjektive Authentizität zu gewinnen ist, die Christa Wolf schon seit Jahren für ihre Arbeit anstrebt.

Zunächst zu den politischen und persönlichen Erfahrungen der Erzählerin während der Niederschrift des Manuskripts. Der Vietnamkrieg, Chile, Griechenland, die Nahostkrise – Anspielungen auf diese Länder und Ereignisse haben zweifellos in einem Buch über den Faschismus ihre Berechtigung, obwohl es enttäuscht, daß von den Unruhen in Polen, den Ostverträgen und der KSZE-Konferenz in Helsinki keine Rede ist. Bedenklich stimmt dagegen die Hast, mit der, zum Beispiel zum Thema USA, die Thesen vorgetragen, die Schlagworte übernommen werden: „Aber kein noch so schwacher Anhaltspunkt dafür, daß ... jemals die Rede gewesen ist vom Aufstand der jüdischen Bevölkerung im Warschauer Ghetto ... (Und wenn nun die Schwarzen in ihren Ghettos sich eines Tages doch erheben? fragst du einen weißen Amerikaner. Bedauernd sagt er: Sie haben keine Chance. Weil sie doch schwarz sind. Man erkennt sie ja. Jeder einzelne von ihnen würde abgeknallt.)" (238) Oder: „Die Masse und Übermacht des Warenangebots versetzte sie (die Einkäufer in einem amerikanischen Supermarkt) in einen der Hypnose ähnlichen Zustand." (241) Und: „... der Präsident der Vereinigten Staaten von Amerika – perfekt in jener im letzten Drittel dieses Jahrhunderts zur Vollkommenheit getriebenen Form der Heuchelei, die außerstande ist, sich selbst zu erkennen – (prophezeit) der Welt eine lange Epoche dauerhaften Friedens ..., ohne vom Ausbleiben der weltweiten Erleichterung zu erfahren, die ja von seinen Geheimdiensten nicht registriert wird, schon weil sie nicht instand gesetzt wurden, danach zu fragen ..." (69)

Christa Wolf hat diese Aussagen offensichtlich auf Erfahrungen basiert, die sie 1974 als Writer-in-Residence am Oberlin College in den USA gemacht hat. Die Frage, ob sie hier nicht gerade einen der Kernsätze ihrer Arbeitsweise außer acht läßt – „Zu schreiben kann erst beginnen, wem die Realität nicht mehr selbstverständlich ist"[19] – wird dadurch nicht beantwortet. Denn sehen nicht gerade so jene „Medaillons" aus, die nach Christa Wolf viele von uns mit sich führen und herumzeigen, „weil wir Bestätigung brauchen für unser eigenes beruhigend eindeutiges Empfinden: schön oder häßlich, gut oder böse"?[20] Und wird hier nicht statt „Phantasie" und „dem Spiel mit offenen Möglichkeiten"[21] genau jene „Verhärtung, Versteinerung, Gewöhnung"[22] produziert, gegen die sich Christa Wolf schon 1968 anläßlich einer „ ‚Ende der Kindheit' "[23] überschriebenen Skizze zu ‚Kindheitsmuster' ausgesprochen hatte?

Differenzierter, wenn auch immer noch sentenzenhaft, wird das Problem des Weiterlebens bzw. Neuentstehens der zwischen 1933 und 1945 geprägten Denk- und Verhaltensmuster erst dort behandelt, wo sich die Erzählung der DDR-Gegenwart zuwendet. Gar so „simpel", wie ein ostdeutscher Schreiber mit unfreiwilliger Komik meinte, sind die Verhältnisse „vor der Erzählerin Haustür"[24] nämlich nicht.

Da meditiert Lenka, die Tochter, die im gleichen Alter wie damals Nelly „tagelang" herumliegt und Musik hört, nur um zu überdecken, daß die Welt um sie herum „pseudo" ist, im Tonfall von Christa T.: „Pseudo-Menschen. Pseudo-Leben. Oder merkst du das nicht? ... Oder haben vielleicht die recht, die sich darüber keine Gedanken machen? Manchmal fühle ich, wie wieder ein Stück von mir abstirbt. Und wer hat schuld daran? Bloß ich?" (207) Und die Mutter, die Erzählerin, greift das Thema auf und variiert es: „Gibt es nur die Alternative zwischen Schweigen und dem, was Ruth und Lenka ‚Pseudo' nennen ... Du bestreitest es dir, nachts. Du stellst dir vor: Aufrichtigkeit nicht als einmaliger Kraftakt, sondern als Ziel, als Prozeß mit Möglichkeiten der Annäherung, in kleinen Schritten, die auf einen noch unbekannten Boden führen, von dem aus auf neue, heute noch unvorstellbare Weise wieder leichter und freier zu reden wäre, offen und nüchtern über das, was ist; also auch über das, was war." (347)

Von einem jungen Lehrer aus der Nachbarschaft wird berichtet, der, bevor er in Depressionen verfallen gemeinsam mit seiner ehemaligen Schülerin Selbstmord begeht, in Musils ‚Der Mann ohne Eigenschaften' die Sätze anstreicht: „‚Man hat nur die Wahl, diese niederträchtige Zeit mitzumachen (mit den Wölfen zu heulen) oder Neurotiker zu werden. Ulrich geht den zweiten Weg.'" (103) Adolf-Hitler- und Hermann-Göring-Straßen werden – stilistische Flüchtigkeit? – merkwürdig unvermittelt neben Lenin- und Stalinalleen genannt. DDR-Touristen geraten ins Bild, die in Prag bierselig Nazilieder singen. Und als der pragmatisch denkende Bruder Lutz die Existenz „seelischer Leiden" angesichts der Fortschritte der wissenschaftlich-technischen Revolution für unbedeutend erklärt, fällt der Erzählerin die Feststellung eines KZ-Arztes ein, daß vielen Häftlingen „ein Überleben nur im Zustand totaler Automatisation möglich war". (312)

Zu einer Analyse des „täglichen Faschismus im Lande des ‚realen Sozialismus'",[25] wie sie Andreas Lindner im Kleist-Essay des Wolf-Freundes Günter Kunert entdeckt zu haben glaubt, verdichten sich solche Anspielungen nicht. Dazu wirken die Figuren Lutz und Lenka zu flach und Episoden, wie die in Prag, zu konstruiert und aufgesetzt. Wohl aber stellt sich Christa Wolf durch das Mitreflektieren der Probleme beim Schreiben ihres Buches der Diskussion über den Satz eines russischen Freundes: „Heute weißt du, daß es im Zeitalter des Argwohns das aufrichtige Wort nicht gibt, weil der aufrichtige Sprecher auf den angewiesen ist, der aufrichtig zuhören wollte, und weil dem, dem lange das verzerrte Echo seiner Worte zurückschlägt, die Aufrichtigkeit vergeht." (333)

Austragungsorte dieser Diskussion sind die essayistischen Selbstgespräche, die die Schreibende immer wieder in die Romanhandlung einschiebt: zum Beispiel in Sätzen über die „phantastische Genauigkeit" (252) des Erzählens („Im Idealfall sollten die Strukturen des Erlebens sich mit den Strukturen des Erzählens decken ... Aber es gibt die Technik nicht, die es gestatten würde, ein unglaublich verfilztes Geflecht, dessen Fäden nach den strengsten Gesetzen ineinandergeschlungen sind, in die lineare Sprache zu übertragen, ohne es ernstlich zu verletzen", 251–2); durch Reflexionen über das problematische Verhältnis zwischen ich, du und sie („Der Endpunkt wäre erreicht, wenn zweite und dritte Person wieder in der ersten zusammenträfen, mehr noch: zusammenfielen. Wo nicht mehr ‚du' und ‚sie' – wo unverhohlen ‚ich' gesagt werden müßte. Es kam dir sehr fraglich vor, ob du diesen Punkt erreichen könntest, ob der Weg, den du eingeschlagen hast, überhaupt dorthin führt", 322); durch Polemiken gegen die „raunenden Beschwörer des Imperfekts" (160), gegen die dokumentarische Literatur (69) und gegen das „Gebetsmühlengeklapper" (9) schreibender Alleswisser; in der Sorge, „das stetig und unbeirrbar weiterwuchernde Material (der Hirsebrei, der dem Kind aus dem

Töpfchen kocht und zuerst sein Zimmer, dann sein Haus, schließlich die Straße füllt und die ganze Stadt zu ersticken droht)" nicht „bewältigen" zu können „im Sinn von ‚deuten'" (182); und in der gewichtigeren Sorge, „daß man nicht leben kann, während man Leben beschreibt. Daß man Leben nicht beschreiben kann, ohne zu leben" (282).

Bleibt die Frage, ob der Roman durch das massive Auftreten der Erzählerin, durch essayistische Einschübe und durch die häufige Verschränkung der Zeitebenen gewinnt oder verliert. Gewonnen wird sicherlich an Objektivität: Da beschreibt die Erzählerin, wie sie in den Bibliotheken Ost-Berlins nach alten Zeitungen und Dokumenten sucht. Fakten werden angeführt, die der Schülerin Nelly damals noch nichts bedeuten konnten. Die Germanistin Christa Wolf denkt über die sprachlichen Möglichkeiten und Grenzen von Wörtern wie Gedächtnis, Erinnern und Vergessen nach: „Vor 1350 soll ‚gedaechtnis' nichts anderes gemeint haben als ‚Denken' – das Gedachte – und auf diese Weise mit ‚Danken' verwandt gewesen sein. Dann muß man ein kurzes Wort benötigt haben für ‚Denken an früher Erfahrenes'." (38-9)

Gewonnen wird durch die Eingriffe der Erzählerin auch an moralischer Integrität, an „Gewissen".[26] Das wird schon auf den ersten Seiten des Buches unmißverständlich klar: in der Sorge, durch den Erinnerungsprozeß „höchstens halbrichtige Behauptungen" aufzustellen; in den Reflexionen über Sprach-ekel und Sprachlosigkeit; oder auch in Sätzen wie: „Zwischen dem Selbstgespräch und der Anrede findet eine bestürzende Lautverschiebung statt, eine fatale Veränderung der grammatischen Bezüge. Ich, du, sie, in Gedanken ineinanderschwimmend, sollen im ausgesprochenen Satz einander entfremdet werden." (9)

Kein Zweifel deshalb: Hier schreibt nicht nur die Antifaschistin Christa Wolf, sondern ein Mensch, der hinter den ausgeleierten Klischees über die problematischste Periode der deutschen Geschichte noch einmal und noch tiefer nach „Verhaltens-Mustern" (39) (so eine der verworfenen Titelproben) sucht, die für uns alle jederzeit wieder gefährlich werden können. „Ich kann mir ... nicht vorstellen, daß Schreiben und Leben im Grundsätzlichen auseinanderklaffen. Ich könnte mir nicht denken, daß man als Autor eine bestimmte Moral vertritt, ja moralisiert (was ich, zugegeben, tue), und als Mensch dieser Moral absolut entgegengeht. Ich sehe den Versuch einer dauernden Annäherung ...“[27]

Andererseits zieht die komplizierte Struktur des Buches aber auch Probleme nach sich. Einfachste Aussagen werden da immer wieder unnötig verschlüsselt. Einschübe und Rückwendungen, Exkurse in die Etymologie und Explikationen zu Aspekten des modernen Erzählens mögen manch einem Leser die Freude an der gedanklichen Mitarbeit verderben. Vor allem aber droht im Gewirr der Berichtsebenen, Unterbrechungen und Selbstinterpretationen jene erzählerische Unmittelbarkeit verloren zu gehen, die das Christa Wolf-Vorbild Anna Seghers schon einmal Jahre zuvor in einer Kontroverse mit Georg Lukács an den Anfang ihrer Arbeit gestellt hatte: „In seinem Tagebuch gibt Tolstoi an, daß dieser (künstlerische) Schaffensprozeß gleichsam zweistufig ist. Auf der ersten Stufe nimmt der Künstler die Realität scheinbar unbewußt und unmittelbar auf, er nimmt sie ganz neu auf, als ob noch niemand vor ihm dasselbe gesehen hätte ...; auf der zweiten Stufe aber handelt es sich darum, dieses Unbewußte wieder bewußt zu machen usw.“[28]

Beispiele für eine solche ‚Bewußtmachung‘ des Erzählens gibt es in ‚Kindheitsmuster‘ in Hülle und Fülle – und das nicht nur in Gestalt des essayistischen Nachdenkens über die Schwierigkeiten beim Schreiben, sondern auch in Halbsätzen wie „das muß erklärt werden“, „zu fragen wäre“ und „das ist dokumentarisch belegt“;[29] in Selbstinterpretationen, wie der zu dem bereits zitierten Ausspruch des ehemaligen KZ-Insassen „Wo habt ihr bloß alle gelebt“: „Natürlich vergaß Nelly den Satz nicht, aber erst später – Jahre später – wurde er ihr zu einer Art von Motto“ (306); oder auch in den Nachgedanken zu jener Szene, in der es Nelly nicht in den Sinn kommt, ihre Essensration mit den ukrainischen Zwangsarbeiterinnen zu teilen: „Daß schauerliche Geheimnis: Nicht, daß es nicht gewagt, sondern daß es gar nicht gedacht wurde. Vor dieser Tatsache bleiben die Erklärungsversuche stecken." (232)

,Kindheitsmuster' – ein Roman also? Ein „nobler Essay"?[30] Autobiographie? Bekenntnis- oder Erinnerungsbuch? Christa Wolf verzichtet wie zuvor schon bei ,Nachdenken über Christa T.' und ,Till Eulenspiegel' und wenig später wieder bei ,Kein Ort. Nirgends', auf eine Genrebezeichnung.[31] Und dies mit gutem Grund. Denn zur Bewältigung einer Vergangenheit, wie sie hier zur Debatte steht, mag es in der Tat nötig sein, die verschiedensten literarischen Register gleichzeitig zu ziehen. Geschlossenheit erhält ,Kindheitsmuster' ohnehin auf andere, beständigere Art: durch jene persönliche Betroffenheit der Autorin, die als Ausgangspunkt und Grundlage des Erzählens immer sichtbar bleibt, auch dort, wo die subjektive Konfession der Aufarbeitung des objektiven historischen Materials Platz macht.

> Zeigte ,Kindheitsmuster', wie Christa Wolf wurde, so diese Erzählung wie sie ist.
>
> (Günter de Bruyn)

7. ,Kein Ort. Nirgends'

„Tatsächlich hat die Identifikation mit den Figuren bis zu ,Kindheitsmuster' zugenommen. Aber es muß nicht unbedingt so weiter gehen. Ich weiß es zwar noch nicht genau, aber die nächsten Arbeiten werden wohl zeigen, daß eine Identifikation dann über mir fremdere Figuren läuft, daß sie komplizierter wird."[1] So Christa Wolf im Oktober 1978 in einem Fernseh-Interview für den Film „Christa Wolf. Vorarbeiten zu einem Porträt". Damals lag das Buch, das am Anfang dieser nächsten Schaffensperiode steht, bereits in der Druckerei – ,Kein Ort. Nirgends'.

Sein Stoff hat in der Tat auf den ersten Blick nichts mit Christa Wolfs Biographie oder mit der Geschichte der DDR zu tun. Die Figuren finden sich weder im Familienalbum der Autorin noch in den Erinnerungen an die Leipziger Studienjahre. Thema ist vielmehr eine „erwünschte Legende"[2] – die nirgends belegte[3] und doch überreich mit Zitaten aus Briefen, Essays und Tagebüchern der Beteiligten ausgestattete Begegnung zwischen den Frühromantikern Heinrich von Kleist (1777–1811) und Karoline von Günderode (1780–1806). Die Zeit: ein Juninachmittag des Jahres 1804. Der Ort: Winkel am Rhein, wo sich die Günderode fast genau zwei Jahre später das Leben nahm. Der Rahmen: eine jener illustren Teegesellschaften mit Clemens Brentano und Sophie Mereau, mit den Schwestern Bettina und Gunda Brentano, mit Gundas Mann Friedrich Carl von Savigny, dem späteren Justizminister von Preußen, und, neben anderen, eben auch mit Kleist und mit der Günderode. „Menschen zwanglos über den Raum verteilt, wie das Gestühl, in schöner Anordnung." (6) Scheinbar unverbindlich wird da unter alten Bekannten geplaudert. Gruppen formieren sich, lösen sich auf und formen sich neu. Tiefgründige Anspielungen, unterdrückte Leidenschaften, gewußte Zweideutigkeiten bestimmen die Gespräche. Dazu die üblichen Versatzstücke aus einem Kammerspiel: Das Klavichord, auf dem Volksweisen angeschlagen werden, die „kleine verschnörkelte Uhr auf dem Kaminsims" (28), „Zuckergebäck ... in durchbrochenen Porzellankörbchen" (35), weiße Handknöchel auf schön geschwungenen Sessellehnen. Dekor und Stimmung harmonieren und werden von der Erzählerin nur zwei-, dreimal durch Kunstgriffe, die man aus den frühen Romanen kennt, auf Distanz gerückt: durch das unendlich fortsetzbare Motiv im Logo der Libbysmilchdosen; oder durch die Beschreibung einer ins Kitschige abrutschenden Szene durch die Augen eines fiktiven Malers: „Das Gelb des Löwenzahns im Grün, Farben, vor die man die Maler führen müßte ... Eine Wiese, zu beispielhaft, als daß man sie noch Wiese nennen dürfte." (96)

Kleist, der mit seinem Arzt, dem Hofrat Georg Wedekind, gekommen ist, und die Günderode, die ihre Freundinnen Paula und Charlotte Servière begleitet, sind in dieser Gesellschaft

Außenseiter. Und das nicht, weil das unter einem Pseudonym schreibende Stiftsfräulein und der reüssierende Dramatiker sich nach dichterischem Ruhm und gesellschaftlicher Stellung mit den anderen nicht messen können, sondern weil beide, obwohl sie selbst in Zitaten, also ,wie gedruckt', reden, auf zugleich ähnliche und sehr eigene Art hinter die Fassaden der anwesenden Erfolgsmenschen blicken. „Der Geheime Rat, sagt Kleist, ... preisen mir die Vorzüge der neuen Zeit gegenüber denen der alten. Ich aber, Günderode, ich und Sie, denk ich, wir leiden unter den Übeln der neuen." (86)

Eine historische Erzählung also? Rückzug aus der nach der Biermann-Affäre für DDR-Kulturschaffende wieder einmal schwierig gewordenen Gegenwart in das frühe 19. Jahrhundert? Die Romantik als Zufluchtsort für eine desillusionierte Realistin? Preziöse Sophistereien statt des üblichen handfesten Moralisierens? Keineswegs. „Vorgänger ihr, Blut im Schuh" (5) – schon in der dritten Zeile ihres Buches macht Christa Wolf deutlich, daß sie den Rückgriff auf die Geschichte nicht mit einem Rückzug aus der Gegenwart verwechselt. „Was hat Sie, Frau Wolf, bewogen, diesen historischen Stoff aufzugreifen?" „Ich sehe ihn nicht als historischen Stoff – obwohl ich viel historisches Material durcharbeiten mußte und auch daran Spaß hatte. Ich glaubte, mich oft unter Zeitgenossen zu bewegen ..."[4] Das Gespräch über das Eulenspiegel-Drehbuch besitzt auch für die Kleist-Günderode Erzählung Gültigkeit. Denn wie in Christa Wolfs anderen Büchern steht auch hier die persönlich betroffene Autorin im Zentrum, sorgt das Nebeneinander von Legende und Zitat, von subjektiver Erfindung und überlieferter Authentizität dafür, daß die historischen Figuren gleichsam stellvertretend über Probleme nachdenken, die auch heute noch auf ihre Lösung warten: über das schwierige Verhältnis zwischen Individuum und Gesellschaft zum Beispiel, über die Beziehung zwischen Mann und Frau, über die Möglichkeiten und Grenzen des Schreibens und der Sprache und über das Abgleiten in Verzweiflung, Isolierung, Verstummen und, schließlich, den selbst herbeigeführten Tod. „,Die Erde ist mir Heimat nicht geworden.' Es steht nicht zu erwarten, daß wir, die spätere Nachwelt also, diesen Spruch aufheben werden; zu fremd ist auch unserer Zeit ihr (der Günderode) Anspruch auf Ganzheit, Einheitlichkeit, Tiefe und Wahrhaftigkeit des Empfindens, zu unheimlich ihre Absolutheit im Bedürfnis, Leben und Schreiben in Einklang zu bringen."[5]

Schreiben also einmal mehr, so Ingeborg Drewitz, "als ein Sich-Einlassen und Nicht-ganz-Einlassen, weil Schreiben trotz aller Selbstvergewisserung die Kongruenz zur Wirklichkeit nicht erreicht, nicht erreichen kann."[6] Schreiben aber auch als einziges, als letztes Mittel zur Überwindung der äußeren und inneren Krisen, die die Schriftstellerin bedrohen: ",Kein Ort. Nirgends' hab ich 1977 geschrieben", heißt es dazu rückblickend aus dem Jahre 1982. "Das war in einer Zeit, da ich mich selbst veranlaßt sah, die Voraussetzungen von Scheitern zu untersuchen, den Zusammenhang von gesellschaftlicher Verzweiflung und Scheitern in der Literatur. Ich hab damals stark mit dem Gefühl gelebt, mit dem Rücken an der Wand zu stehen und keinen richtigen Schritt tun zu können. Ich mußte über eine gewisse Zeit hinwegkommen, in der es absolut keine Wirkungsmöglichkeit mehr zu geben schien. 1976 war ein Einschnitt in der kulturpolitischen Entwicklung bei uns, äußerlich markiert durch die Ausbürgerung von Biermann ... Eine Gruppe von Autoren wurde sich darüber klar, daß ihre direkte Mitarbeit in dem Sinne, wie sie sie selbst verantworten konnte und für richtig hielt, nicht mehr gebraucht wurde ... Das reine Zurückgeworfensein auf die Literatur brachte den Einzelnen in eine Krise; eine Krise, die existentiell war."[7]

Zunächst zum Thema Individuum und Staat, das – die Rolle des Mannes in der Gesellschaft damals und heute bestimmt es so – von Kleist getragen wird. "Soeben, sagt Kleist, sei ihm eingefallen: Der Streit, der ihn damals, in Paris, mit seinem Freunde Pfuel entzweite ..., dieser Streit sei um den (Hamlet-)Monolog gegangen. ,Denn wer ertrüg der Zeiten Spott und Geisel ...' ,... des Mächtigen Druck, der Stolzen Mißhandlungen ...' Der Hofrat, in der Tat, ist im Bilde. Doch kann er nicht umhin, sein Befremden zu äußern, daß erwachsene gesittete Menschen, Freunde, aufs Blut sich streiten können um ein paar Verse. Hieße das nicht, den Respekt vor der Literatur übertreiben? Ja: Sei es nicht überhaupt unstatthaft, jene Wand zu durchbrechen, die zwischen die Phantasien der Literaten und die Realitäten der Welt gesetzt ist? So auch Pfuel. Das war der Bruch. Ihr Hang zum Absoluten immer, Kleist ..." (14)

Die Grundpositionen sind damit umrissen: Kleist, der preußische Adelige, der zwischen Amt und Literatur, zwischen gesichertem Einkommen und Selbstverwirklichung zu entscheiden hat; der 26jährige Dichter, der gerade in Paris das Manuskript seines ‚Robert Guiskard' verbrannt hat und als Söldner des gehaßten „Urfeinds" (55) Napoleon bei der Invasion Englands den Tod suchen wollte; der Selbstmörder, den sein Absolutheitsanspruch immer weiter an den Rand jener bürgerlichen Gesellschaft drängt, die es vorzieht, die Angebote der französischen Revolution gegen ein bequemes Leben einzutauschen und die gedankenlos Oberflächlichkeit und Entfremdung als Preis der Restauration in Kauf nimmt.

Keine Frage, daß an solchen Stellen, auch ohne daß man gleich an den Biermann-Fall denken muß, die DDR-Realität durchscheint. Freilich geht Christa Wolf dabei nicht so weit wie Günter Kunert, der kurz zuvor in einem Aufsatz mit dem doppeldeutigen Titel „Pamphlet für K." von faschistischen Denkschemata und literarhistorischen „‚Endlösungen'"[8] in der DDR gesprochen hatte. Wohl aber unterschreibt sie einen Satz des Freundes, in dem – bewußt? – an einen Brief von Anna Seghers an Georg Lukács aus den Exiljahren anknüpfend steht[9], „... daß erst einer erkranken muß an der Welt, um sie diagnostizieren zu können als das Heillose schlechthin".[10] „Ein Staat", meint nämlich auch Christa Wolfs Kleist, „kennt keinen andern Vorteil, als den er nach Prozenten berechnen kann. Die Wahrheit will er nur soweit kennen, als er sie gebrauchen kann." Und: „... die Künste lassen sich nicht wie militärische Handgriffe erzwingen ... Wenn man sie in ihrem Gang nur nicht stört, das ist alles, was sie von Königen begehren." (70) „Er (Kleist) hat die Wahl ... das verzehrende Ungenügen, sein bestes Teil, planvoll in sich abzutöten oder ihm freien Lauf zu lassen und am irdischen Elend zugrunde zu gehen. Sich Zeit und Ort nach eigner Notwendigkeit zu schaffen oder nach gewöhnlichem Zuschnitt zu vegetieren." (31)

Die Günderode – hier kommt das zweite Thema ins Spiel, die Perspektive der schreibenden Frau – teilt diese Bedenken Kleists. Auch sie sorgt sich um die „Unstimmigkeit der Zeit",[11] um die Maskerade der Menschen, die „lächelnden Münder", hinter denen sich „eine schwere Krankheit des Gemeinwesens" (27) verbirgt. Auch sie sieht ihre „hochfliegende Natur" von „beengtesten Verhältnissen" (17) eingeschränkt, sieht ihre Neigungen durch die verkehrten „Forderungen", „Gesetze und Zwecke" (8) der Welt unterdrückt. Nicht zufällig trägt sie, die unter dem Ordenskleid alle körperlichen Regungen zu erstikken sucht, denn auch den Dolch, der ihrem Leben einmal ein Ende setzen wird, schon jetzt im Pompadour.

Doch wo Kleist, der Mann, sich selbst noch vor allem im Bezug auf das Staatswesen, die Öffentlichkeit und sein literarisches Werk mißt, bringt sie, die Frau, andere Dimensionen ins Spiel: das Wissen um die Komplexität des Lebens, die Liebe und eine Ahnung vom „ganzen Menschen". (94) „Savigny", wirft sie in ein Gespräch um wissenschaftlichen Fortschritt und das „hpochondrische Lamento der Herren Literaten" (80) ein, „Savigny hat für alles ein Entweder-Oder. Sie müssen wissen, Kleist, er hat einen männlichen Kopf. Er kennt nur eine Art Neugier: die Neugier auf das, was unanfechtbar, folgerichtig und lösbar ist." (81) Worauf die Erzählerin kommentiert – kaum mehr von den später noch einmal zu zitierenden Positionsmeldungen der Christa Wolf unterschieden, die ungefähr zur gleichen Zeit eine Einleitung in Maxie Wanders Frauenbuch ,Guten Morgen, du Schöne' (1978) mit der Frage beendet „Wie können wir Frauen ,befreit' sein, solange nicht alle Menschen es sind?":[12] „Die Frau. Als habe sie eine Ahnung von dem entsetzlichen Widerspruch, auf dessen Grund das Verderben der Menschheit liegt. Und als brächte sie die Kraft auf, den Riß nicht zu leugnen, sondern zu ertragen." (81) Und schließlich finden sich da in ,Kein Ort. Nirgends' Sätze wie die folgenden, gesprochen von Kleist, von der Günderode, der „Jünglingin"

(21) oder von Christa Wolf, das ist inzwischen einerlei: „Merken wir nicht, wie die Taten derer, die das Handeln an sich reißen, immer unbedenklicher werden? Wie die Poesie der Tatenlosen den Zwecken der Handelnden immer mehr entspricht?
... Müssen wir, die wir uns in keine praktische Tätigkeit schikken können, nicht fürchten, zum weibischen Geschlecht der Lamentierenden zu werden ... verrannt in einen Anspruch, den auf Erden keiner je erfüllen kann: Tätig zu werden und dabei wir selber zu bleiben?" (113)

Derart hohe Ansprüche fordern einen hohen Tribut: Liebesverlust bzw. „Liebe nur um den Preis des Todes" (37). Womit keineswegs (nur) die Liebe des „Günderödchens" (16) für Savigny gemeint ist, der am Ende die oberflächlich dahinplaudernde, aus Unwissenheit selbstsichere Gunda von Brentano der komplizierten, anspruchsvollen Karoline vorzieht. Problematischer, gefährdender ist der Verlust jener Liebe, die Mann und Frau in einem zukünftigen, noch zu erschaffenden Menschen vereinen könnte: „Liebe, wenn sie unbedingt ist, kann die drei getrennten Personen zusammenschmelzen. Die Aussicht hat der Mann neben ihr nicht. Sein Werk ist der einzige Punkt, mit sich eins zu werden ..." (117)

Damit wäre nach der Gesellschaftskritik und der Geschlechterfrage das dritte und wohl zentrale Thema von „Kein Ort. Nirgends" angeschlagen: die Dichtung oder, genauer gesagt, die Möglichkeiten und Grenzen des Schreibens. Clemens von Brentano, erfolgreich, „edel" und von „guter Rasse" (54), faßt das Problem nüchtern, ohne Illusionen: „In unsern Tagen kann man nicht dichten. Man kann nur für die Poesie etwas tun." (65) Das wissen auch Kleist und die Günderode, wenn sie sich darüber unterhalten, daß selbst Goethe „lange nichts Poetisches hervorgebracht" (100) hat, daß ihm das Stammeln, der Wunsch nach Unmöglichem, gründlich vergangen zu sein scheint. Doch Wissen um die Verhältnisse und sich in sie schicken sind zweierlei, selbst wenn einem dabei wie Kleist und der Günderode die zum Weiterschreiben und Weiterleben nötigen Kräfte rapide schwinden: „Sie, Kleist, nehmen das Leben gefährlich ernst ... Und Sie, Günderrode?

Sie wollen sich einreden, daß Sie sich mit Ihrer eingeschränkten Existenz versöhnen könnten?" (102–3)

Was bleibt, ist das seit ‚Nachdenken über Christa T.' immer schwächer werdende „Prinzip Hoffnung",[13] jener gar nicht „beckethafte"[14] Glaube an die „konkrete Utopie", die sich im Titel der Erzählung andeutet: das griechische „ou topos" (Utopie), übersetzt ins Deutsche als „Kein Ort" und als „Nirgends". Was bleibt, ist also „Mitteilung an eine Zukunft, die auch für uns noch Zukunft ist."[15] „Ich bin nicht ich. Du bist nicht du. Wer ist wir? ... Zu denken, daß wir von Wesen verstanden würden, die noch nicht geboren sind." (109-10)

Gedanken dieser Art sind nicht neu für Christa Wolf: sie finden sich in den frühen Essays von ‚Lesen und Schreiben'; tauchen in einer Selbstanalyse auf, die auf einen Satz aus Frischs ‚Tagebuch 1946–1949' reagiert („‚Unser Streben geht vermutlich dahin, alles auszusprechen, was sagbar ist'"[16]); und sie finden sich in den letzten Zeilen von ‚Kindheitsmuster', die von den „Grenzen des Sagbaren"[17] handeln.

Neu ist jedoch, mit welcher Konsequenz sich die existenzgefährdenden und selbstzerstörerischen Sprachzweifel seit Mitte der 70er Jahre, seit ‚Kein Ort. Nirgends' und seit der Rede zum Bremer Literaturpreis von 1977 bei Christa Wolf breit gemacht haben. Der oft kritisierte[18] essayistische Ton der Erzählung und das in der Rede vorexerzierte Abklopfen des Sätzchens „Ich danke Ihnen" auf Widersprüche und Klischees, Unwahrheiten und Vor-Urteile machen das mit bestürzender Intensität deutlich: „Ich wundere mich nicht, daß wir Angst haben, uns über ‚die dunkle, unenthüllte Tiefe der Sprache' zu beugen ... Da es uns so schwer fällt, uns für uns selbst zu interessieren ... Sprache, die leerläuft, Zweck wird, anstatt Mittel zu sein: Böser Zauber in einer entzauberten Welt."[19]

Oder sollten, ganz am Schluß, wie aufgesetzt, die Wendungen zum Positiven doch noch ein letztes Mal ihre Chance erhalten, und sei es durch die an Ingeborg Bachmann erinnernde Einnahme „des Ehrenplatzes zwischen den Stühlen"?[20]

„Was tun?"

„Anteil nehmen, reden, schreiben."[21]

Und: „Wenn wir zu hoffen aufhören, kommt, was wir befürchten, bestimmt." (117)

8. ‚Kassandra‘

Die Erzählung ‚Kassandra‘ erschien 1983 zuerst beim Luchterhand Verlag und wenig später in der DDR bei Aufbau.[1] Sie ist mit Abstand Christa Wolf erfolgreichstes Buch. In kaum mehr als einem Jahr verkaufte Luchterhand von der gebundenen Ausgabe über 200 000 Exemplare – und übertraf damit die Gesamtauflage von ‚Nachdenken über Christa T.‘ seit 1969. Rechnet man die im gleichen Zeitraum gedruckten 130 000 Exemplare der die Erzählung begleitenden Poetik-Vorlesungen ‚Voraussetzungen einer Erzählung: Kassandra‘ hinzu, erscheint es möglich, daß die beiden Kassandra-Bücher in naher Zukunft die Auflage von Christa Wolfs Gesamtwerk von z. Z. knapp 600 000 Exemplaren erreichen. Mehrere Bühnen haben versucht, den Erinnerungstext zu dramatisieren; von drei Westdeutschen Sendehäusern ist nach Vorarbeiten von Gerhard Wolf eine Hörspielfassung des Kassandra-Monologs produziert worden;[2] über Monate hinweg wurde die Erzählung auf Bestseller- und Bestenlisten geführt. Wo immer möglich befragen Journalisten und Germanisten Christa Wolf zu ihrem Antikenprojekt. Immer neue Preise und Ehrungen werden ihr vom internationalen Kulturbetrieb zugetragen, zuletzt der Österreichische Staatspreis für Europäische Literatur, Ehrendoktorwürden der Ohio State University und der Universität Hamburg und Ehrenmitgliedschaften in der Modern Language Association und der Hamburger Freien Akademie der Künste.

Die Gründe für diesen Erfolg liegen auf der Hand: mit den Themen Frauen und Frieden verbindet Christa Wolf in ihren Büchern über Kassandra zwei Komplexe, denen die lesende Öffentlichkeit während der 80er Jahre ein ungewöhnliches Maß an Aufmerksamkeit widmet. Frauen, so wird zunehmend deutlich, drängen in jene Positionen der Gesellschaft, wo die

Entscheidungen über unsere Zukunft gefällt werden. Die Sorge um Frieden und Abrüstung, einst Anliegen einer Handvoll Intellektueller, hat sich im Bewußtsein einer breiten, weit gefächerten Schicht der Bevölkerung festgesetzt.

Mit Frauen, schreibenden Frauen insbesonders – darauf wird an anderen Stellen dieses Buches weiter eingegangen – setzt sich Christa Wolf seit der zweiten Hälfte der 70er Jahre intensiv auseinander. Am Beispiel der Karoline von Günderode entdeckte sie wie schwer es für eine Frau ist, in einer von Männern geformten Gesellschaft zu sich selber und damit zu einer eigenen literarischen Handschrift zu finden. Bei Bettina von Arnim, die über die Günderode ein Buch geschrieben hat, das Christa Wolf 1981 neu herausgibt, sucht sie Hoffnung, daß sich eine tätige, öffentliche Existenz und die Produktion von Literatur vielleicht doch für eine Frau miteinander verbinden lassen. Maxie Wander und Anna Seghers bieten ihr Beispiele dafür, wie Frauen auf völlig verschiedenen Wegen auf ihre Welt Einfluß zu nehmen vermögen und wie es ihnen möglich wird, „ein Selbstbewußtsein zu entwickeln, das nicht zugleich Wille zum Herrschen, zum Dominieren, zum Unterwerfen bedeutet, sondern Fähigkeit zur Kooperation".[3] Über eine Frau, Penthesilea, versucht sie dem Schriftsteller und Menschen Heinrich von Kleist näherzukommen.

Ungefähr zur gleichen Zeit wie das Interesse an schreibenden Frauen – die Biermann-Affäre war noch nicht vergessen – setzt sich in Christa Wolfs Werk auch das Thema Krieg und Frieden fest. In welchem Maße es seither Macht über ihr Schreiben gewonnen hat, wird deutlich, wenn man die um 1980 entstandenen Essays, Reden und Gespräche noch einmal in zeitlicher Folge liest. Zögernd und ehe vage klingt das Motiv Frieden zum ersten Mal 1977/78 am Ende des Maxie-Wander-Essays und in einem Beitrag zum PEN-Kongreß in Stockholm[4] an. Jene „Ratio", heißt es dort, die davon ausgeht, daß „eine Menschheit zugleich wachsende Anteile ihres Reichtums für Massenvernichtungsmittel ausgeben und ,glücklich' sein könne, betrüge sich selber. „Wahndenken"[5] sei an die Stelle von Vernunft getreten, wenn „die Mittel zu unserer Erhaltung" und

„Verteidigung" „in Mittel zur Vernichtung unserer Umwelt"
und „zur Selbstvernichtung" „entartet"[6] sind. Die Literatur
laufe Gefahr, den Schlüssel zu verlieren, der die Menschen aus
ihrer „,entfremdeten' Realität" und ihrem tödlichen „Fort-
schrittswahn"[7] befreien könnte.

Lauter und deutlicher noch wird die Stimme der Warnerin
dann anläßlich der Verleihung des Büchner-Preises. Muß Literatur nicht, denkt die Heutige da dem 40 Jahre vor ihr schreibenden Ernst Bloch nach, muß eine Literatur, „deren Sprache,
deren Formen die Denk- und Verhaltensmuster des Abend-
lands ausdrückt", nicht, „wie immer sie sich drehn und wen-
den, sich quälen und zermartern mag, Komplize des Entfrem-
dungsprozesses ... sein und bleiben"? Und weiter, mit Bezug
auf Blochs Zeitgenossen und Mitexilanten Walter Benjamin:
„Richtet sich im Zeitalter seiner technischen Reproduzierbarkeit nicht auch das Wort gegen seine Produzenten?"[8] Trotzig
wird gefragt, was denn noch alles geschehen muß, „ehe es uns
die Sprache verschlägt, ... gefesselt durch eine weithin unver-
standene Vergangenheit, gebannt in eine fast alternativlose
Gegenwart, voll böser Vorahnung".[9] Besorgt vermerkt die
Rednerin, Büchner weiterdenkend, daß unsere Zivilisation das
ihr „Liebste und Wertvollste", „Geld und technische Perfek-
tion", „in irrsinnigem Kurzschlußdenken an die Produkte zu
ihrer Selbsttötung wendet".[10]

Katastrophenstimmung, Lust an Untergang und Schrecken
gar, stellen sich bei Christa Wolf deshalb nicht ein. „Literatur
heute", fordert sie eher ungeduldig, „muß Friedensforschung
sein", muß den „scheinlogischen Sprachkonstruktionen" der
Politiker, der „Spezialsprache" der Naturwissenschaftler und
den „Todeskarten" der Militärs ihr eigenes Vokabular entge-
genhalten: „,Frieden'" statt „,nukleares Patt'" sagen,
„,Mond'" an Stelle von „,Erdsatellit'" stellen, „,Stadt',
,Wiese', ,Leben', ,Tod'" für „,Siedlungsgroßraum', ,Grün-
land', ,Bewegungsform der Materie' und ,Exitus'"[11] schreiben.
Christa T. ähnlich und Brecht zitierend verwehrt sie es sich,
„der finsteren Seite der Vernunft anheimzufallen": „Ein
Gespräch über Bäume, über Wasser Erde Himmel Mensch –

ein Versuch, der mir realistischer vorkommt als die strikt wahnwitzige Spekulation auf den Weltuntergang ... Vielleicht mag es wirklich einem Generalstab schwerer werden, über einer Stadt das Kreuz zu machen, die innig und genau beschrieben wurde, als über einer, die keiner kennt ..." Als „hellen Wahnsinn" identifiziert sie die Hoffnung, daß „Literatur endlich einmal, dieses eine Mal, beim Wort genommen"[12] wird – und hält doch daran fest, daß von den Sprachen der Politik, Wissenschaft und Literatur nur die letztere „der Wirklichkeit des Menschen"[13] nahe genug kommt, „um sichern zu helfen den Bestand des Irdischen".[14]

Und so geht es weiter im Vorfeld und parallel zum Kassandra-Projekt, dominieren Fragen und Antworten zum Thema „what can we, as writers, do to prevent a war"[15] die Essays und Interviews. Im Dezember 1980 zählt Christa Wolf auf der ersten Berliner Begegnung zur Friedensförderung zu der kleinen Gruppe weiblicher Teilnehmer, die vor dem Hintergrund von Nachrüstung und Erstschlagtheorien ihre Rede auf die Aufgaben der Literatur in der gegenwärtigen Situation bringen: „Ich kann mir nichts anderes vorstellen, als daß die Literatur heute schon das machen müßte, was phantastisch und utopisch erscheint. Das zu schaffen, was in der Definition von Wissenschaft und Politik überhaupt nicht ‚wahr' ist ... jedenfalls nicht effektiv ... Uns fehlt all das Unmeßbare, Unsichtbare ... Uns fehlen Freundlichkeit, Anmut, Luft, Klang, Würde und Poesie; Vertrauen, auch Spontaneität."[16] Ein Jahr später fordert sie in einem Brief an einen jungen Mann in Freiburg eine Literatur, die nicht so weit „von allen guten Geistern verlassen"[17] ist, daß sie ohne Frage den „Epos des Homer mit Schlachtenschilderung und Waffenbeschreibung ..., mit Heroenkult und Lobpreisungen der gottähnlichen Heeresführer"[18] fortschreibt. In der ihr fremd bleibenden Welt der USA, wo sie sich im Frühjahr 1983 aufhält, polemisiert sie „gegen die ausschließliche Herrschaft der Ratio": „Der Positivismus und der reine Rationalismus sind die Grundlage für bestimmte Fehlentwicklungen, die heute bis zur ungeheuren Kriegsgefahr führen, in der wir uns befinden. Meine Hauptarbeit der letzten Jahre ist, mich damit auseinanderzusetzen: was hat unsere Zivilisation an den Rand der Selbstzerstörung gebracht?"[19] Im gleichen Jahr, immer noch in den USA, zählt sie ohne Zögern die Leistungen der inoffiziellen Friedensbewegung in der DDR auf, deren Existenz von vielen ihrer Landsleute, auch sogenannten Kulturschaffenden, verleugnet oder kritisiert wird.[20]

Passagen, in denen es um Krieg und Frieden geht, waren es denn auch, die das Erscheinen der Kassandra-Texte in der DDR verzögert hatten. Jedenfalls gingen die Frankfurter Poetik-Vorlesungen ‚Voraussetzungen einer Erzählung: Kassandra' beim Aufbau-Verlag erst in den Druck, nachdem sich Christa Wolf bereit erklärt hatte, Sätze wie die folgenden aus dem im Westen bereits erschienenen Manuskript zu streichen: „Die Oberkommandos der NATO und des Warschauer Pakts beraten über neue Rüstungsanstrengungen, um der angenommenen waffentechnischen Überlegenheit des jeweiligen ‚Gegners' etwas Gleichwertiges entgegensetzen zu können."[21] Und: „Gibt es für uns eine Chance? Wie kann ich mich auf die Experten verlassen, die uns an diesen verzweifelten Punkt geführt haben? Mit nichts ausgerüstet als dem unbändigen Wunsch, meine Kinder und Enkel leben zu lassen, erscheint mir das vielleicht ganz und gar Aussichtslose vernünftig: Einseitig abzurüsten (ich zögere: Trotz der Reagan-Administration? Da ich keinen anderen Ausweg sehe: Trotz ihrer!) und damit die andere Seite unter den moralischen Druck der Weltöffentlichkeit stellen; die erpresserische Doktrin des ‚Totrüstens' der UdSSR gegenstandslos machen; den Verzicht auf den atomaren Erstschlag erklären und alle Anstrengungen auf eine hocheffektive Verteidigung richten. Falls dies ein Risiko in sich birgt: Um wieviel größer ist das Risiko der atomaren Weiterrüstung, die doch sogar das Risiko, daß die atomare Vernichtung durch einen Zufall ausgelöst wird, täglich erhöht? Dies sei Wunschdenken? So wäre der Wunsch, über Leben und Tod vieler, vielleicht aller künftiger Generationen mitzudenken, mitzureden, ganz abwegig?"[22]

Die DDR-Kritik zeigte sich, wie zu erwarten, von diesen Streichungen wenig beeindruckt. Wilhelm Girnus, der bereits

Anfang 1983 mit einem wütenden Rundschlag auf den Vorab-
druck der vierten Frankfurter Vorlesung reagiert, findet ausgerechnet in der sonst relativ weltoffenen Zeitschrift ‚Sinn und
Form‘ „militanten Zorn und gerechten Haß wesentlich
menschlicher und produktiver für die Rechte und Freiheiten
der Menschen als Wehleidigkeit und Klage“.[23] „Kindlich“
nämlich sei es zu glauben, „das Pentagon und den Komödian-
ten im Weißen Haus durch gutes Zureden von ihrem fest
geplanten Nuklear-Angriff auf das sozialistische Europa abzu-
bringen … Wer-wen, das ist heute die Frage, *Friede oder totale
Vernichtung;* oder ist Christa Wolf neuerdings unter *jene*
Schwarzröcke geraten, die für den Frieden beten, statt illu-
sionslos für seine *Erzwingung* gegen seine Feinde zu kämpfen
… Kampf Männer wider Frauen, Frauen wider Männer ist da
hirnverbrannter Selbstmord. Die Ausbeuterbande sitzt in ihren
Atombunkern und reibt sich darüber feixend ihre blutbesudel-
ten Hände.“[24] Sigrid Bock „hadert“[25] in den ‚Weimarer Beiträgen‘ mit Christa Wolf, weil sie „zu schnell“ das Urteil fällt, „daß
es ‚auf der Seite der Wurfspeere‘ nur ein ‚Un-Recht‘ …, kein
Recht gebe“: „Von der ‚Macht des Zaubers, der in einem waf-
fenlosen Krieger‘ … steckt“, lassen sich, so Bock, „in der Realität Reaktion und Konterrevolution niemals anrühren. Auch
ein Reagan und seine Clique wird es nicht tun.“[26] Im ‚Sonntag‘
weigert sich der Inhaber eines Lehrstuhles marxistisch-leninisti-
scher Ästhetik nicht nur, Christa Wolfs Realismusverständnis,
sondern auch den Satz „‚einen bewaffneten Frieden gibt es
nicht …‘“[27] anzuerkennen. Und Ursula Püschel zitiert in
‚Neue deutsche Literatur‘ gar ein paar Zeilen aus den unterdrückten Passagen, um ihrer Enttäuschung darüber Ausdruck
zu geben, daß Christa Wolf sich nicht freiwillig „korrigiert“[28]
habe, obwohl in den zwei Jahren zwischen Abschluß und
Druck des Manuskripts doch Grenada, Cruise Missiles und
Pershing gelegen haben.

Die Wirkung des Kassandra-Projekts vermochten solche
Kritiken nicht einzuschränken. Im Gegenteil. Kassandra, in der
Christa Wolf ihre jahrelangen Bemühungen um die Themen
Frieden und Frauen zusammenfallen läßt, ist inzwischen in Ost

und West bei Friedens- und Frauenbeweglerinnen zu einer Art von Erkennungszeichen geworden. Feministische Literaturwissenschaftler(innen) sprechen auf Kongressen über das Buch; „unsere Christa" überschreibt ‚Emma' einen, übrigens keineswegs unkritischen Beitrag („Wenn *das* ein Anfang sein soll für eine neu vorzustellende Erotik – dann gibt es sie nicht, Schwester"[29]); zu hunderten strömen vor allem Frauen in die öffentlichen Lesungen aus dem Text, in Frankfurt bei den Poetik-Vorlesungen nach einem Bericht in ‚Courage' beinahe „1000" bei „nur knapp 50 Männern, . . . die Fernsehleute und die Luchterhand-Betreuer eingeschlossen".[30] Und in der Tat – kaum ein anderes Buch der zeitgenössischen deutschsprachigen Literatur setzt sich ähnlich intensiv mit den sprachlichen, emotionalen und intellektuellen Voraussetzungen von Krieg und Vorkrieg auseinander wie die Erzählung ‚Kassandra'. Nirgends sonst hat sich Christa Wolf bislang so detailliert und systematisch zu Fragen der Frauenliteratur geäußert wie in den vier, ‚Voraussetzungen einer Erzählung: Kassandra' überschriebenen Frankfurter Vorlesungen.

Eine Poetik der Frauenliteratur freilich oder eine Ästhetik des Widerstands, konkrete Anleitung dafür gar, wie Frauen Frieden stiften könnten, will das Kassandra-Projekt nicht sein. Muster und Modell für weibliches Schreiben, das macht Christa Wolf bereits in den Vorbemerkungen zu den Vorlesungen deutlich, vermag sie ebenso wenig zu bieten wie Patentformeln für Politiker. Mit einer „Lehre von der Dichtkunst", die „systematische Form annimmt", mit „Normen", die „‚weithin Gültigkeit'" erlangen und behalten oder auch mit dem „wütenden Wunsch", sich mit der „Poetik oder dem Vorbild eines großen Schreibers, . . . in Klammern: Brecht" (KV, 7), auseinanderzusetzen, habe sie nichts im Sinn. Und doch nähert sich Christa Wolf dem Thema Frieden, Frauen und Kassandra nicht nur auf dem Weg über Fiktion, sondern eben auch mit jener genau ausgearbeiteten, bis ins kleinste sprachliche Detail kalkulierten Vorlesungsreihe zur Poetik. Und mehr noch. Erzählung wie Vorlesung spiegeln über weite Strecken wider, was am Schluß der ‚Voraussetzungen' durch einen mehrseitigen, in Primär-

und Sekundärliteratur gegliederten „Literaturnachweis" angedeutet wird: Dem Fall Kassandra, der Frau, die sich in einer
von falschen Werten beherrschten Männergesellschaft zu verlieren droht, ist augenscheinlich nur beizukommen, wenn der
spontanen und emotionalen Annäherung ein wissenschaftlicher
Arbeitsprozeß zugeordnet wird. Neben Frieden und Frauen
steht im Zusammenhang mit ‚Kassandra' also die Frage zur
Debatte, ob nicht auch eine anti-normative Ästhetik immer
gleich die Grundsätze eines neuen Regelwerks festschreibt.

Was Christa Wolf am Beispiel von Troja zu Krieg und Frieden zu sagen hat, ist ebenso eindringlich wie einfach: ein Land
beginnt in dem Moment Krieg zu führen, wo es sich nach seinen Feinden richtet. Von Generationen respektierte Gebote der
Menschlichkeit und Ehrlichkeit geraten in diesem Augenblick
auf die Verliererstraße („Sie", die Griechen, „tun, was getan
sein muß, schnell. Und gründlich . . . Wir wollten sein wie wir,
unkonsequent . . .", KE, 37[31]). Bürokraten, Verräter und Spei-
chellecker, in Christa Wolfs Troja heißen sie Eumelos, Paris
und Andron, gewinnen an Einfluß. „Sprachkriege" (KE, 77)
werden angezettelt, die lange vor dem Ausbruch der eigentlichen Kampfhandlungen die entsprechenden Fremdbilder vor-
bereiten (Heinrich Böll hat 1982 auf der Interlit in Köln dazu
gesprochen[32]). Zensur und Selbstzensur („der Eumelos in mir",
KE, 81) ersticken das Aufkommen von Ironie und „Spott"
(KE, 67), bis zwischen den „scharfen Unterscheidungen" –
„Wahrheit oder Lüge, richtig oder falsch, Sieg oder Niederlage, Freund oder Feind, Leben oder Tod" – „das andere", „das
Dritte" verloren geht, „das lächelnde Lebendige", „das
imstande ist, sich immer wieder aus sich selbst hervorzubringen, das Ungetrennte, Geist im Leben, Leben im Geist" (KE,
124-5). Die Literatur verkommt zur Dienerin des Staates und
zur Produzentin von Heldenbildern. Die Sitten verfallen bis
auf den Punkt, wo der Vater die Tochter verstößt, weil sie von
Frieden spricht; eine Frau dem sicheren Tod ausgeliefert wird,
um den Feind zum Verrat von militärischen Geheimnissen zu
verführen; wehrlose Gefangene niedergemetzelt werden, weil
sich die Mörder vor Wut und Angst nicht mehr halten können.

Die Analogien zur Gegenwart würden sich wohl auch ohne die dritte Frankfurter Vorlesung, die unmißverständlich von NATO, Warschauer Pakt, Atomkrieg und unilateraler Abrüstung spricht, sofort herstellen. Die Eigenschaften von Vorkriegs- und Kriegszeiten haben sich offensichtlich in den Jahrtausenden nicht entscheidend geändert. Damals wie heute herrscht das „‚Wahndenken‘", daß ein „‚Gleichgewicht des Schreckens‘" (KV, 87) die Kriegsgefahr mindere. „Groß-Institutionen" schalten nach Maßgabe ihrer Gesetzlichkeiten die „Privatmoral" (KV, 98) des einzelnen aus. „Sicherheitsnetze" werden über die Stadt geworfen, „Kontrollorgane" (KE, 119) und „Abschirmdienste" (KE, 136) entfremden die Menschen voneinander bis nur noch Eumelos und seine Truppe übrigbleibt: „Eumelos . . . Der überlebte nämlich. Und die Griechen würden ihn gebrauchen. Wohin wir immer kämen, dieser wär schon da. Und würde über uns hinweggehn." (KE, 158) Wie Kassandra verbraucht Christa Wolf „die meisten Kräfte . . . zur Abwehr der Irrsinnsnachrichten" (KV, 97) aus aller Welt; wie die Seherin aus grauer Vorzeit weigert sie sich aber auch, ihren Glauben an eine zukünftige Generation, die ihre Siege „in Leben umzuwandeln" (KE, 136) weiß, aufzugeben. Dennoch drohen, auch heute noch, die Rufe der Kassandra ohne Wirkung zu verhallen: „Jetzt verstand ich", läßt die Erzählerin die Todgeweihte unmittelbar vor Ende der Erzählung monologisieren, „was der Gott (Apoll) verfügte: Du sprichst die Wahrheit, aber niemand wird dir glauben." (KE, 158)

Hoffnung, so gering sie angesichts der unsäglichen Kriegsgefahr auch sein mag, vermag Christa Wolf in dieser Situation eigentlich nur noch in Verbindung mit Frauen auszumachen. In deren Geschichte, die in den Kassandra-Büchern als Weg vom urzeitlichen Matriarchat in das bis heute andauernde Patriarchat beschrieben wird, sucht sie nach Möglichkeiten zu friedlichem, alternativem Leben, Schreiben und Denken. An Frauen, denen sie auf einer Reise durch Griechenland begegnet – einer Gruppe verschleierter Syrerinnen, einer deplazierten Professorengattin, zwei US-Feministinnen –, erkennt sie, wie schwierig es für eine Frau bis in unsere Tage geblieben ist, auf ihre Zeit

Einfluß zu nehmen. Am Beispiel der troischen Königstochter Kassandra setzt sie sich mit dem Angebot einer Frau auseinander, inmitten der von Männern in Gang gesetzten Mechanismen der Zerstörung nach einem menschenwürdigeren Leben zu suchen: „Figuren! Ja. Vor undenklichen Zeiten aus dem Stein gehauen. Frauen, wenn ich recht sah. Ja. Eine Göttin in der Mitte ... Wir sprachen rückhaltlos, freundlich und sachlich ... Aber wofür stehn die Bilder? – Das fragt sich. Für das, was wir in uns nicht zu erkennen wagen, so scheint es mir ... Du meinst, ... der Mensch kann sich selbst nicht sehen. – So ist es. Er erträgt es nicht. Er braucht das fremde Abbild. – Und darin wird sich nie was ändern? Immer nur die Wiederkehr des Gleichen? Selbstfremdheit, Götzenbilder, Haß? – Ich weiß es nicht. Soviel weiß ich: Es gibt Zeitenlöcher. Dies ist so eines, hier und jetzt. Wir dürfen es nicht ungenutzt vergehen lassen. Da, endlich, hatte ich mein ‚Wir‘." (KE, 144)

Makellos müssen diese Frauen deshalb nicht sein. Mit positiven Helden, wie man sie aus der Frühzeit der DDR-Literatur kennt – das ist schon lange klar – will Christa Wolf nichts mehr gemein haben. So umgibt sie, was der Zeit entsprach, Kassandra als Mitglied der Oberklasse bis zu deren gewaltsamen Ende durch die Hand einer anderen Frau, Klytämnestra, mit weiblichen Sklavinnen. Priesterin wird die Priamos-Tochter nicht nur, um ihre Berührungsangst vor sich und anderen zu verbergen, sondern auch aus Herrschsucht und Eitelkeit („aus unserm Untergang holst du dir, indem du ihn verkündest, deine Dauer", KE, 14). Ihre Prophezeiungen, Resultat einer hochentwickelten Beobachtungsgabe, sind kaum mehr von epileptischen Anfällen zu trennen. Mit Klytämnestra verbindet sie das Wissen um die Macht: „Entweder sie entledigt sich des Mannes, dieses Hohlkopfs, gründlich, oder sie gibt sich auf: ihr Leben, ihre Regentschaft, den Geliebten ... in den Mundwinkeln der Klytaimnestra erschien das gleiche Lächeln wie in den meinen." (KE, 50) An Penthesilea, die „herrschte, wie nur je ein König" (KE, 137), bewundert sie den unbedingten Willen, „lieber kämpfend" zu sterben, als von Männern „versklavt" zu sein – und findet doch die Amazone „eine Spur zu grell" (KE,

136). Von Polyxena, ihrer Schwester, trennt sie deren selbstzer-
störerische, masochistische Lust an der Unterwerfung. Und
selbst dort wo sie sich am bedenkenlosesten zugehörig fühlt,
bei den Frauen am Idaberg, schlägt die ekstatische Trauer über
den Mord an einer Frau, Penthesilea, in neuen Mord, den
Lynchmord an dem griechischen Priester Panthoos, um.

Dennoch unterscheiden sich Kassandra und die anderen
Frauen in einem zentralen Punkt von fast allen männlichen
Figuren, Troern wie Griechen: während sich die Männer –
allen voran Achill, ,das Vieh‘ – im Laufe des Krieges immer
weiter von sich selbst entfernen, immer uneigentlicher und
unfreier leben, versuchen die Frauen um den Preis ihrer psychischen und physischen Gesundheit, sich selbst treu zu bleiben.
Schon früh kämpft Kassandra den Eumelos in sich nieder. Vom
Vater läßt sie sich um der Wahrheit willen in Dunkelhaft schlie-
ßen, bis ihr Hören und Sehen vergehen. Die Götter, deren
Höchster, Apoll, sie für die Überlassung der Sehergabe zu miß-
brauchen versucht, hat sie, die Priesterin, „vergiftet von der
Gleichgültigkeit der Außerirdischen gegenüber uns Irdischen“
(KE, 5), längst abgeschrieben. Von Klytämnestra ahnt sie, daß
sie mit offenen Augen in jenes Unglück geht, das Macht und
Sieg auch ihr bringen werden („Ich trau’s der andern zu, daß
sie weiß . . .“, KE, 50). Und selbst Penthesilea gesteht sie auf die
Frage einer Frau, ob die Amazonen nicht inzwischen wie die
Männer zu „Schlächterinnen“ geworden seien, den Satz zu:
„So tun wir, was wir müssen. Doch es macht uns keinen Spaß.“
(KE, 137)

Frieden und Schutz findet Kassandra während der letzten
Kriegsjahre denn auch nicht mehr in der zunehmend einem
äußeren und inneren Niedergang anheimfallenden Burg ihrer
Väter, sondern in den außerhalb der Mauern Trojas liegenden
Idabergen, in deren Höhlen Frauen, Alte und Verwundete beider kriegsführenden Parteien frei von Angst, Mord und Mißtrauen zusammenfinden. Aeneas, Geliebter und Bruder in
einem, trägt sie nach einem ihrer Zusammenbrüche zur Hei-
lung in diese Berge. Von Anchises, dessen Schnitzereien bei den
Bewohnern des Idabergs als geheime Zeichen gehandelt wer-

den, wird ihr beigebracht, „wie man mit beiden Beinen auf der Erde träumt" (KE, 156). Kybele, Göttin matriarchalischer Vorzeit, beginnt, Apoll wieder in ihr zu verdrängen. Im Bewußtsein ihrer begrenzten Zeit „verewigen" sich die Frauen in „Berührungsfesten", singen, lachen, lernen und gehen „spielerisch … auf die Hauptsache zu, auf uns". ‚Lachend' drücken die Frauen „nebeneinander" (KE, 154) ihre Hände in weichen Ton. ‚Lachend' verkehren Kassandra und Aeneas miteinander „im Gleichnis" (KE, 155), ritzen die Frauen „Tiere, Menschen, uns, in Felshöhlen", die sie, „ehe die Griechen kamen, fest verschlossen" (KE, 154). „Mich erstaunte, daß eine jede von den Frauen am Skamander, so sehr verschieden wir auch voneinander waren, fühlte, daß wir etwas ausprobierten … Wir sahn uns nicht als Beispiel. Wir waren dankbar, daß gerade wir das höchste Vorrecht, das es gibt, genießen durften, in die finstere Gegenwart, die alle Zeit besetzt hält, einen schmalen Streifen Zukunft vorzuschieben." (KE, 156)

Eines freilich, das Entscheidende, gelingt Kassandra und den Frauen in den Idabergen nicht mehr: eine Sprache, „eine Schrift" (KE, 154), zu finden, die ihren Erfahrungen entspricht und in der sie ihre Warnungen, Träume und Angebote weiterzugeben vermögen. Kassandras Hoffnung, einer Sklavin von Troja, vom Skamander und von sich selbst erzählen zu dürfen, wird nicht erfüllt: „Das Letzte wird ein Bild sein, kein Wort. Vor den Bildern sterben die Wörter. Todesangst … Ich will die Bewußtheit nicht verlieren, bis zuletzt." (KE, 26-7)

Es ist hier, an dieser Stelle, daß Christa Wolf wieder ins Spiel kommt, daß das ‚Ich' der Poetikvorlesung über den knappen Rahmen der Erzählung in das ‚Ich' des Erinnerungsmonologs von Kassandra übergeht: „Hier war es. Da stand sie. Diese steinernen Löwen, jetzt kopflos, haben sie angeblickt. Die Festung, einst uneinnehmbar, ein Steinhaufen jetzt, war das letzte, was sie sah … Mit der Erzählung geh ich in den Tod. Hier ende ich, ohnmächtig, und nichts, nichts was ich hätte tun oder lassen, wollen oder denken können, hätte mich an ein andres Ziel geführt." (KE, 5) Schreiben, weibliches Schreiben angesichts der unsäglichen Bedrohung durch einen alles zerstörenden Krieg, ist damit zum eigentlichen Anliegen des Kassandra-Projektes geworden. „Meine übergreifende Frage", schließt die Vorbemerkung zu den Poetik-Vorlesungen, „richtet sich auf, genauer: gegen das unheimliche Wirken von Entfremdungserscheinungen auch in der Ästhetik, auch in der Kunst." (KV, 8)

Was Christa Wolf zum Thema Frauenliteratur zu sagen hat, findet sich vor allem in der vierten Frankfurter Vorlesung. Leichthin schlägt sie dort die Poetik des Aristoteles und den „Regelkram" (KV, 134) der französischen und deutschen Klassik, inklusive der „kaum übertreffbaren Biederkeit" (KV, 141) von Schillers Kassandra, „jener patriarchalischen Umwertung" (KV, 134) zu, die sich in ihrer Auslegung zu Lebzeiten von Kassandra abgespielt hatte („An einer Nahtstelle dieser konfliktreichen Geschehnisse steht Kassandra", KV, 144). Die Frage kommt auf, wo in den Lehrbüchern der Werke-Ästhetik die „nackte, blanke Angst" Platz findet, „mit der eine gliederschlotternd und schlaflos allein ist" (KV, 153). Ingeborg Bachmanns Gedicht „Erklär mir, Liebe" wird als Text „von genauester Unbestimmtheit" und „klarster Vieldeutigkeit" (KV, 129) vorgestellt, dessen Reiz darin liegt, daß er die „Irritation" (KV, 128), von der er zeugt, nicht aufzulösen sucht. Die Aufforderung ergeht, die „magische Bedeutung" der Worte, mit denen die Bachmann „ihre unvernünftige, tödliche Trauer ... umkreist", in dem „rigoros bewirtschafteten, vermessenen und enträtselten Gelände" (KV, 154) der von Männern dominierten Kultur wiederzuentdecken. Das aus Virginia Woolfs Prosa abgeleitete Bild von einem „erzählerischen Netzwerk" wird an die Stelle des Begriffes „lineare Fabel" (KV, 117) gesetzt.

Doch nicht nur *was* Christa Wolf über Frauen und Frieden zu sagen hat, verleiht dem Kassandra-Unternehmen besondere Bedeutung. Wichtig ist auch, vielleicht vor allem, *wie* sie sich dem Leben und Sterben der Troerin nähert. Dabei sind, insbesondere in der Erzählung, viele der Sprach- und Strukturmittel aus früheren Arbeiten von Christa Wolf bekannt: der zwischen erster und dritter Person schwebende Erzählton; die Versuche, den Leser mit in die Handlung zu ziehen; innere Monologe, die diesmal fast ausschließlich Erinnerungsmonologe der Hauptfigur sind; Träume, die verschiedenen Deutungen offenstehen; der „Wahnsinn" (KV, 118) als Bindemittel; ein episodischer, assoziativer Aufbau; der Einsatz eines Rahmens, der Vergangenheit und Gegenwart, aber auch die Erzählerin und ihre Figur zugleich trennt und verbindet; der Gebrauch von Konjunktivformen, syntaktischen Ellipsen, Fragen, Gedankenstrichen und Klammern; das häufige Auftreten von Wörtern wie doch, denn und aber; Neologismen, Zitate.

Mit anderen Formen, die vor allem in den Vorlesungen vorkommen, hat Christa Wolf so noch nie oder erst während der letzten Jahre experimentiert: dem Reisebericht, der es ihr erlaubt, Eindrücke, Gefühle, Begegnungen und Wissenswertes in freier Ordnung nebeneinanderzustellen; dem Tagebuch, in diesem Fall ein „Arbeitstagebuch" (KV, 84), in dem sie Persönlichstes („Später, als ich auf der Bank vor dem Haus Pflaumen entsteine, frage ich mich, wie viele Jahre ich noch so auf der Bank sitzen werde ... Ein Altersruck, plötzlich", KV, 92) und Öffentliches, Überlegungen zum Zeitgeschehen, Leseerfahrungen und Selbstinterpretationen („Schlüsselerzählungen", KV, 119) zwanglos zu mischen vermag; und dem Brief, über den sie bereits im Zusammenhang mit Bettina von Arnims Günderode-Buch festgestellt hatte, daß er sich wegen seiner „Formlosigkeit"[33] besonders gut eigne, Erfahrungen zu überliefern, ohne sie zu deformieren.

Dennoch will sich jenes Gefühl von Spontaneität, das sich Christa Wolf für die Frauen- und Friedensliteratur der Zukunft wünscht, in den Kassandra-Texten nicht so recht durchsetzen. „,Das lebendige Wort'", das „subversiv, unbekümmert" und ziellos daherkommt, „ja, das nicht einmal ein ,Ziel' haben dürfte" (KV, 124-5), gibt nur selten den Ton an. Immer wieder nimmt die Monotonie der jambischen Rede der Prosa ihre Freiheit. „Sinnliche Erfahrung" (KV, 112) vermag sich kaum gegen die Übermacht der gedanklichen und erzählerischen Strategien zu behaupten. Die erste Seite der ersten Vorlesung, auf der vom Abflug der Erzählerin nach Griechenland berichtet wird, mag als Beispiel dafür dienen: „Unbewußt" dessen, was sie sucht, sei die Reisende „also" nach Griechenland aufgebrochen. Vorfreude habe sie nur „vorgetäuscht", sich ansonsten lieber „in ironischer Verfassung gehalten". „... unter dem Vorwand, Eindrücke unvermittelt genießen zu wollen", habe sie sich „nur schwach mit Kenntnissen ausgerüstet". Interessant sei die Reise dann erst geworden, als der Flugplan durcheinandergeriet. „Nicht das Gesetz", sondern „der Zufall" würde fortan bestimmen, jener „flüchtige Stoff, ohne den keine Erzählung auskommt, die ‚natürlich' wirken will": „... die Klammern des Unabwendbaren" lockern sich, die „Prämissen" greifen „dieses eine Mal ... ins Leere". Unbeschwert und frei kehren die Reisenden, „Schattengestalten", „fremd, seltsam berührt, unerkennbar" (KV, 9), in ihre leere Wohnung zurück, um auf den kommenden Tag und einen neuen Flug zu warten.

Form und Stil passen. Besser könnte ein Leser kaum in einen Text eingestimmt werden, der über „Eindeutigkeit und Mehrdeutigkeit, Bestimmtheit und Unbestimmtheit", über „sehr alte Zustände" und über „neue Seh-Raster" (KV, 126) handelt. Mit ‚Traumsprache', und mit offenen, freien „Mischformen"[34] hat das alles freilich kaum zu tun. Jenes „lebendige Material", das Christa Wolf von ihren „Sinnen" und ihrem „psychischen Apparat" (KV, 8) zugeleitet wird und das sich den verabredeten Formen nicht fügen will, kommt nicht zum Zug. „Erzähltechniken, die ja in ihrer jeweiligen Geschlossenheit oder Offenheit auch Denk-Muster transportieren", trägt Christa Wolf selbstkritisch mit fragmentarischen Sätzen in ihr Tagebuch ein: „Empfinde die geschlossene Form der Kassandra-Erzählung als Widerspruch zu der fragmentarischen Struktur, aus der sie sich für mich eigentlich zusammensetzt. Der Widerspruch kann nicht gelöst, nur benannt werden." (KV, 120)

Der Aufforderung des Kassandra-Projekts an Frauen, mehr Verantwortung bei der Friedensarbeit zu übernehmen, vermögen solche Überlegungen sicherlich keinen Abbruch zu tun. Das gilt auch für die Einsicht, daß es – für Männer und Frauen – „keinen Weg vorbei an der Persönlichkeitsbildung" und „an rationaleren Modellen der Konfliktlösung" (KV, 116) gibt und daß deshalb, wo möglich, immer „über ‚den Menschen'"[35] und nicht nur über Frauen und Männer zu sprechen sei. Die Auseinandersetzung darüber freilich, wie „aus Sklavensprache öffentliche Sprache werden (kann), ohne in Herrschaftssprache umzuschlagen",[36] ist offensichtlich noch nicht zu Ende. Aber das wäre ja, liest man Christa Wolf richtig, wohl auch gar nicht wünschenswert.

III. Subjektive Authentizität:
Essays zu Literatur und Ästhetik

Schriftsteller, die wie Christa Wolf zunächst einmal eine Aus-
bildung als Literaturwissenschaftler durchlaufen haben, sind in
der zeitgenössischen deutschen Literatur durchaus keine Seltenheit. Uwe Johnson, Hans Magnus Enzensberger und Martin Walser ließen sich hier für die BRD nennen. In der DDR
zählen u. a. Peter Huchel, Georg Maurer und Arnold Zweig in
diese Kategorie, alle Angehörige der älteren Generation. Ein
hoher Prozentsatz jüngerer DDR-Autoren gehört zu den Ab-
solventen oder Kursteilnehmern des 1955 auf Betreiben von
Alfred Kurella in Leipzig gegründeten Schriftstellerinstituts
„Johannes R. Becher". Werner Bräunig und Max Walter Schulz
waren zeitweilig sogar Lehrer bzw. Verwalter im Becher-Insti-
tut.

Christa Wolfs Werdegang von der Diplomgermanistin über
die Redaktion der ‚Neuen deutschen Literatur' und ein Lekto-
rat im Mitteldeutschen Verlag bis zum Beruf der ‚freien Schriftstellerin' hat also durchaus nichts besonders an sich. Und doch
– Hörsäle, Bibliotheken und Redaktionen scheinen auf ihr
Werk einen stärkeren Eindruck gemacht zu haben als auf das
vieler ihrer Kollegen; Essays, Interviews, Vorträge und Kritiken nehmen für sie eine wichtige Funktion neben dem Schreiben von Prosa ein. Ja, es scheint, daß sich seit einigen Jahren
das Schwergewicht von Christa Wolfs Schreiben auf die
Essayistik verlegt, daß in Aufsätzen und Vorlesungen die entscheidenden Ansichten entwickelt werden, während die Prosa
sich in ihrem Stil immer mehr dem Essay annähert. Die
Abschnitte dieser Entwicklung sind deutlich sichtbar und zu
großen Teilen in den wiederholt neuaufgelegten und erweiterten Ausgaben von ‚Lesen und Schreiben' dokumentiert: Die
frühen Rezensionen in der ‚Neuen deutschen Literatur', in

denen sich sowohl der damals übliche, bedrohlich schematische und engstirnige Ton der Kulturpolitik als auch die ersten Hinweise auf die später selbst bezogenen Positionen finden lassen; während der 60er Jahre die intensive Beschäftigung mit dem Werk von Anna Seghers, das nach und nach zur Formulierung der eigenen Meinungen anleitet; ‚Selbstinterview' – die gleichzeitig aufklärende und verschleiernde Eigeninterpretation des Romans ‚Nachdenken über Christa T.'; ‚Ein Besuch' – das fast ängstlich besorgte Gespräch mit dem Genetiker Hans Stubbe über Segen und Gefahren der sich damals gerade explosiv entwickelnden ‚wissenschaftlich-technischen Revolution'; ‚Lesen und Schreiben' – das ästhetische Glaubensbekenntnis für die frühen 70er Jahre; ‚Über Sinn und Unsinn von Naivität' und ‚Dienstag, der 27. September 1960' als schonungslose Abrechnungen mit den Beschränktheiten und unnötigen Vorurteilen des eigenen Frühwerks; die inzwischen in Buchform zusammengefaßten Essays und Reden über Romantik und Romantiker wie Bettina von Arnim, Karoline von Günderode und Heinrich Kleist;[1] und natürlich die seither berühmt gewordenen Frankfurter Poetik-Vorlesungen, in denen es am Beispiel der Troerin Kassandra um Frauen und Frieden geht. Kein Zweifel also, daß es nicht übertrieben ist, wenn manch ein Literaturhistoriker Christa Wolfs essayistische Eigenkritiken, Wegweiser und Versuchsballons auf eine Ebene stellt mit ihren Erzählungen und Romanen.

Den Auftakt bilden zwischen 1952 und 1962 gut dreißig, bislang nicht wiederveröffentlichte Rezensionen und Aufsätze in Zeitschriften und Zeitungen wie ‚Neue deutsche Literatur', ‚Neues Deutschland', ‚Sonntag' und ‚Berliner Zeitung'. Verrisse übertreffen hier die lobenden Kommentare in auffälliger Weise. Noch, so scheint es, ist sich die Rezensentin offensichtlich ihrer selbst nicht sicher genug, um etwas für gelungen zu halten; noch sind die von der sozialistisch-realistischen Ästhetik aufgestellten und von Christa Wolf weitgehend akzeptierten Regelkataloge so umfangreich, daß ihnen die Künstler kaum gerecht werden können. Linientreue – und was anderes als republikflüchtig oder linientreu konnte man in jenen Jahren sein, wenn man nicht völlig verstummen wollte? – war eben leichter in den Redaktionssitzungen von Zeitschriften als an den Pulten der Schriftsteller unter Beweis zu stellen.

So kommt auch Christa Wolf nicht umhin, mit Schlagworten wie „kleinbürgerlich", „Typisierung", „ideologische Schwäche" oder auch „Konfliktarmut" zu operieren – nicht aus politischer Beckmesserei, sondern einfach aus Mangel an Erfahrung und besserem Wissen. Anderes liest sich wie nur leicht veränderte Zitate aus Georg Lukács Artikelserien in der ‚Linkskurve' und der ‚Internationalen Literatur' während der 30er Jahre. Ehm Welk zum Beispiel wirft die Rezensentin gleich in ihrer ersten Besprechung für die ‚Neue deutsche Literatur' vor, in seinem Roman ‚Im Morgennebel' auf Grund „seiner eigenen, klassenmäßig begrenzten Erlebnisse" dem „historisch wahren Bild von der deutschen Revolution von 1918"[2] nicht gerecht zu werden und sich deshalb der „sich selbst analysierenden" Nabelschau aller „Kleinbürger"[3] schuldig zu machen. An Stelle von „strenger Auswahl, disziplinierter Komposition und klarer Handlungsführung" verwende Welk „Mosaikbilder" und „Montageelemente", „intellektuelle *Erkenntnis*"[4] stelle er über revolutionäres Gefühl, was ihn dazu verleite, mehr zu ‚reden' als zu ‚gestalten'. Kurz: Welk drohe „ganz und gar der spätbürgerlichen Furcht vor allem großen Pathos"[5] zu verfallen.

Ähnlich wird es in den folgenden zehn Jahren fast allen Schriftstellern aus DDR und BRD ergehen, über die Christa Wolf schreibt, also Werner Reinowski, Peter Bamm, Hildegard Maria Rauchfuß und Rudolf Fischer, wobei der Anlaß zur Kritik jeweils ein anderer, die Terminologie fast immer dieselbe ist. Ungeschoren kommen eigentlich nur wenige weg: solche, die wie Erwin Strittmatter und Anna Seghers ohnehin schon zur ersten Garnitur der DDR-Literatur zählen; und solche, die wie Walter Kaufmann und Hans Erich Nossack eine gewisse Affinität zu der Jahre später von Christa Wolf selbst entwickelten Schreibweise erkennen lassen. Bei Nossack etwa interessiert sie offensichtlich vor allem die – 1957 nach gründlichem Abwägen noch negativ beurteilte – Flucht vor einer immer komplizierter und widersprüchlicher werdenden Welt in die Innerlichkeit, die

Möglichkeit der Selbstfindung des Menschen, die Verbindung von Kafkas nüchtern-unerbittlichem Stil mit einem Zug zu „leiser Trauer und Melancholie, der Sehnsucht nach Unbestimmtem, der Angst vor Härte der Wirklichkeit".[6] An Kaufmanns Roman ‚Wohin der Mensch gehört' fasziniert sie dagegen jene Schwebehaltung zwischen Autobiographischem und Fiktivem, „zwischen äußerster Subjektivität und bewußter Objektivität",[7] die kurz darauf zum Markenzeichen ihrer eigenen Prosa werden wird.

Richtungsweisendes oder Umstrittenes hat Christa Wolf in jenen Jahren sicherlich nicht beigesteuert zur DDR-Literatur. Ihre Essays erschöpfen sich selbst nach den Erfahrungen von 1956 in Polemiken gegen die massenhafte Produktion von Trivialliteratur. Kaum, daß sie sich einmal an einem der üblichen Proteste gegen „enge, bürokratische Hemmnisse"[8] beteiligt; kaum daß sie, und sei es auch nur am Rande, einmal einen vorsichtig tastenden Hinweis darauf wagt, daß „auch in unserer Republik immer noch und mit allen Mitteln die Wahrheit" über die Kriegsjahre und „die ungeheuer interessante Übergangszeit zwischen Krieg und Frieden" verbreitet werden müsse, „damit die Gegenwart sich von der Fäulnis des Überlebten befreien kann".[9] Und auch die Anthologien zeitgenössischer DDR-Literatur, die Christa Wolf Ende der 50er Jahre allein oder mit ihrem Mann Gerhard herausgibt, liefern zwar repräsentative Querschnitte durch bisher Geleistetes,[10] vermeiden es aber, neue Impulse zu geben oder unterschwellige Trends freizulegen.

Interessanter, weil wandelbar und trotz gleichbleibender Bewunderung zunehmend selbständiger, sind da schon Christa Wolfs Lesungen von Anna Seghers Romanen und Erzählungen – Anfang und Zentrum einer bis heute andauernden essayistischen Auseinandersetzung mit dem Werk von Schriftstellerkollegen wie Ingeborg Bachmann, Vera Inber, Juri Kasakow und Max Frisch. Mehrere Buchbesprechungen und Aufsätze, zwei längere Interviews und eine „Liebeserklärung",[11] Geburtstagswünsche und ein Filmdrehbuch, die Herausgabe von Essays, einem Roman und, 1983, einer Auswahl Erzählungen – fast schon könnte man Christa Wolf zu den Anna Seghers-Experten der Literaturwissenschaft zählen, stände nicht an Stelle des historisierenden Beschreibens und der formalen Analyse das Beobachten und Lernen für die eigene schriftstellerische Arbeit im Zentrum des Interesses der Jüngeren. So etwa fragt Christa Wolf 1959, unmittelbar nach jener Bitterfelder Konferenz, die im ‚Geteilten Himmel‘ deutliche Spuren hinterläßt, in einem Interview, ob Anna Seghers ihren gerade erschienenen Roman ‚Die Entscheidung‘ in einem Stahlwerk habe spielen lassen, „weil zu dieser Zeit die Stahlindustrie der wichtigste Zweig unserer Wirtschaft war".[12] Hartnäckig forscht sie 1965, mitten während der Arbeit an ‚Nachdenken über Christa T.‘, in einem zweiten Interview nach Spuren von autobiographischen Elementen im Werk der Gesprächspartnerin.[13] Zweieinhalb Jahre später sucht sie, der eigene Roman sollte gerade erscheinen, in einem langen Nachwort zur Reclam-Ausgabe von Anna Seghers' ‚Essays aus vier Jahrzehnten‘ noch einmal, dringlicher, die Auseinandersetzung mit dem Autobiographischen, mit den „legendären Zügen in realistischen Geschichten".[14] Mutig bekennt sie sich zur Segherschen Position in jenem berühmten Briefwechsel mit Georg Lukács aus den Exiljahren, in dem Tolstois Modell von einem dreistufigen künstlerischen Schaffensprozeß zur Sprache kommt, der, ausgehend von einem „unmittelbaren Grunderlebnis" und dessen bewußter Verarbeitung „auf der dritten Stufe" „die Wiedergewinnung einer reicheren, vielfältigeren Unmittelbarkeit" (125)[15] ermöglicht. Erste Zweifel werden wach an der Seghers-These „Was erzählbar geworden ist, ist überwunden", der man nun das eigene, dynamischere, aber auch verwundbarere „Was überwunden werden muß, soll erzählt werden" (129) entgegenstellt. ‚Anmerkungen zu Geschichten‘, das Nachwort zu einer BRD-Ausgabe von Seghers-Erzählungen, beginnt mit einer Analyse des gar nicht in diesen Band aufgenommenen Prosastückes ‚Ausflug der toten Mädchen‘, nur, weil sich hier jene für das eigene Schreiben zentrale „phantastische Genauigkeit", jenes Zusammentreffen „von Subjekt und Objekt"[16] so gut demonstrieren läßt. Und die Eröffnung von einem „Zeitschichten" überschriebenen Essay vom Mai 1983 liest sich wie eine kaum mehr verhüllte

Selbstinterpretation des Kassandra-Projekts: „Eine unlösbare Verbindung ist das mythische Element mit dem realen Grundstoff, das realistische Element mit dem mythischen Inhalt eingegangen ... Ohne Grenzen zu spüren, ist sie (Anna Seghers) immer zwischen den verschiedenen Welten hin- und hergegangen ... Mythologische Tiefe haben die zeitgenössischen Erzählungen, zeitgenössische Brisanz die Legenden, Mythen, Märchen."[17]

So wie mit Anna Seghers geht Christa Wolf dann auch mit den anderen Schriftstellern um, mit denen sie sich während der 60er und frühen 70er Jahre auseinandersetzt. Der russischen Novellistin Vera Inber etwa bescheinigt sie, daß sich in deren Roman ‚Platz an der Sonne' (1929) die persönlichen Erlebnisse eben nicht „auf die simple Mitteilung von Vorgängen und Ereignissen"[18] haben reduzieren lassen – während Georg Lukács einst in der ‚Moskauer Rundschau' gerade den „romantisch-impressionistisch" und „sentimental-ironischen" Ton der Inber als „übertriebenen Subjektivismus"[19] bekrittelt hatte. Mitte der 60er Jahre gibt sie eine Reihe von durchaus nicht mehr sozialistisch-realistisch zu nennenden Kurzgeschichten Juri Kasakows unter dem Titel ‚Larifari und andere Erzählungen' heraus – Texte, in denen der Autor ohne Scheu vor dem entlarvenden „Ich" selbst aufzutreten wagt, weil sie „sich auf jener Grenze, die zwischen der herkömmlichen Prosa als dem Bericht von etwas Geschehenem und der Poesie, dem Instrument für feine, kaum noch registrierbare Vorgänge"[20] bewegen.

Bei Ingeborg Bachmann entdeckt sie ihren eigenen „radikalen Anspruch auf Freiheit" (182) wieder, der in einer Welt der „Sprachlosigkeit" und der „drohenden Auflösung der Kommunikation zwischen Dichtung und Gesellschaft" so fürchterlich bedroht ist. Von „der unheimlichen Versuchung, durch Anpassung, Blindheit, Billigung, Gewöhnung, Täuschung und Verrat zum Kumpan der tödlichen Gefahren zu werden" (173) ist die Rede; und von der daraus resultierenden „verzehrenden Sehnsucht ... ‚die Welt neu' zu ‚begründen' durch ‚Auflösung alles Bestehenden'" (182).

Fast wäre man angesichts solcher Wendungen versucht, dem Kritiker, der in Ingeborg Bachmann eine Vorlage für die Kunstfigur Christa T. zu erkennen glaubte, zuzustimmen. Denn wie bei sich selbst sieht Christa Wolf offensichtlich auch bei ihrer Schriftstellerkollegin den „Anspruch des Menschen auf Selbstverwirklichung", „sein Recht auf Individualität und Entfaltung seiner Persönlichkeit" (181) in „Elegie und Hymne" (176) durch die Anwesenheit des Autors, der „einfach ‚ich' sagt" (177), konsequent verteidigt – wenn nötig bis auf den Tod, falls „Verführung" und „Erpressung" allen Ernstes die „Selbstaufgabe" (184) erzwingen wollen. Die Hoffnung dagegen, darin denkt sie die Bachmann weiter, daß „Endzeitgefühl" und „Resignation" (182) letzten Endes nur die nicht-marxistischen Schriftsteller zum Rückzug zwingen, bleibt schwach. Eher schon begibt man sich, als das Anfang der 70er Jahre möglich wird, in die Nähe eines Autors wie Max Frisch, von dessen Roman ‚Stiller' und ‚Mein Name sei Gantenbein' man schon lange beeindruckt und beeinflußt wurde: „‚Betroffen von der Unmöglichkeit, sittlich zu sein und zu leben (von ihrer Zuspitzung in Zeiten des Terrors)', sehr beunruhigt durch den Widerspruch zwischen seinem Denken und Tun . . . wehrt Max Frisch sich lebenslang gegen das stillschweigende Übereinkommen mit den gegebenen Verhältnissen, gegen das Verschlungenwerden . . . Was er aber leisten kann – und er leistet es –: Uns von produktiven Ansätzen aus gründlicher nachdenken zu lassen. Er liefert Entwürfe über sich selbst hinaus. Den Entwurf, sinnvoll zu leben in Bezug auf die anderen. Der Gesichtspunkt scheint außerhalb der Literatur zu liegen . . . Doch wäre zu zeigen, wie genau die Prosaformen, die Max Frisch übernimmt oder entwickelt – besonders die Mischform des letzten Tagebuchs – den Anlässen entsprechen, die er wahrzunehmen hat. Die geschlossene Form wäre das letzte, was ihn (oder uns) interessieren könnte. Märchen? Das glaube ich kaum; auch nicht Märchen in Kafka-Manier." (207–8)

Relativ spät erst, um 1970, nachdem sie fast zehn Jahre lang die eigenen Positionen hinter der halb wissenschaftlichen, halb literarischen Analyse von Werken anderer verborgen hatte, beginnt Christa Wolf dann in Essays und Interviews Klartext über ihre eigene Arbeitsgrundlage zu sprechen. ‚Lesen und Schreiben' entsteht 1968, wird aber erst 1971, nach dem Machtwechsel in der SED-Führungsspitze, in einem gleichnamigen Band mit „Aufsätzen und Betrachtungen" gedruckt. Von einem Besuch bei dem Genetiker Hans Stubbe im Forschungszentrum Gatersleben wird ein für die Beziehung der Literatur zu den Naturwissenschaften höchst aufschlußreiches Protokoll veröffentlicht („die Visionen, die Wissenschaftler und Künstler haben ..., sollten sich wieder einander nähern" [179]). In Interviews, etwa mit Joachim Walther für die Sammlung ‚Meinetwegen Schmetterlinge. Gespräche mit Schriftstellern' (1973) und mit Hans Kaufmann für die ‚Weimarer Beiträge' wird das früher Gesagte konsequent weitergetrieben.

„Zivilisationsmüdigkeit und Fortschrittszweifel sind am heftigsten in ‚Undine geht'" (182), hatte Christa Wolf 1966 im Zusammenhang mit Ingeborg Bachmanns Prosa für die BRD festgestellt. Zwei Jahre später rechnet sie in ‚Lesen und Schreiben' mit ähnlichen Erscheinungen in ihrem eigenen Land ab: der ‚wissenschaftlich-technischen Revolution', die zusammen mit dem „Ausbau des entwickelten gesellschaftlichen Systems des Sozialismus" das zentrale Schlagwort der DDR-Prognostik während der späten 60er Jahre abgibt. Fred Staufenbiels Thesen zur Kulturpolitischen Konferenz „Wechselwirkung technischer und kultureller Revolution" (1966) demonstrieren, worum es damals ging: „Der Zusammenhang von technischer Revolution, neuem ökonomischen System der Planung und Leitung und weiterer Entwicklung der sozialistischen Demokratie führt gesetzmäßig zur Erhöhung des Kulturniveaus der Produzenten und setzt die planmäßige Förderung des Kulturniveaus der Werktätigen zugleich voraus. Diese neue Art der Wechselwirkung objektiver Prozesse beim umfassenden Aufbau des Sozialismus ... erfordert die wissenschaftliche Planung und Leitung der sozialistischen Kulturentwicklung ... Damit wurde ein Kernprozeß der neuen Etappe der sozialistischen Kulturrevolution gekennzeichnet, der jetzt zum Hauptgegenstand kulturpolitischer Leitungstätigkeit wird."[21]

„Himmelsmechanik" (27) schilt Christa Wolf kurz und bündig das, was Staufenbiel hinter umständlichem Soziologenjargon verbirgt – und begibt sich, Heisenberg und Newton zitierend, zur Verteidigung der Literatur furchtlos auf das Terrain des Gegners. Tödlich bedroht nämlich sei ein Großteil jener Prosa, die nicht gewillt ist, sich rechtzeitig auf sich selbst zurückzubesinnen – bedroht von der Informationswut der Presse und den Berichten der Historiker, von den utopisch-dokumentarischen „populärwissenschaftlichen Darstellungen aus dem Bereich der Wissenschaften" (16), von der „phantastischen" (17) Wirklichkeit unseres Jahrhunderts und von der Kommerzialisierung des Kulturbetriebes. Prosa, so Christa Wolf weiter, sollte deshalb „von dem gefährlichen Handwerk ablassen, Medaillons in Umlauf zu bringen und Fertigteile zusammenzusetzen. Sie sollte unbestechlich auf der einmaligen Erfahrung bestehen und sich nicht hinreißen lassen zu gewaltsamen Eingriffen in die Erfahrung der anderen, aber sie sollte anderen Mut machen zu ihren Erfahrungen." (27) Denn „wer lange in den Kategorien der Newtonschen Himmelsmechanik gedacht hat, wird es allmählich natürlich finden, wenn der gesellschaftliche Mechanismus ähnlich funktionieren soll: Feste Objekte bewegen sich fortgesetzt auf berechneten Bahnen und wirken nach berechenbaren Gesetzen aufeinander ein ... Der unübertreffliche Optimismus dieser Mechanik, unbezweifelbar selbst für den, der in ihr zermahlen wird, liegt auf der Hand: Ich gehe unter, aber sie bleibt und bewegt sich doch. Das hatte Funktion, war erkenntnis- und phantasiefördernd, Tüchtigkeit stimulierend, riß Widersprüche auf, ohne die Substanz zu gefährden, brachte in jedem Fall Realität hervor." (28–9)

Kritik an der Dramatisierung von fadenscheinigen Problemen, Protest gegen die rein rhetorische Aufdeckung von Widersprüchen an der Oberfläche des Lebens und der Gesellschaft bei gleichzeitiger Vertuschung der tatsächlichen Risse und Krisenherde – so weit so gut, so lange es sich nur um die ohnehin „zum Klischee erstarrten, aus Versatzstücken gefertigten ,Fabeln'" (29) der traditionellen bürgerlichen Prosa oder auch um das kommentarlose, resignierte „,Da-Sein' der

‚Dinge'" und „Kenn-Nummer Menschen" (31) im „nouveau roman" handelt. Doch Christa Wolf holt weiter aus, ist nicht gewillt, mit ihren Analysen bei der Literatur des Klassenfeindes haltzumachen, denn „diese selbe Himmelsmechanik dreht sich weiter" auch in Richtung DDR: „Die Fabeln, die alten Gesetzen der Newtonschen Dramaturgie folgen, gleiten, ohne Widerstand zu finden, auf ausgeschwemmten Bahnen in unser Inneres" (29). „Medaillons", „ehemals aktive, jetzt aber durch Einkapselung stillgelegte Lebensflecken" (24), bedrohen in zunehmendem Maße auch die Spontaneität und Wirkungsmöglichkeit der sozialistischen Literatur.

Dennoch will Christa Wolf im Gegensatz zu ihren westlichen Kollegen nichts vom Ende der Gattung Prosa und schon gar nichts vom Tod des Erzählers wissen. Ebensowenig übrigens wie sie auf gesellschaftspolitischer Ebene nichts von jenem „blanken historischen Determinismus" wissen will, „der in Individuen, Schichten, Klassen, Völkern nur die Objekte einer sich unumstößlich durchsetzenden historischen Gesetzmäßigkeit" sieht – von einer „fatalistischen Geschichtsphilosophie" also, der nicht zuletzt auch Marxisten anheimfallen können, besonders, wenn sie für das „Wörtchen ‚Moral'" oder auch für „Schmerz" und „Tragik" (98) unempfänglich geworden sind. Vielmehr schlägt hier nun, wie nicht anders zu erwarten bei einer Schriftstellerin, die ihre Zugehörigkeit zum Sozialismus nicht in Frage stellen will, die Kritik in den Entwurf von konstruktiven Gegenvorschlägen um. Was nämlich das Lamento über Himmelsmechaniken, Medaillons und Informationsmedien auszulösen sucht, ist ein unvoreingenommenes, von jedem politischen Opportunismus freies Nachdenken über eine neue Prosa, die unserem von Vermassung, Bürokratisierung und einer ziellosen Wissensexplosion gekennzeichneten Zeitalter besser gerecht werden kann – eine Prosa, die, wie Christa Wolf in konsequenter Fortführung ihrer naturwissenschaftlichen Metaphorik formuliert, die „Newtonsche Dramaturgie" (29) durch das „Raum-Zeit Kontinuum" Einsteins und die „Wortgemälde" Heisenbergs ablöst. Denn so wie „die alte Sprache der klassischen Physik nichts Zutreffendes mehr aussagt und

,man zur Beschreibung der kleinsten Teile der Materie abwechselnd verschiedene, einander widersprechende anschauliche Bilder verwenden‘ muß" (34–5), so hat es sich auch die moderne Prosa bei Strafe ihres Untergangs zur Aufgabe zu machen, jede „Verhärtung, Versteinerung, Gewöhnung" (24) des Lebens zu bekämpfen.

Mit revoluzzerhafter Spontaneität bzw. einem spätbürgerlichen Subjektivismus westlicher Machart hat das alles, trotz gelegentlicher Vorwürfe in diese Richtung aus Christa Wolfs eigenem Lager,[22] natürlich nichts zu tun – eher schon, wenn man die Wichtigkeit des Autors als des einzigen Garanten für die Nachprüfbarkeit des Erzählten in Betracht zieht, mit einer neuen Spielart von Elitarismus. Das belegt neben dem Gespräch mit Hans Stubbe („das Zweckmäßige präpariert sich aus dem zufälligerweise entstehenden Unzweckmäßigen heraus" [170]) die Nähe von Christa Wolfs literaturtheoretischen Ansätzen zu einer Anfang der 70er Jahre von dem DDR-Wirtschaftswissenschaftler Jürgen Kuczynski ausgelösten Diskussion über die notwendige Existenz von „antagonistischen Widersprüchen" in der sozialistischen Gesellschaft. Allein die permanente Entstehung von Widersprüchen, so stellt nämlich auch Kuczynski fest, könne verhindern, daß der Sozialismus „in eine passive, entwicklungslose Idylle verfällt": „Denn erstens sollte man als Marxist die Widersprüche im Sozialismus als die entscheidende Voraussetzung der Weiterentwicklung erkennen ... Und zweitens ist es nicht nur die Aufgabe einer marxistisch-leninistischen Partei, Wege zur Lösung von Widersprüchen zu finden, sondern sie muß auch die Gesetze des Sozialismus in der Weise fördern, daß neue Widersprüche leichter und schneller entstehen ...".[23] Ebendies hält Christa Wolf ihrem Gesprächspartner Hans Kaufmann entgegen, als dieser in einem Interview mit ihr den Antagonismen in der entwickelten sozialistischen Gesellschaft kurzweg ihren „historischen Stellenwert" abspricht: „Vermeidung von Widersprüchen wird auch in der Literatur diese Leere erzeugen, weil sich ja nichts Konkretes mehr wirklich bewegt und nur Scheinbewegungen behauptet werden." (82)

Nicht ohne Grund stellt Christa Wolf denn auch in jenen Jahren den „Dichter, Naturwissenschaftler und Revolutionär" (33) Georg Büchner mit seinem ‚Lenz'-Fragment als ihr literarisches „Ur-Erlebnis" (64) an den Anfang der deutschen Prosa überhaupt. Hier, wo ein Künstler den Mut gehabt hat, seine persönliche Betroffenheit in einer distanziert-nüchternen, quasi-authentischen Vorlage mitzugestalten, ist für sie erstmals jene „vierte, ‚wirkliche'" (32) Dimension des Erzählens zutagegetreten, die allein die „innere Authentizität" (73) und damit die Wirkung des Geschriebenen auf den Leser verbürgen kann. ‚Wahr' ist für Christa Wolf nämlich nicht das, was nachprüfbar ist, und schon gar nicht, was nach dem Rezept von Georg Lukács zur Abspiegelung der objektiven Gesetzmäßigkeiten des Lebens erfunden werden muß; wahr ist allein die persönliche Erfahrung des Autors, vorausgesetzt, daß dieser Autor sich seiner Zeitgenossenschaft bewußt ist und sich von der „Sehnsucht nach Selbstverwirklichung" (43) leiten läßt. Nicht die literarische Figur Raskolnikow, sondern ihr Erfinder Dostojewski, der „dokumentarisch belegte Autor, eine historische Figur, ein Mensch aus Fleisch und Blut", der „keine andere Rettung aus seiner großen inneren und äußeren Bedrängnis gesehen (hat) als die Projizierung seiner Konflikte auf eine – soll man noch sagen: erfundene – Gestalt" (40), ist es deshalb, der die Schriftstellerin bei ihrem Besuch im Schillschen Haus in Leningrad fasziniert. Denn anstatt sich als Abbild und Original wie in einem Spiegel gegenüberzustehen, sind Literatur und Wirklichkeit hier untrennbar „verschmolzen im Bewußtsein des Autors. Der Autor nämlich ist ein wichtiger Mensch" (41).

Freilich soll die Anwesenheit des Autors, so hofft Christa Wolf, nicht nur die Authentizität des Erzählten garantieren, sondern auch zum Abbau des Warencharakters der Kunst beitragen und die Wirkung des Mitgeteilten auf den Rezipienten intensivieren. Gleichgültig ist es deshalb, ob es dem Schriftsteller um die Freilegung neuer Realitäten geht oder darum, wie Christa T. jenen Riß in der Welt zu verkleistern, durch den die Kälte in ihr Leben strömt: Die in ‚Lesen und Schreiben' mit Bezug auf Bertolt Brecht geforderte „epische Prosa" unserer

Zeit muß allemal „eine Gattung sein, die es unternimmt, auf noch ungebahnten Wegen in das Innere dieses Menschen" (35), des Lesers wie des Helden, einzudringen mit dem Ziel, „die Schwierigkeit, ‚ich' zu sagen",[24] zu überwinden und „die Schranke zwischen den Produzenten von Kunst und ihren Verbrauchern niederreißen zu helfen' (44).

Wahrheitsfindung wird somit in der von Christa Wolf propagierten sozialistischen Prosa der Zukunft bis an die Grenze des Möglichen relativiert. Allein mit einer inhaltlichen Modifikation der bürgerlichen Literaturmuster bzw. der formalen Modernisierung der Fertigbaumethode des sozialistischen Realismus ist es da nicht mehr getan. Weder die einfache Widerspiegelung der scheinbar objektiven Realität noch eine erfundene und damit für sie von vornherein unwahre Fabel, weder der stromlinienförmige Held noch der Voyeur des „nouveau roman" genügen Christa Wolf zur Durchdringung der Probleme unserer modernen Welt. Denn so wie es der einen Schreibweise an Phantasie und Experimentierfreudigkeit fehlt, mangelt es der anderen an moralischem Verantwortungsbewußtsein. Genau aus diesem Grund ist ihrer Meinung nach die Entwicklung einer neuen, dem anbrechenden ‚technotronischen Zeitalter' gerecht werdenden Prosa unumgänglich. Eine solche Prosa könnte die Entfremdung des sozialistischen Menschen von seiner ‚tödlich vereinfachten' Gesellschaft rückgängig machen, die „in der Moral von Klassen und Individuen nichts sieht als ein Mittel zum Zweck, beliebig manipulierbar, beliebig ignorierbar, mal nützliches, mal unnützes Vehikel" (98). Und sie müßte als „Erfahrungsspeicher" und Prüffeld dienen, denn „sie kann Zeit raffen und Zeit sparen, indem sie die Experimente, vor denen die Menschheit steht, auf dem Papier durchspielt: da trifft sie sich mit den Maßstäben der sozialistischen Gesellschaft ... Prosa ... hält die Erinnerung an eine Zukunft in uns wach, von der wir uns bei Strafe unseres Untergangs nicht lossagen dürfen" (47–8). ‚Wann' aber, so schließt der Roman ‚Nachdenken über Christa T.', sollte diese Prosa geschrieben werden, ‚wenn nicht jetzt'?[25]

Zu solchem Optimismus vermochte Christa Wolf in jenen

Essays und Gesprächen, die nach der Biermann-Affäre entstanden, nicht mehr zu finden. Die noch 1975 anläßlich einer Diskussion über ‚Kindheitsmuster‘ geäußerte Hoffnung, daß sich „gerade in den letzten vier Jahren ... doch ein größerer Spielraum" eröffnet habe, daß unter Honecker „mehr Möglichkeiten gegeben sind, Probleme aufzugreifen, Konflikte zu gestalten, die wir vorher nicht ausdrücken konnten oder nicht so ausdrücken konnten",[26] erfüllte sich nicht. Angesichts der kulturpolitischen Eiszeit des Jahres 1976 drohten die Vorsätze zu zerfallen, sich nicht auf Dauer von einer Periode, „in der sehr massiv dumme, kunstfremde und feindliche Meinungen"[27] vertreten werden, entmutigen zu lassen. Die in einer Auseinandersetzung mit Thomas Manns ‚Zauberberg‘ entwickelte Lehre, daß der Erzähler zu den Verhältnissen beizutragen habe, „die das Interesse des einzelnen an sich selbst und seinesgleichen hervorbringen und benötigen" (199), mußte einmal mehr auf ihre Konkretisierung warten. Doch so sehr der Drang zu verstummen, von den äußeren, politischen Ereignissen befördert wurde, von Zweifeln und Hoffnungslosigkeit verfolgt wurde Christa Wolf ohnehin. „Er lebt – kein Mann der extremen Zustände – im Bereich einer Skepsis, die in Resignation überzugehen droht, deren offenen Ausdruck er sich aber versagt ... Dieses Entfremdungsgefühl ... ist die Wurzel jenes privaten Dramas, dem er alle seine ‚Romane‘ und ‚Erzählungen‘ widmet: Ein Mensch – ein männlicher Mensch – leidet unter Erlebnisentzug; unter Bindungslosigkeit ... Unter der unüberbrückbaren Fremdheit zum Nächsten ..." (203-4) Der „männliche Mensch", um den es hier im Sommer 1975 geht, ist Max Frisch. Gemeint ist aber auch, wie bei fast allem, was Christa Wolf sagt und schreibt, die eigene Person und das eigene Schaffen. „Jetzt sollte ich sagen: Ich danke Ihnen", beginnt sie ihre Rede anläßlich der Verleihung des Bremer Literaturpreises, „ein simpler deutschsprachiger Satz ... Was fehlt ihm denn, oder mir? Ich weiß nicht, ob Sie es hören können: Er klirrt. Als hätte er einen feinen Sprung." (100) Und der Essay über die Romantikerin Karoline von Günderode, in dem einer „kleinen Gruppe von Intellektuellen" – „Avantgarde ohne Hinterland" – vis-á-vis Kleinbürgermoral und Restauration fast schon wieder zu viel gesellschaftliche Verantwortung übertragen wird, echot: „Dieses Subjektwerden aber läuft dem Zeitgeist entgegen, der auf Nützlichkeit, Verwertbarkeit, die Verwandlung aller Verhältnisse in Tauschwerte dringt." (246)

Immer wieder wird das Werkzeug des Schriftstellers, wird Sprache in Frage gestellt, Sprache, die sich mißbrauchen läßt als Transportmittel für „die üblichen Dienstleistungen" (100), für „krankhafte Sensationsgier und unbedenkliche Interpretationswut" (101), für „Wunsch- und Verwünschungsdenken" (103) und für „Grund- und Lehrsätze", anstatt „Widersprüche" (104) hervorzutreiben und Anteil zu nehmen: „Ohne Anteilnahme kein Gedächtnis, keine Literatur. Ohne Hoffnung auf Anteilnahme keine lebendige, nur gestanzte Rede ... kein Selbstbekenntnis ... kein Mitleid ... Keine Sprache, die unsern notwendigsten, auch gefährdetsten Denk- und Fühlwegen folgen, sie festigen könnte." (105) Ohne Rücksicht auf Verluste versucht Christa Wolf – wie vor ihr Anna Seghers[28] und neben ihr Günter Kunert[29] – den Argumenten der Außenseiter und der Gefährdeten bei der Debatte über eine menschenwürdigere Gesellschaft Raum zu schaffen. „Das dem herrschenden Selbstverständnis Unbewußte, das Unausgesprochene, Unaussprechliche", heißt es da in einem Essay über Maxie Wanders Protokollbuch ‚Guten Morgen, du Schöne', der am Beispiel von Frauen Verbindungslinien zwischen der Gegenwart der DDR und der deutschen Romantik zieht, dieses Unaussprechliche „findet sich immer bei den Unterprivilegierten, den Randfiguren, den für unmündig Erklärten und Ausgestoßenen" (214). Am Beispiel von Bettina von Arnims Günderode-Buch denkt sie darüber nach, „wie die unerledigten Einlagerungen in unserer Geschichte, die produktiven Ansätze, über die sie (die Geschichte) mit ‚ehernem' oder bloß geschäftigem Schritt hinweggegangen ist, und unsere Selbstentfremdung miteinander zusammenhängen".[30] Und als es darum geht, der nie zu Ruhm und Ehre gelangten Karoline näher zu kommen, stellt sie ärgerlich fest, daß „die Literaturgeschichte der Deutschen, in den Händen von Studienräten und Professoren ... sich leichtherzig und leichtsinnig der als ‚unvollendet' abgestempelten Figuren entledigt (habe), bis in die jüngste Zeit, bis zu dem folgenreichen Verdikt, das Georg Lukács gegen Kleist, gegen die Romantiker aussprach" (226).

In der Tat stehen Romantik und Frauen dann bis hin zu den Friedensbüchern über Kassandra im Zentrum von Christa Wolfs Essays: Die Romantik, weil sich damals, an der Schwelle zu unserer modernen Zeit, „eine kleine progressive Gruppe" Künstler und Intellektuelle für „gesellschaftliche Experimente" einsetzte und dabei, ähnlich wie viele Autoren in der DDR, an der „restriktiven", „ablehnenden"[31] Haltung der Gesellschaft scheiterte. Frauen interessieren sie zunehmend, weil sich bei ihnen, die über Jahrhunderte hinweg aus dem öffentlichen Leben ausgeschlossen waren, möglicherweise ein rettendes Potential an alternativen Denkmodellen angesammelt hat: „Frauen, die weniger durch den generationenlangen Leistungs- und Konkurrenzdruck in der Industriegesellschaft deformiert wurden als viele Männer, drängen stärker auf neue Lebensformen (nicht nur auf höhere Produktionsziffern), auf Freundlichkeit, auf ein ganzes, erfülltes Leben."[32]

So verändern sich zwar in den Texten der Jahre um 1980 die Namen – Maxie Wander, Bettina von Arnim, Karoline von Günderode, Anna Seghers, aber auch Kleist, Büchner und Schiller[33] –, das Bild von den Voraussetzungen und Möglichkeiten der Frau bleibt gleich: Weil sie „ökonomisch und sozial vollkommen abhängig sind, keine Stellung, kein Amt anstreben können", seien schreibende Frauen viel weniger als ihre männlichen Kollegen genötigt, „um des Broterwerbs willen den Untertanen-Ungeist zu rechtfertigen" (255). Als Unterdrückte an den Rand der Ereignisse gedrängt, haben sie weder das blutige Kriegshandwerk noch die Spielregeln der Industriegesellschaft erlernen müssen. Die von Männern längst verinnerlichten Denk- und Verhaltensmuster des Patriarchats, das mörderische wer-wen, das gewalttätige wenn-dann, das entmenschlichende entweder-oder, seien ihnen weitgehend fremd. Ohne Rücksicht auf die „immer noch wirksamen Klischeevorstellungen von den „sehr ‚männlichen'" Naturwissenschaften, die – „unbeirrt vom

Störfaktor ‚Emotionen'" – mit Experimenten, Formeln und „Widerspruchsfreiheit" operieren, können sie Begriffe wie „Psyche und Seele"[34] ins Spiel bringen. Frei von vielen der Bindungen, die Männer behindern, gleichsam hemmungslos also, vermögen sie bei der Beantwortung der Frage zu helfen „wie man miteinander lebt"[35], „offen"[36] miteinander umgeht, „Poesie im Leben"[37] wiederentdeckt. Als Partnerin des Mannes könnte die Frau für die destruktive, tödliche Lebensangst, die sich in den „patriarchalischen Klassengesellschaften" angestaut hat, „einen ableitenden Kanal schaffen", indem sie auf „utopischem Weg" Möglichkeiten entwickelt, „zu lieben und geliebt zu werden", anstatt „abgelehnt zu werden und . . . ablehnen zu müssen".[38]

Eine Voraussetzung freilich gilt es zu erfüllen, bevor sich dieses alternative Potential zur Wirkung bringen läßt: die seit Menschengedenken an den Rand gedrängten, verstummten Frauen müßten erst wieder zum Sprechen und Schreiben gebracht werden. Offen und bewußt unsystematisch, wenn es so etwas gibt, hat Christa Wolf denn auch in ihren Essays der späten 70er und frühen 80er Jahre das was sie schon lange über ihr eigenes Schreiben gesagt hatte, auf die Form und die Wirkungsstrategie einer Literatur von, für und über Frauen übertragen. „Ich entkomme den Regeln", schreibt sie gleich zu Anfang ihres Briefes über Bettina von Arnim an eine „Liebe D.", „denen ein Nachwort sonst unterworfen ist" (284). Und dann noch einmal, gegen Ende desselben Briefes, Selbstaussage und Interpretation des Günderode-Buches der Bettina vermischend: „. . . es ist nicht aus einem Guß, baut sich aus übereinandergelagerten, ineinanderverlaufenden Schichten auf, aus Einlagerungen, deren Ränder nicht geglättet, sondern rauh geblieben sind; es hat ungenaue Übergänge, Unstimmigkeiten, Brüche. Und es verrät eben dadurch den unlösbaren Widerspruch und geheimen Schmerz ihres Lebens." (304)

Auffallend findet sie es, daß schon jene Frauen, die sich im Zeitalter der Französischen Revolution „ihren Eintritt in die Literatur erkämpften", Formen bevorzugten, in denen sie sich ungezwungener, auch geselliger" zu bewegen vermochten „als in den Strukturen von Roman und Drama" (214): Tagebücher und Briefe zum Beispiel oder auch Reisebeschreibungen und Gedichte. Das Werk anderer Frauen bestärkt sie in dem Eindruck, daß Frauen sich auch heute gerne in „Zwischenformen bewegen", „daß sie oft diese strengen Formen – die ja übrigens in diesem Jahrhundert längst nicht mehr so streng gehandhabt werden, auch von Männern nicht – nicht passend finden für das, was sie ausdrücken wollen"; daß sie „anders schreiben als Männer, Wirklichkeit anders erfahren";[39] daß sie, in dem Bedürfnis, einander kennenzulernen, mehr als ihre männlichen Kollegen, „mit der Sprache spielen" (313), von einer neuen, utopischen Sprache träumen. Sie selbst läßt sich bei der Niederschrift einer Rede für die Arbeitsgruppe „Psychosomatische Gynäkologie" „von Assoziationen überschwemmen"[40], berichtet von einer Ärztin, die lernte, „auf ihre Träume zu achten", bringt bedenkenlos Worte wie „‚hysterisch'" und „‚verrückt'"[41] ins Spiel und verweist am Beispiel von Madame Bovary, Anna Karenina und Effi Briest auf den „Zusammenhang zwischen Kränkung und Krankheit".[42]

Die strengen Formen dagegen, die reduzieren, beurteilen, einteilen und richten" (310), all das also, was sie im Zusammenhang mit dem Kassandra-Projekt zum Leidwesen mancher DDR-Kritiker „französisch-aristokratischen Regelkram"[43] nennt, schreibt sie denen zu, die solche Gerüste benötigen, weil ihnen der Boden der Realität unter den Füßen fehlt: Schiller zum Beispiel, der ihrer Meinung nach mit seinen Träumen von einem aufbegehrenden Räuberhaufen „sehr unbequem in der Luft"[44] hängt, weil ihm und seinen „edlen Terroristen"[45] „die ökonomischen, politischen, ideengeschichtlichen Grundlagen"[46] fehlen. Oder Thomas Mann, der sich allzu widerstandslos mit dem Geniekult der Klassiker zu identifizieren scheint: „‚Größe! Außerordentlichkeit!' ... Was galt alles Glück der ewig Unbekannten gegen dies Ziel?"[47] Aber auch Goethe, den sie im Zusammenhang einer Studie über Kleists *Penthesilea*, für sie ein Modellstück von der Unvereinbarkeit menschlicher Bedürfnisse und Pflichten, zitiert: „‚Sie (Penthesilea) ist aus einem so wunderbaren Geschlecht und bewegt sich in einer so fremden Region, daß ich mir Zeit nehmen muß, mich in beide zu finden.‘“[48]

Zu den schreibenden Feministinnen gesellt sich Christa Wolf freilich trotz ihrer offensichtlichen Sympathien für die Frauenbewegung nicht – und das wohl nicht nur, weil diese Bewegung fast ausschließlich im ‚kapitalistischen Ausland‘ aktiv ist, sondern weil sich Christa Wolf „mit keinem Ismus voll identifizieren“[49] möchte. Und obwohl sie die Schaffung von Institutionen, in denen Frauen gemeinsam an den Themen Krieg und Frieden arbeiten, begrüßen würde, hält sie weiterhin daran fest, daß sie als Schriftstellerin nicht nur über Frauen, sondern „über Menschen zu sprechen“[50] habe: „At this point in history, it’s so important that men and women talk to each other and work together. This is the only solution to our situation.“[51]

Gleichberechtigung nämlich, daran läßt Christa Wolf keine Zweifel aufkommen, sei nicht dann erreicht, wenn Frauen wie Männer geworden sind, sondern wenn sie die Möglichkeit haben, ihre Entwürfe und Bilder in eigenen Worten in die Diskussion um eine lebenswerte Zukunft einzubringen. „Nicht die sogenannte Gleichberechtigung der Frau interessiert mich – daß sie dem Mann ökonomisch und rechtlich gleichgestellt ist, ist ihr durch unsere Gesetze garantiert –, sondern ihre Selbstverwirklichung in einer ganz bestimmten historischen Situation: da nämlich ihr Selbstbewußtsein, ihr Lebensanspruch die Möglichkeiten, welche die Gesellschaft ihr anbieten kann, übersteigt.“[52] „. . . wir werden uns daran gewöhnen müssen, daß Frauen nicht mehr nur nach Gleichberechtigung, sondern nach neuen Lebensformen suchen. Vernunft, Sinnlichkeit, Glückssehnsucht setzen sie dem bloßen Nützlichkeitsdenken und Pragmatismus entgegen – jener ‚Ratio‘, die sich selbst betrügt: Als könne eine Menschheit zugleich wachsende Anteile ihres Reichtums für Massenvernichtungsmittel ausgeben und ‚glücklich‘ sein; als könne es ‚normale‘ Beziehungen unter Menschen irgendwo auf der Welt geben, solange eine Hälfte der Menschheit unterernährt ist oder Hungers stirbt. Das sind die Wahnideen. Es kommt mir vor, daß Frauen, denen ihr neu und mühsam erworbener Realitätsbezug kostbar ist, gegen solchen

Wahn eher immun sind als Männer. Und die produktive Energie dieser Frauen deshalb eine Hoffnung ist ... Zwischen solchen Alternativen leben wir, Männer, Frauen, besonders die Kinder. Wie können wir Frauen ‚befreit‘ sein, solange nicht alle Menschen es sind?" (220-1)

IV. Die letzten Jahre der DDR

1. ‚Störfall‘

Mit ‚Kein Ort. Nirgends‘ und ‚Kassandra‘ hatte Christa Wolf „an die Ursprünge der Entfremdungserscheinungen in unserer Zivilisation" erinnert. Jenes „Vortasten in die Zukunft", um das es ihr nach eigener Aussage bei solchen Rückblicken „eigentlich geht",[1] war dabei freilich kaum mehr wahrnehmbar. Eher schon schätzte sie damals, in den frühen 80er Jahren, angesichts der Konfrontation zwischen den politischen Systemen „die ... Lage als hoch gefährlich" ein. „Starke Bedrückung" hatte sie wegen der weltweiten Hochrüstung verspürt. „Nicht ohne weiteres zur Tagesordnung übergehen" konnte sie angesichts eines Themas, das bei den Essays zu Kassandra wieder einmal den DDR-Zensor auf den Plan gerufen hatte: „Auch die Tatsache, daß auf unserem Boden Raketen stehen werden, beschäftigt mich stark."[2]

Soweit die Situation in der Zeit unmittelbar nach 1980. Nur drei, vier Jahre später beginnt sich dann im Gefolge von Glasnost und Perestroika bei Christa Wolf und manchen ihrer Kollegen in der DDR eine andere Stimmung durchzusetzen. „Der Prozeß, der in der Sowjetunion in Gang gekommen und mit dem Namen Gorbatschow verknüpft ist, hat eine bewegende Logik",[3] registriert Christa Wolf im Frühjahr 1987 auf einem internationalen Friedensforum des Schriftstellerverbandes der DDR in Berlin und modifiziert zugleich ausdrücklich jene Schreckensvisionen, die sie „vor sechs Jahren nicht nur für diese Stadt, aber auch für sie" an gleicher Stelle an die Wand gemalt hatte. „Heute" beziehen sich die Beschwörungen, die damals „buchstäblich in der Luft" hingen, „auf konkrete Vorschläge" zur ersatzlosen Vernichtung „vorhandener Waffen". Jenes „neue Denken" in der Sowjetunion vermochte zu ihrer

„großen Erleichterung",[4] eine „Blockierung"[5] in den Köpfen der Menschen zu lösen. „... an die Stelle der heillosen Fixierung auf ein Feindbild" habe man „Realität mit ihren konkreten Widersprüchen" „auf den Verhandlungstisch"[6] gebracht.

Abrüstung sei freilich nur der erste Schritt zu einer „radikalen, mit Kühnheit und Konsequenz betriebenen Friedenspolitik", die „nach und nach alle Gebiete des Lebens einer Gesellschaft ergreifen muß, weil nämlich Frieden auf Dauer nicht die Abwesenheit von Krieg ist, sondern Konfliktfähigkeit".[7] Nur wenn „Gorbatschows Forderung, die Moral nicht mehr von der Politik zu trennen", sich durchsetzt, würden die „Wunschphantasien" der Schriftsteller, „die uns aus unseren Manuskripten als naiv gestrichen werden", endlich als „Äußerungen des gesunden Menschenverstandes" anerkannt werden. „Ich habe es erlebt",[8] registriert sie „in diesen Monaten wiederauflebender Hoffnung",[9] „wie innerhalb eines Jahrfünftes eine Reihe solcher gestrichener Sätze zu Aussagen und Forderungen der großen Politik werden, die in den Zeitungen stehen."[10]

Wir wissen heute, daß die alte Garde der SED-Funktionäre um Erich Honecker durch die Politik von Gorbatschow und nicht durch die Proklamationen der Intellektuellen oder den Druck der Straße zu ihrem plötzlichen politischen Ende gekommen ist. Dennoch dürfte kein Zweifel bestehen, daß die kritische Besichtigung der Vergangenheit ebenso wie die realen Wunschphantasien der Schriftsteller in den letzten Jahren der DDR das ihre dazu beigetragen haben, in breiten Schichten der Bevölkerung die Hoffnung auf eine grundlegende Wandlung des DDR-Sozialismus anwachsen zu lassen. Kritisch, selbstkritisch geht Christa Wolf da im März 1987 in einem Beitrag zum 80. Geburtstag von Hans Mayer, dem in der DDR über lange Jahre hinweg das Wort Renegat anhing, auf jenen „Grundbestand an Lebenshilfe- und Vorsatzliteratur" ein, den sie sich als Studentin in Jena und Leipzig „nach dem Krieg in fliegender Eile angelegt hatte, eine Art Selbstrettungsaktion".[11] Wie schon in früheren Essays ist von jenem Hang bei ihr und ihren Altersgenossen zu „Ein- und Unterordnung", zu „Übereinstimmungssucht" und zu „Autoritätsgläubigkeit"[12] die Rede, als sie beim Nachdenken über den Mut der Geschwister Scholl zum Widerstand gegen die Gewalt auf die problematischen Anfänge ihrer Generation in der DDR stößt. Allzu lange habe man sich von seinen Vorbildern aus Widerstand und Exil „in Vater-Sohn-, Mutter-Tochter-Beziehungen" einbinden lassen, die es „schwer machten, mündig zu werden".[13] „Durch Schuldgefühle ... verklärt und geschönt" war das „Bild von der Sowjetunion"[14] bis man „noch durch die verzerrtesten Züge das Gesicht der Befreier von Auschwitz sah".[15]

Und noch ein Thema beginnt sich Mitte der 80er Jahre bei Christa Wolf durchzusetzen: die Rehabilitierung der Opfer des Stalinismus. Friedrich Schlotterbeck zum Beispiel, dem Stuttgarter Antifaschisten und Naziverfolgten, der in den fünfziger Jahren nach einem „bösen", „absurden" Prozeß „‚unter falschen Anschuldigungen'"[16] noch einmal in der DDR ins Gefängnis mußte, widmet sie einen Essay. Walter Janka, der später, nach der sogenannten Wende, mit seinem Buch ‚Schwierigkeiten mit der Wahrheit'[17] in der DDR Furore machen wird, zählt sie zu jenen Gesprächspartnern, mit denen sie sich nach dem XX. Parteitag der KPdSU 1956 („Es hat uns nicht zerstört, wohl aber *verstört*.")[18] und dem 11. SED-Plenum 1965 („Du kannst mir glauben, oft ist da die Schmerzgrenze erreicht und überschritten worden ...")[19] „freiredete von den Folgen des stalinistischen Denkens in uns selbst".[20] Über diesen und andere „deutsche Kommunisten, zu der [Nazi-]Zeit in Konzentrationslagern oder in der Emigration", erfährt sie „seit Ende der fünfziger Jahre von den qualvollen Konflikten",[21] in die der Hitler-Stalin-Pakt die Menschen gestürzt hatte. In ihrer Laudatio für Thomas Brasch, den sie 1987 für den Kleist-Preis vorschlägt, beginnt sie anhand der Frage von Bleiben oder Weggehen aus der DDR eine Auseinandersetzung mit den Folgen der Biermann-Ausbürgerung ingang zu setzen („Geht, als sein Bedürfnis, ‚eine Sache öffentlich zu machen', nicht befriedigt werden kann.").[22] Um dasselbe Thema drehen sich zwei Adressen an den Schriftstellerverband der DDR zur Jahreswende 1987/88: das „neue Denken"[23] in den sozialistischen Ländern, heißt es da in einer Rede auf der Bezirksversammlung der Berliner Schriftsteller, erfordere auch ein Überdenken der Beziehung zu den Weggegangenen („Seit langem vermisse ich Äußerungen von Erschrecken und Trauer über den Verlust von Kollegen ...");[24] eine „Änderung des bei uns praktizierten Druckgenehmigungsverfahrens für Bücher"[25] müsse vom Schriftstellerverband angestrebt werden; den „ethischen Vorstellungen, literarischen Zielen, ... Konflikten und Schwierigkeiten"[26] junger Autoren, die besonders stark durch „Ausgrenzung"[27] und den Sog des Westens bedroht seien, habe man mehr Aufmerksamkeit zu widmen. Und immer wieder verweist Christa Wolf inmitten der von Gorbatschow ausgelösten Umwälzungen geduldig auf die kleinen „positiven Posten in der Bilanz"[28] der jüngsten Entwicklung: auf die Tatsache, daß Bulgakows ‚Meister und Margarita' nach 30 Jahren endlich erscheinen dürfe, daß Hans Mayer in der DDR sprechen könne („ein neuer geschichtlicher Augenblick")[29] und daß der Druck von Büchern der ehemaligen DDR-Autoren Jurek Becker, Klaus Schlesinger, Günter Kunert und Sarah Kirsch vorbereitet werde.

Als Beitrag zu Glasnost und Perestroika läßt sich auch der einzige längere Prosatext lesen, den Christa Wolf zwischen 1986 und 1990 schrieb: die ‚Störfall. Nachrichten eines Tages' (1987) genannte Auseinandersetzung mit dem Unfall im Atomkraftwerk von Tschernobyl. Tschernobyl nämlich und seine Konsequenzen, von Christa Wolf als Anlaß zum Nachdenken über eine Vielzahl von zum Teil recht weit auseinanderliegenden Themen genommen, wurde in der DDR von offizieller Seite konsequent verdrängt. So ist in einer Rezension von ‚Störfall' im ‚Neuen Deutschland' zwar von den „Folgen eines Reaktor-Störfalls" und „jener radioaktiven Wolke, die im vergangenen Frühjahr über Teile Europas hinwegzog",[30] die Rede – genaue Ort- und Zeitangaben fehlen. Trotzig besteht Peter Gugisch in der ‚Weltbühne' darauf, daß seine „Zuversicht – gerade nach Tschernobyl – größer" sei „als die der Autorin".[31] Und als die Zeitschrift ‚spectrum' im Jahre 1988 DDR-Wissenschaftler um ihre Meinung zu dem Buch bat, das übrigens sofort nach Erscheinen der deutschen Ausgabe ins Russische übersetzt worden war und in ‚Inostrannaja literatura‘[32] eine positive Aufnahme fand, bewegten sich die Zuschriften der Wissenschaftler auf dem selben Niveau wie einst in dem Streit zwischen Physikern und Lyrikern gegen Ende der 50er Jahre und in der ‚Forum‘-Debatte von 1966 zur wissenschaftlich-technischen Revolution.[33] „Anmaßend" sei es, beklagt sich ein Prof. Dr. rer. nat. habil. Dr. rer. nat. h.c., einen „Technikpessimismus" in die Welt zu setzen, wenn man das was man bewertet, „selbst nur wenig durchschaut".[34] Wer einer „inhärent sicheren Reaktorauslegung", „fehlerverzeihenden Automatisierungstechnik" und einer „funktionierenden Mensch-Maschine-Kommunikation" nicht vertraue, dem müsse eben, so ein anderer Dr. sc. techn. Dr. rer. nat., durch „gruppenpsychologische Gespräche"[35] geholfen werden. Und überhaupt sei die Katastrophe von Tschernobyl „durch menschliches Versagen, ... Dummheit, Überheblichkeit und Fehlhandlungen" ausgelöst worden: „Alle Überlegungen und Rechnungen fallen zu Gunsten der Kernenergie aus. Ich kann nur erkennen, daß die DDR unbedingt die Kernenergie einsetzen muß."[36]

Wir haben seit dem Herbst 1989 erfahren, wie es tatsächlich um die Sicherheit der Atomreaktoren in der DDR steht. Christa Wolf hatte schon damals, vor der Wende, ihr Schlußwort zur ‚spectrum‘-Debatte mit gutem Grund überschrieben: „Mangel an Angst ist lebensgefährlich". Beklagenswert sei es für sie, daß ‚Störfall‘ zu einem „Traktat" über die „Fragestellung: Energiegewinnung durch Kernkraft – ja oder nein?" zugespitzt werde und fest stehe, daß die Reduzierung des „sehr komplexen Phänomens ... Literatur" ein typisches Beispiel für die Verengung von naturwissenschaftlich-technischem Denken sei. Der „Bewußtseinsschock", der sie zum Schreiben gezwungen habe, hänge denn auch mit unserer „Unfähigkeit, Angst zu empfinden" und mit jenen „blinden Flecken in unserem Denken und in unseren Gefühlen" zusammen, die dadurch, „daß wir unsere oft falschen Bedürfnisse technisch immer vollkommener zu befriedigen wissen, immer mehr blinde, aufgegebene, zerstörte, verlorene Flecken auf unserer Erde hervorbringen".[37]

In der Tat ist die Katastrophe von Tschernobyl – der Name

wird im Buch bezeichnenderweise nie genannt – nicht das Thema von ‚Störfall‘, sondern Anlaß zum Nachdenken über eine ganze Reihe von alten und neuen Anliegen. Bekannt ist so zum Beispiel was Christa Wolf zum Komplex Sprache und Schreiben zu sagen hat: nämlich, daß der/die Schreibende sich ständig „Masken abreißen"[38] müsse; daß er/sie unter der Gefahr der Selbstzerstörung bis in „unsere blinden Flecken einzudringen" (103) habe; daß er – Joseph Conrad zum Beispiel in ‚Das Herz der Finsternis‘ – seine Leser und Leserinnen „aus der Tiefe seiner Selbsterfahrung" (116) ansprechen solle; daß – verkehrte Reminiszenz an Anna Seghers – „überwunden" (106) sei was ausgesprochen ist; daß „Sprache, die Identität schafft, zugleich ... entscheidend dazu beiträgt, die Tötungshemmung gegen den anderssprechenden Artgenossen abzubauen" (91); daß Worte Menschen wie Projektile „verletzen, sogar zerstören" (55) können und daß angesichts der Flut des Geschriebenen der „Kordon des Wort-Ekels", der sofort in „Selbst-Ekel" (108) umschlägt, immer dichter wird. Bekannt sind auch die in ‚Störfall‘ ein wenig oberflächlich anmutenden Überlegungen zur Rolle von Mann („Ich habe mir vorgenommen, eine Liste derjenigen Tätigkeiten und Freuden anzufertigen, die jene Männer der Wissenschaft und Technik wahrscheinlich nicht kennen." [27]) und Frau („... Kochen, einkaufen gehn, ... Wäsche waschen, aufhängen, abnehmen ... wieviele dieser Tätigkeiten sehe ich selbst als Zeitvergeudung an?" [38]). Und schließlich nimmt Christa Wolf in ihrem Buch noch einmal jenen frühen Glauben an die Segnungen des technischen Fortschritts aus dem ‚Geteilten Himmel‘ zurück, den sie bereits in ‚Nachdenken über Christa T.‘ in Frage gestellt hatte: „Die Nachricht" (11) vom ersten Flug eines sowjetischen Kosmonauten ist 1986 zur Meldung über das Unglück in der Ukraine verkommen.

Neu ist in ‚Störfall‘ dagegen – hier korrespondiert die Erzählung mit den Essays aus demselben Zeitraum –, die Konsequenz, mit der der alles bedrohenden, das Leben vergiftenden Katastrophe eine Kraft entgegengestellt wird, der die Erzählerin wenn schon nicht Rettung, dann doch positive Wirkungen zuspricht: der Alltag. Vom Alltag in einem mecklenburgischen Dorf mit blühenden Kirschbäumen und dem Ärger „über das Treiben der Nachbarshühner in unserer frischen Grassaat" (9) ist gleich auf der ersten Seite des Buches die Rede. Alltäglich sind die Verrichtungen, hinter denen sich die Erzählerin vor den Schreckensnachrichten, die aus Radio und Fernsehen zu ihr dringen, zu verbergen sucht: „Das Leben als eine Folge von Tagen. Frühstücken. Den Kaffee mit dem orangefarbenen Meßlöffel in den Filter messen, die Kaffeemaschine anstellen ... Das Ei genau fünf Minuten kochen lassen, das Kunststück täglich erneut fertigbringen trotz des Defekts in der Minutenuhr ... Die Schnittfläche des dunklen mecklenburgischen Brotes. Angeschnittene Roggenkörner." (13-4) Selbstkritisch wird inmitten einer umfangreichen Passage zu dem „Sternenkriegslaboratorium" (70) im kalifornischen Livermore der Satz „Das ‚gewöhnliche Leben' ein Wert an sich?" (71) mit einem Fragezeichen versehen – Variante eines weiteren Leitmotivs von Anna Seghers.[39] Ohne Zynismus, Larmoyanz, Resignation oder Arroganz gegenüber den „arbeitsamen, stillen Leuten in den beiden Ländern, die ihre Blicke abends auf dem Bildschirm vereinen" (110), beendet die Erzählerin jenen Schicksalstag vor dem Fernsehen: „Auch in mir habe ich einen starken Hang zu diesem Normalverhalten gespürt, ... ich habe mich wohl gefühlt in meinem Sessel, in diesem Raum und in dem alten Haus ... Ich habe den Fernseher ausgeschaltet, die Vorder-, dann die Hintertür abgeschlossen, das Geschirr vom Abendbrot abgewaschen, die Wurst in den Kühlschrank gestellt." (110-1, 115).

Zum Bereich des Alltags, des Privaten gehört der parallel zu den Nachrichten aus Tschernobyl ablaufende Bericht von der Gehirnoperation des Bruders, die – mit Hilfe präziser technischer Instrumente und des hochentwickelten Fachwissens der Ärzte – ein gutes Ende nimmt, obwohl der Bruder, offensichtlich selbst wissenschaftlich tätig, die postoperative Reduzierung seiner Konzentrations- und Arbeitsfähigkeit genauso bedauert, als wenn ihm einer seiner Sinne abgetrennt worden wäre. Im engsten Familienkreis bewegen sich die Gespräche, die die Erzählerin an diesem Tag führt – per „signalrotem" (39) Telephon. So wie drei Jahrzehnte vor ihr Christa T. läßt sich das Erzähler-Ich von den Bauern der Umgebung Geschichten zutragen: vom Nachbarn Heinrich Plaack, der „sich dabei immer noch gequält hat, ‚wie Unsere gewesen sind'", „die allerschlimmsten Sachen" (50) aus dem letzten Krieg; von Frau Umbreit, der Frau des Fischers, die Geschichte von einem Treppensturz; oder von dem jungen Prochnow, der im Rinderstall arbeitet und „sämtliche Bücher über ... Zukunftsforschung" liest, die Gewißheit, daß die Menschheit nicht dazu erschaffen sei, sich „am Ende selbst zu vernichten" (42). Wie zum Trotz gegen die Schreckensmeldungen von verseuchter Milch, verstrahltem Himmel („Nun aber ... durfte man gespannt sein, welcher Dichter es als erster wieder wagen würde, eine weiße Wolke zu besingen." [62]), „Becquerel", „Halbwertszeit", „Jod 131" (34) und „GAU" (49) beschreibt die Erzählerin umständlich-genau und nicht ohne in militärisches Vokabular zu fallen („bekämpfen", „erobern", „ausrotten" [32-3]) welche „unbeschreibliche Genugtuung" es ist, „mit der rechten Hand eine Brennesselstaude zu packen, mit dem linken Zeigefinger unterirdisch ihrem Wurzellauf zu folgen, bis man einen günstigen Punkt findet, von dem aus man den kräftigen, tiefen, verzweigten Wurzelstock beharrlich und behutsam in seiner ganzen Länge aus der Erde ziehen kann" (32).

Und noch ein neues, ‚privates' Thema läßt sich in ‚Störfall' offensichtlich nicht mehr zurückweisen: die Ahnung von Alter und Tod. Gnadenlos macht sich da die Einsicht breit, daß die „Versäumnisse in ungelebten Lebenszonen ... nicht ohne weiteres durch nachgelebtes Leben auffüllbar sind" („Vorbei ist vorbei: Je älter wir werden, desto mehr lernen wir die Unerbittlichkeit der Zeit respektieren und fürchten." [97]). Als „kleinen Trost" empfindet es die Erzählerin, daß sie die Sonnenuntergänge wohl auch dann nicht langweilen werden, „wenn immer mehr von dem, was mir heute noch wichtig ist, gleichgültig ... geworden sein würde (wie so vieles, was mir vor zehn, und noch mehr, was mir vor zwanzig Jahren wichtig war, mich heute nicht mehr interessiert" [95]). Vom Tod beendet wird jene Brieffreundschaft mit einer Exilantin in England, die, selbst

„über achtzigjährig", das Wort „Altersfurcht" mit einem Fragezeichen versehen hatte und die „Furcht vor dem Nachlassen
der Intensität, der Lebensfreude, der Spannkraft" als „dumme
Faxen" (88) abtat. Mit „Älterwerden" bringt die Erzählerin jenen in Selbst-Ekel umschlagenden Wort-Ekel in Verbindung
und registriert bitter: „. . . es ist also nicht wahr, daß man, älter
werdend, nichts Neues mehr erfährt . . . da kann man vor
Schreck nicht mehr reden, oder vor Grauen, da kann man
überhaupt nicht mehr reden" (108). „Weggesprengt" ist „jenes
Ziel in einer sehr fernen Zukunft, auf das sich bis jetzt alle Li-
nien zubewegt hatten" (9) und an seine Stelle das Nach-Denken getreten über die vom alternden Max Frisch angestellten
Überlegungen zur Nichtigkeit des Menschen angesichts der
Entwicklung des Lebens auf der Erde – „‚Der Mensch erscheint im Holozän'" (52). Verblaßt ist die Erinnerung an einen Frühling in Kiew und an eine Liebe, „die damals frisch gewesen sein muß": „Einmal, bald, wird mir alles zur Erinnerung
geworden sein. Einmal, vielleicht schon in drei, in vier Wochen
– möge es schnell gehen! –, wird auch die Erinnerung an diesen
Tag ihre Schärfe verloren haben." (33) Was bleibt am Ende,
nach einem Alptraum von einem Himmel, an dem neben dem
„ekelhaft in Zersetzung übergegangenen Mond" ein großes
Foto der toten Mutter hängt, ist die Angst vor dem eigenen Ende: „Ich schrie. Wie schwer, Bruder, würde es sein, von dieser
Erde Abschied zu nehmen." (119)

‚Störfall' trägt den Untertitel „Nachrichten eines Tages".
„Nachrichten" bezieht sich dabei offensichtlich ebenso auf jene
Meldungen über Tschernobyl, die aus einem Transistorradio
„Marke Sanyo" (11) in das abgelegene Dorf in Mecklenburg
dringen, wie auf die Meldung vom Überleben des Bruders und
die Begegnungen im Dorf. Der „Tag" darf als Modell, als Sam-
melbecken für alle jene Gedanken verstanden werden, die
Christa Wolf während der Niederschrift des Manuskripts zwischen Juni und September 1986 durch den Kopf gegangen sind.
Erzählt wird von einer Frau („ich"), die sich schon länger allein
in einem Bauernhaus aufhält und dort zu arbeiten, zu schreiben
versucht. Die Form des Textes nähert sich einem Tagebuch an.

‚Tagebuch – Arbeitsmittel und Gedächtnis‘ hieß ein kleiner Prosatext, in dem Christa Wolf 1964 zum erstenmal genauer Auskunft über sich selbst als Schriftstellerin gegeben hatte. Dem Tagebuch eines zwölfjährigen jüdischen Jungen, der in Treblinka ermordet wurde, stellte die 35jährige damals Wilhelm Lehmanns ‚Bukolisches Tagebuch‘ vom Sommer 1948 gegenüber, dem sie angesichts der detaillierten, liebevollen Beschreibung eines Schmetterlings den Umschlag von „Alltäglichkeit" in „Un-Natur"[40] vorhielt. Selbstgewiß hatte sie als „Angehörige einer ... neuen Gesellschaft"[41] die Tagebucheintragung von Max Frisch, daß „‚unsere Epiker‘" keine terra incognita mehr „‚abzugeben‘"[42] haben, mit einem Brigadetagebuch aus dem Braunkohlenkombinat Deuben bei Bitterfeld konfrontiert, in dem es um die „Banalität des Guten"[43] geht. Eine pessimistische Aussage von Thomas Mann über die Zukunft der Menschheit angesichts der ersten Atombombenexplosion wird durch einen Satz von Brecht über die Macht der Wissenschaft gekontert, Natur so zu verändern, daß die Welt bewohnbar wird. Und mehr als einmal beruft sie sich in dem Essay von 1964 darauf, daß ihr das Tagebuch zwar ein Arbeitsmittel sei und Gedächtnis schaffe, aber nur „die Kunst" „die Synthese" zu finden vermag und „eine vernünftige, uns gemäße Ordnung ... in die Sturzflut der sogenannten Fakten"[44] bringen kann.

Jetzt, mehr als zwanzig Jahre später, ist von den alten Überzeugungen und der Einsicht, daß das Tagebuch nicht nur „ein Speicher von ... Erinnerungen" an die „Befindlichkeit in bestimmten Jahren",[45] sondern auch, vor allem, ein Experimentierfeld für neue, zukunftweisende Ideen sei, nicht mehr viel übrig. Abgebröckelt ist der Glaube an das lebendige „revolutionäre Prinzip"[46] und die Hoffnung, daß der Mensch des wissenschaftlichen Zeitalters „nicht mehr lange als ... Objekt einer unbekannten, aber fixierten Umwelt"[47] beschrieben werden muß. Die Fähigkeit, „den Kern der Wirklichkeit" freizulegen, wird nicht mehr nur dem „Kunstwerk"[48] zugeschrieben, sondern – die Texte aus den letzten Jahren, ‚Störfall‘, ‚Sommerstück‘ und ‚Was bleibt‘ deuten es an – in Mischformen gesucht, die dem Tagebuch sehr nahe stehen. Und ohne die „Klage“, den „Verzweiflungsschrei“[49] jenes Dawid Rubinowicz aus Krajno bei Warschau vergessen zu können, dessen Aufzeichnungen „mitten in einem Satz“ mit dem Wort „Blut“[50] abbrechen, scheint sich für Christa Wolf die „Entfernung“ zu der „kunstvollen Beschwörung eines Schmetterlings mit Namen Pfauenauge“[51] in Lehmanns bukolischem Tagebuch verkürzt zu haben.

2. ‚Sommerstück‘

„Ich fragte mich, ob die Erzählung als Idylle mißverstanden werden könnte, als eine Beschreibung von Leichtigkeit und Schönheit, während das Leben hier keine Idylle war. Man hat mich überreden müssen, das Buch zu publizieren.“[1] Gemeint ist der um 1980, zum Teil parallel zu ‚Kein Ort. Nirgends‘ und ‚Kassandra‘ niedergeschriebene, 1987 für den Druck überarbeitete und im Frühjahr 1989 bei Aufbau und Luchterhand erschienene Text ‚Sommerstück‘. Die zögerliche, selbstkritische Bemerkung zum idyllischen Ton des Buches stammt aus einem Interview vom Dezember 1989, in dem es weiter heißt: „Was in ‚Sommerstück‘ beschrieben ist, habe ich in den Jahren nach 1975 erlebt. Es war eine neue Erfahrung, dieses Leben auf dem Lande, der Freundeskreis um uns herum ... es war deutlich geworden, daß die politische Macht keine kritische Mitarbeit dulden würde. Das war unleugbar spätestens nach der Ausbürgerung von Wolf Biermann und den Reaktionen auf unseren Protest, dem sich viele angeschlossen hatten, von denen viele härter bestraft und ausgegrenzt wurden als wir.“[2]

Der Interviewtext trifft die Situation genau. ‚Sommerstück‘ ist die überaus private Reaktion auf die Alternative, vor die sich Christa Wolf nach der Biermann-Affäre gestellt sah: entweder in der DDR zu bleiben und sich dadurch in eine „schwierige, moralisch anfechtbare Situation“[3] zu begeben oder sich „ins Aus treiben zu lassen“ – „ehrlich gesagt, wir wußten nicht, wohin“[5] – und das Land zu verlassen.

Die Hintergründe für die Enttäuschung und die Hoffnungslosigkeit lesen sich im Klartext der rückblickenden Betrachterin so: „Den wirklichen Schmerz habe ich 1968 empfunden, beim Einmarsch der Truppen des Warschauer Paktes in die ČSSR; und dann noch einmal 1976, als ich merkte, daß ich immer noch Hoffnung gehabt hatte, die dann zerstört wurde."[6] Vielschichtiger dagegen, komplexer geben sich die Motive für das Bleiben: persönliche Gründe („Ich wäre nie weggegangen ohne meine Töchter . . . Ich hatte auch noch meinen sehr alten Vater, der dieses Jahr gestorben ist.") treten neben die Verantwortung gegenüber den Lesern („. . . viele Menschen . . . schrieben . . ., daß ich hier gebraucht würde"[7]) und jene über Jahrzehnte hinweg aufgebaute „scharfe Reibung, die zu produktiven Funken führt", ohne die Christa Wolf bei aller „Verzweiflung, dem Kaltgestelltsein, den Selbstzweifeln, die das Leben hier mit sich bringt", keinen „Schreibgrund" mehr sah: „Ich weiß noch genau den Zeitpunkt und den Ort, an dem mir deutlich wurde, daß ich aus der DDR weggehen müßte, wenn es mir nicht gelingen würde, mich innerlich völlig frei zu machen von allen Abhängigkeiten, die mein Fühlen und Denken und Schreiben beschränkten."[8]

Ähnlich klar sind in ‚Sommerstück' die Fronten zwischen der akuten Bedrohung durch den verunsicherten DDR-Staat und einer fragwürdigen Flucht auf das Land gezeichnet. „Todeserfahrungen. Der wüste Winter", schreibt Steffi, hinter der offensichtlich Maxie Wander als Vorlage steht, in einem kleinen, in die Erzählung interpolierten Briefroman an Ellen, die Züge von Christa Wolf trägt. „Ich könnte dich vielleicht damit trösten, daß es Schlimmeres gibt als den gesellschaftlichen Krebs."[9] Voller Angst erwartet Luisa („Merkst du nicht, wie du dich auflöst."), daß das „Himmelszelt . . . eines Tages" reißt „und die Weltraumkälte" bei uns einströmt oder die Erde „unter der Hitze bersten und sich bis zu ihrem rotglühenden Kern vor unseren Füßen auftun" (9) könnte. „Ganz deutlich" fühlen die Beteiligten jenes Sommers, daß ihr Vorrat an „Lebensfülle" und das „Zuviel an Fähigkeiten und Eigenschaften, die sie für nützlich und brauchbar hielten", im realen Sozialismus keinen

Platz hatten („*Sie* waren es, die nicht gebraucht wurden . . . Die Geschichte hatte weitergearbeitet. Leute unserer Art, dachte Ellen, verweist sie in diesem Land auf Inseln. Und da müssen wir noch froh sein, wenn die uns bleiben." [191, 188]) Trotzig verkehren sie „diese Zerreißprobe", „diesen Zustand zwischen Hoffnung und Hoffnungslosigkeit" in eine „Lust" (80), obwohl die bisweilen an Peter Weiss und Heiner Müller erinnernden Visionen von Flucht und Verfolgung bis in ihre Träume reichen: „Unbegrenzte Kräfte bedeuten unendliches Leiden für die Verfolgten. Vielleicht ist es nicht so schlecht, wenn irgendwann die Kräfte nachlassen. Wenn sie gerade noch ausreichen, sich irgendwo zu verkriechen . . ." (83)

Doch nicht nur die handfesten, konkreten politischen Ereignisse – Reiseverbot, Zensur, Gefängnis nach versuchter Republikflucht – bedrohen die Erzählerin und ihren Kreis. Gefährlich, lebensgefährlich werden ihnen auch jene existentiellen Bedrohungen und Naturkatastrophen, die in den Büchern von Christa Wolf schon immer eine entscheidende Rolle gespielt haben. Eine Frau, Bella, die Sarah Kirsch ähnlich ist, versucht schreibend den Verlust eines Geliebten zu überwinden während ihr Kind, Jonas, inmitten der friedlichen Landidylle nichts als Kriegsspiele im Sinn hat. Littlemary, die Enkelin von Ellen, will nach der Scheidung ihrer Eltern nicht mehr einschlafen ohne das Versprechen, daß die Erwachsenen sie nicht verlassen. Ein Brief, auf den Ellen gewartet hatte, bringt die Nachricht, daß sich „wieder einmal . . . ein Mensch, dem sie sich vertrauensvoll eröffnet hatte" (143), vorsichtig zurückzog. Brände bedrohen die Bauernhäuser, in die sich die Stadtmenschen geflüchtet haben – so wie Christa Wolfs Haus ein paar Jahre später tatsächlich durch ein Feuer vernichtet wurde. Eine Frau läßt einen Mann „mitten im kalten Winter" mit einem gebrochenen Bein „in Schnee und Eis" erfrieren, bloß weil es ihr „die Dorfmeinung" nie verziehen hätte, wenn sie ihn „noch einmal zu sich eingelassen hätte" (183-4). „In den Brennesseln" hinter einem leerstehenden Bauernhaus findet sich ein Vogelbauer mit einer verhungerten Katze („Luisa stieß einen Klagelaut aus, Ellen . . . fühlte eine Gänsehaut die Wangen hochkriechen, unterdrückte den Brechreiz" [105]). Ein Maulwurf zwängt sich qualvoll aus der Erde, dessen „hintere Hälfte von Würmern abgefressen war" (194).

Und so geht es weiter in diesem Buch, das auch davon handelt wie schwer es war, sich in jenen „kritischen Zeiten" nicht aufzugeben („Ich glaube, daß ich ohne diese nahen Menschen heute nicht mehr am Leben wäre").[10] Mehrfach bricht die Vergangenheit in die Idylle ein: einmal, als sich herausstellt, daß das geliebte Haus unter Hitler zum Erbhof erklärt worden war; ein anderes mal über die Geschichte von Erna Schependonk, deren Mutter, eine polnische Landarbeiterin, ihr vor dreißig Jahren eine Schwester in Polen hinterlassen hatte, mit der sie jetzt noch nicht einmal sprechen kann; oder als Josef, der Züge von Fred Wander trägt, sich an seine Zeit im KZ erinnert, wo er sich zum Überleben einen Panzer zulegen mußte, der bis heute die Menschen fern von ihm hält; und schließlich als der griechische Freund Nicos Geschichten aus der Partisanenzeit erzählt, in denen ein Kind vorkommt, das man zur Rettung der Widerstandsgruppe beinahe umgebracht hätte. Traurig erinnert sich Ellen daran, daß sie einst ihre Töchter vernachlässigt hatte, weil sie am Aufbau ihres Landes teilhaben wollte; verwundert registriert sie, daß „ein Begriff wie ‚Haus‘" in ihren jüngeren Jahren „keine Rolle gespielt" (11) hatte; anläßlich einer „triumphalen Trompetenmelodie" aus dem Radio erkennt sie – Christa T. läßt grüßen –, daß sie „früher, als Kapitulation ... nicht in Frage kam", selbst einmal ein Mensch gewesen sei, „auf den die Trompete paßte" (99). Und immer mehr dringen, wie schon in ‚Störfall‘, die Themen Alter und Tod nach vorn („. . . sie sah ihre eigenen Hände von feinen Fältchen durchzogen, braunfleckig seit kurzem" [125]), bis das Buch in einem teils echten, teils imaginären Gespräch mit Steffi endet, die – wie Maxi Wander – bald an Krebs sterben wird. Von der Sucht auf Einzelheiten ist hier die Rede, die „zum Alter hin anwächst" (201) und davon, daß man im Alter aufhört, „für irgend etwas, was dir zustößt, jemand anderem die Schuld zu geben" (215). Das Leben der Großeltern erscheint, verglichen mit dem eigenen, dauerhafter, fester („Das waren noch Menschen.

Jedes Wort ein Diamant." [214]): „Ich sehe unsere Umrisse sich auflösen. Es scheint uns nicht bestimmt zu sein, Konturen zu gewinnen. Was alles haben wir ausprobiert, uns zu befestigen, in wie viele Häute sind wir geschlüpft, in wie vielen Räumen haben wir Schutz gesucht." (202) „Beschwestern" (215) möchte Ellen die sterbende Freundin – und vermag sie doch nicht an sich ranzulassen („Was glaubst du eigentlich, warum ich schreibe." [210]).

Soweit die Abschnitte von ‚Sommerstück‘, die den dunklen Seiten des Lebens gewidmet sind. Ihnen gegenüber steht der oft leicht und locker anmutende, bisweilen aber auch verzweifelt angestrengte Versuch, sich inmitten der Bedrohungen ein einfaches Glück aufzurichten, mit Freunden und Festen, Kindern und Enkelkindern, viel Natur und schönen alten Gegenständen, Wein und Spielen und der Hoffnung, daß aus den Entwürfen und Skizzen noch einmal Bücher entstehen werden. Liebevoll werden da wieder und wieder die mecklenburgische Landschaft und das ‚eigene‘ Dorf beschrieben, „zu jeder Jahreszeit, bei jedem Licht, bei jedem Wetter, ein immer wechselndes Bild, dessen sie niemals überdrüssig werden konnten: ... Der Weiher. Dahinter die weiße Kuppel und die schwarzen Flügel der Windmühle ... und linkerhand der Wald, der den Horizont begrenzte. Im Fernglas sahen sie über dem Vogelsee den Bussard kreisen und am Waldrand die drei Rehe stehen, die um diese Zeit immer dort standen." (57) Die Freunde, Antonis und Luisa, wohnen in einem Haus, welches „der Inbegriff aller Bauernhäuser war"; Antonis’ Großmutter, „klein" und „flink", bereitet Salate, aus „zartem Löwenzahn, mit Zitrone und Knoblauch gewürzt, auf griechische Art" (17); Luisa bäckt Pittabrot. Von der „Lust", „früh im Jahr Weidenstöcke zu schneiden", die man später „in den gut gewässerten Boden einsenken" konnte, ist die Rede und davon, wie „man mit der linken Hand den Pflücksalat hält, wenn man ihn mit der rechten dicht über der Erde schneidet" (178). Vater Jan und Mutter Ellen sitzen mit ihren Töchtern, Sonja und Jenny, „um den Familientisch, so sollte es sein" (171). Das „Abendzeremoniell" wird mit „kühlem Wein aus den langstieligen Gläsern" (51) begonnen, nachdem man tagsüber die umliegenden Dörfer („aus einem alten Bilderbuch ausgeschnitten" [81-2]) nach „massiven Truhen" und „reich geschnitzten Schränken" (77), „für die Ewigkeit gemachte Geräte" (84), durchstreift hatte: „Schwer verständlich schien uns ... der Eifer, mit dem die Dorfleute sich der überlieferten Sachen entledigten, sowie die Gelegenheit sich bot, sich neu auszustaffieren ..." (74).

Man mag solche Szenen wegen ihrer lyrischen, „meisterhaft eingehaltenen Balance zwischen Außen und Innen"[11] loben, als „sentimentales Geschwätz" voller „abgegriffener Metaphern" und „Empfindungsklischees"[12] abtun oder, wie Klaus-Dieter Schönewerk im ‚Neuen Deutschland', benutzen, um die Biermann-Ausbürgerung und ihre Folgen wegzufiltern[13] – Christa Wolf verliert keinen Moment aus dem Blick, wie brüchig die herbeigesehnte Landidylle war. Schwer falle es ihr, gibt die Erzählerin da gleich zu Anfang von ‚Sommerstück' zu, angesichts jenes Sommers, der „in der Erinnerung einmalig erscheint und endlos", „den nüchternen Ton zu treffen, der allein den seltenen Erscheinungen angemessen ist, denen das Leben uns aussetzt" (7). Wie betäubt hält sie gelegentlich inne und fragt sich, ob sie denn „ganz und gar benebelt" sei, „daß sie hier alles gutheißen mußte" und „daß ihr alles hier wirklicher vorkam als in der Stadt" (35). Unscheinbare Wendungen wie „das Landleben als Modeerscheinung" (42), „immer diese bukolischen Szenen" (52) oder der spöttische Einwurf: „Die Freischaffenden auf ihrem Floß" (187) sorgen für Distanz. Ironisch stellen die Freunde ein kleines Spiel, dem man den Titel „‚Sommerstück'" gibt, in die Tradition von Tschechow: „Gebe es Herzzerreißenderes als die tödlichen Leidenschaften hinter seinen mühsam verhaltenen Dialogen?" (148)

Dennoch: ‚Sommerstück' will mit seinem Entwurf von einem anderen, alternativen, von den Forderungen der Zeit freien Leben ernst genommen werden („heute lebten wir, wie man leben soll, und darauf kam es an" [156]), will auf Teufel komm raus jenen schönen Augenblick dadurch zum Verweilen zwingen, daß es ihn auf Papier bannt. Freundschaften, die vor dem hintergrund der Biermann-Affäre im wirklichen Leben in die

Brüche zu gehen drohen, lassen sich hier, auf dem Land, noch ein wenig länger aufrechterhalten, bis auch die Idylle von der Zeit eingeholt wird: „Jetzt, da Luisa abgereist, Bella uns für immer verlassen hat, Steffi tot ist, die Häuser zerstört sind, herrscht über das Leben wieder die Erinnerung." (7) Das Trauma der Ausgrenzung läßt sich inmitten des einfachen Rhythmus von Tages- und Jahreszeiten leichter ertragen. Sogar die Fähigkeit zu schreiben, das zum Schreiben nötige „,Selbstvertrauen'" (72), das für Ellen, Jan und Bella angesichts des „Irrsinns" (67), von dem sie sich bedroht sehen, verloren gegangen war („Wieso sollten die Sätze wichtiger sein als ein sauberer Ofen ... hatte sie nicht, dachte Ellen, in den letzten ein, zwei Jahrzehnten einen großen Teil ihrer Zeit falsch angewendet." [21]), beginnt sich langsam wieder einzustellen: „Wabern und Wogen, dachte sie ironisch, das übliche Urchaos. Ein Lachen stieß sie. Wollten die sie schrecken? Abhalten? ,Die', das waren die Schöpfungsmächte. Die sollten nur machen. Gestalten vorführen und sie wieder zerstören. Herrgottnochmal. Jedesmal wieder die Entstehung der Welt. Darunter machen die es nicht ... Als ich dann über meinen Papieren saß, bei der schönsten Arbeit: Entwürfe machen, hab ich denken müssen: Auch das ist ja eine Frage des Stillhaltens. Den Strom durch dich hindurchfließen lassen, den Widerstand immer mehr verringern, ihn schließlich ganz aufgeben." (164, 202) „Rückzug", so endet dann auch mit dem Gespräch zwischen Ellen und ihrer sterbenden Freundin Steffi das Buch, sei das, was sie hier „in Stille und Abgeschiedenheit, sogar in Schönheit" treibe, nicht. „Ich sagte: Du mußt verrückt sein. Sieht's dir danach aus? Nicht mehr, sagte sie ... Gut, daß ich hier gewesen bin. Unten ging das Licht an, sie riefen nach uns." (216)

Christa Wolf hat ,Sommerstück' eine Anmerkung nachgestellt, in der sie behauptet, daß alle Episoden erfunden und die Figuren nicht identisch mit lebenden oder toten Personen seien. Bemerkungen dieser Art finden sich in mehreren ihrer Texte und sind im allgemeinen mit dem Hinweis auf die subjektive Authentizität von Christa Wolfs Arbeitsweise abgetan worden. Wenn der Zusatz diesmal mehr Verwirrung als üblich hervorruft, dann deshalb, weil Sarah Kirsch, deren Gedicht „Raubvogel" ‚Sommerstück' vorangestellt ist, wenige Monate vor Christa Wolf („Als ihr Buch erschien, war mein Manuskript schon fertig, . . . aber wir kannten die Texte gegenseitig nicht")[14] ihre eigenen Erinnerungen an jene Zeit in der „Chronik" ‚Allerlei-Rauh' veröffentlicht hatte, ohne sich und ihre Mitspieler zu verschlüsseln. Christa ist bei ihr Christa Wolf, Gerd deren Mann, das erzählende ich Sarah Kirsch: „Oft, wenn ich Christa in den folgenden Jahren getroffen habe, sind wir auf den hübschen Sommer zu sprechen gekommen und haben uns seiner Feste erinnert. Ich sagte jedesmal, daß sie alles darüber eines Tages aufschreiben müssen, denn daß ich es tat, lag außerhalb meiner Zuständigkeit, als ich der Theorie der Arbeitsteilung noch anhing und Christa für solche Geschichten verantwortlich schien. Jetzt, wo ich selbst auf diese Dinge mich eingelassen habe, ist mir bewußt, weshalb Christa, falls sie die Mecklenburgstory zwischen zwei Heftdeckeln schon hat, diesen Text lange zurückhalten wird, niemanden zu verletzen, vielleicht bis die handelnden Personen nicht mehr zu diskriminieren sind, was die Impertinenz ihrerseits einschließt, uns überleben zu wollen. Denn mit Mystifizierungen falscher Namen ist nichts gewonnen, wir müssen für uns selbst gerade stehen, aus Christa kann ebensowenig Kitty werden wie aus Carola eine Cordula oder aus mir Bernhardine. Wenn es sich aber so verhält, daß Christa dasselbe Prosastück, wie ich es hier habe, aufbewahrt, so muß man sich fragen, ob ihre Zurückhaltung schätzenswert ist oder meine dreiste Courage."[15]

Dennoch sollte man nicht der Versuchung unterliegen, ‚Sommerstück' und ‚Allerlei-Rauh' als Schlüsseltexte oder gar als authentische Dokumente zu lesen. Dagegen spricht der zeitliche Abstand zwischen jenem Sommer und der Niederschrift bzw. Bearbeitung der Manuskripte, in denen offensichtlich die Erfahrungen aus mehreren Jahren „zusammengezogen"[16] sind. Dagegen spricht im Fall von ‚Sommerstück' auch, daß die Autorin sich die Freiheit herausnimmt, allwissend in ihre Figuren und deren geheimste Gedanken und Wünsche einzudringen: „Mich natürlich nicht", dachte Irene, als der Hund von Jan und Ellen deren Besucher verbellt, „mich nicht und Clemens nicht, das wäre ja noch schöner. Wir gehören dazu ...“ (50) „Wenn er Förster geworden wäre“, beginnt ein an ‚Nachdenken über Christa T.‘ erinnernder Abschnitt, in dem Jan ein alternatives Leben in seinem Inneren ablaufen läßt, „mit einer anderen Frau, anderen Kindern, ein Leben um ein anderes Zentrum wachsend als um das Geheimnis der Dichtung“ (88). Und ihr langes, fiktives (Selbst-) Gespräch mit der sterbenden Maxie Wander leitet die Erzählerin so ein: „Ich bin mir nicht sicher, daß ich alle die Sätze kennen möchte, die du denkst.“ (201)

Hierin korrespondiert ‚Sommerstück‘ mit dem kurzen „Prosagedicht“ ‚Das Leben der Schildkröten zu Frankfurt a. Main‘, das zusammen mit sechs Radierungen von Alfred Hrdlicka 1989 in der Edition Leipzig erschien. Humorvoll-ironisch beschreibt hier ein „ich“ den Blick von ihrer Wohnung auf einen Frankfurter Hinterhof, das Eigenleben der benachbarten Balkons und die kleinen Abenteuer von drei Schildkröten, denen sie die Namen Ella, Felix und Ilsie gibt. Ein „dickes rotes Tierbuch“[17] liefert wissenschaftliche Angaben über die Eigenschaften und Verhaltensweisen von Schildkröten („Es ist doch fraglich/ob ich Ella Felix und Ilsie nütze/wenn ich nie wieder/ Schildkrötensuppe/zu mir nehme/... Suppenschildkröten/... nämlich bilden/lesen Sie's im Tierbuch nach/eine vollkommen andre/schwer verständliche/und fremde Art.“[18]). Zwei Dutzend Zitate aus Tageszeitungen bringen die Welt von draußen mit Politik, Sex und Kommerz ins Spiel („REAGENS TOCHTER SCHERT AUS“,[19] „DOMINA ERWARTET DEVOTEN HERRN“;[20] „LEISTUNG ZÄHLT – SIEMENS“). Doch als Ella, Felix und Ilsie – als Art vom Kältetod bedroht, durch ihren Panzer zwar zum „passiven Widerstand“[21] geeignet, aber auch in ihrer „Bewegungsfreiheit“[22] eingeschränkt und durch die Zeitungen, „über die sie/tagein tagaus/hinweg kriechen müssen“[23] verwirrt („Nein/teilen sie mir emotionslos mit/alles verstünden sie auch nicht“) – plötzlich verschwinden, reist auch die Erzählerin ab und läßt nichts als ihr kleines, privates Prosagedicht zurück: „Ohne Schildkröten ist der Hof

sehr öde/... die Frau/ein Stockwerk höher/packte einen großen Koffer/um zu Pfingsten zu verreisen/Nichts hindert mich
mehr/es ihr gleich zu tun."[24] Christa Wolf hat in einem Interview zu ‚Sommerstück‘ auf die Frage, ob es nicht „arrogant"
sei, „Freunde auch aus ihrem Inneren heraus" darzustellen, geantwortet, „daß wir dieser Zeit nur gerecht werden würden,
wenn jeder seine Beschreibung davon geben könnte", wenn
„die innere Beschreibung" „andauernd gespiegelt und gebrochen" würde „durch den Blick der anderen". Zudem sei bei
‚Sommerstück‘ davon auszugehen, „daß das Interesse, wer hinter den einzelnen Personen steht, inzwischen schon weitgehend
verblaßt ist". Wichtiger, bleibender sei dagegen das „literarische
Interesse"[25] an den Versuchen einer sich nahestehenden Gruppe von Menschen während jener hoffnungslos erscheinenden
Jahre zwischen der Ausbürgerung von Biermann und der Kri-
minalisierung von DDR-Autoren durch die „‚Lex Heym‘",[26]
zwischen öffentlicher Ausgrenzung, Resignation und Exil,
durch den zeitweiligen Rückzug in ein scheinbar heiles, privates Inseldasein auf dem Lande zu überwintern. „In diesen
Gruppen haben damals viele Menschen in der DDR ihre Integrität bewahrt und sich freigedacht. Das Buch ist für viele ein
Stück Beschreibung ihres eigenen Lebens, wie ich jetzt weiß.
Ich glaube auch, daß es sogar eine Vorankündigung der späteren Ereignisse ist, denn es schildert, warum es so nicht weiter-
gehen konnte."[27]

3. ‚Im Dialog‘ und ‚Was bleibt‘

Wie es weiterging mit der DDR bis zum abrupten Ende jenes
ersten deutschen Arbeiter- und Bauernstaats, an dessen Aufbau
Christa Wolf anfangs mit gläubigem Eifer mitgearbeitet hatte,
dokumentieren die Essays von ‚Im Dialog‘ (1990) und die Erzählung ‚Was bleibt‘ (1990). In ihnen kommentiert Christa
Wolf bisweilen von Woche zu Woche die Ereignisse von jenem
Herbst 1989, in dem zuerst von „‚revolutionärer Erneuerung‘"
und „‚Wende‘"[1], später von der Öffnung der DDR die Rede

war, bis die Entwicklung schließlich unaufhaltsam auf jenen Punkt zugetrieben wurde, den manche als Wiedervereinigung, andere als Beitritt oder Anschluß und wieder andere als Ausverkauf der DDR an die Bundesrepublik empfanden.

Traurig zunächst, dann voller „Erschütterung", „Fassungslosigkeit", „Verzweiflung"[2] registriert Christa Wolf da in einer Rede zum 50. Jahrestag des 1. Septembers 1939 und in einem Interview, das sie dem Deutschlandfunk gibt, weil Radio und Fernsehen der DDR ihr verschlossen bleiben,[3] die westdeutschen Fernsehbilder von jungen DDR-Bürgern, „die, ihre nagelneuen bundesdeutschen Pässe schwenkend, über die ungarisch-österreichische Grenze liefen"[4] und vertraut noch darauf, „daß es in der DDR genug Menschen gibt, alte und junge, denen die Wahrheit zumutbar ist"[5]. Besorgt warnt sie vor „nationalistischen Tönen" und „Ausländerfeindlichkeit"[6] und davor, daß „durch das Anheizen von Emotionen" jener „Dialog der Vernunft"[7] gefährdet würde, der für die Stabilität der DDR, für den Reformprozeß in der Sowjetunion und für eine breite „Veränderung auf einen demokratischen Sozialismus zu"[8] wichtig ist. Frustriert und noch vor einer Kritik an der Politik der Bundesrepublik („Wahlpropaganda") stellt sie fest, daß die „Ursachen für die Krise in der DDR"[9] liegen, deren Herrscher freilich, alt, ängstlich, „vom Stalinismus geprägt"[10] und von „unauflöslichem Starrsinn"[11] befallen, nichts von sich hören lassen.

Bedenken dieser Art stehen eine Fülle von Ideen und Ereignissen gegenüber, in denen Christa Wolf positive Signale sieht. Da sind Menschen in den Bürgerinitiativen trotz ihrer schlechten Erfahrungen aus der Vergangenheit zum Dialog bereit, entwickeln „Phantasie", „Lustigkeit" und „Ideen"[12] und rufen angesichts der Gewalt von Seiten des Staates und „randalierenden Randgruppen"[13] zu „Besonnenheit, Ruhe und Geduld"[14] auf. „Neue Formen der gesellschaftlichen Kritik"[15] werden erprobt („Basisdemokratie"[16]), besonders von jungen Leuten, die sich „fast bis zur Selbstaufgabe in diesem neuen gesellschaftlichen Prozeß"[17] engagieren. Beim Neuen Forum und anderen politischen Gruppierungen macht Christa Wolf Ansätze aus

(„Linke Melancholie?"[18]), „sozialistische Umgangsformen und Strukturen in der DDR zu befördern, die die Gesellschaft in eine Richtung verändern sollen, in der viel mehr Bürger als jetzt sich mit ihr identifizieren könnten"[19]. Und immer wieder setzt sie sich für eine radikale, endgültige Entstalinisierung des Sozialismus ein: so durch einen zuerst in der Ost-Berliner Erlöserkirche vorgetragenen Kommentar zu Walter Jankas viel diskutierten Erinnerungen an die „Schauprozesse"[20] nach 1956 und das „Grundübel ... des Staates DDR", den „Stalinismus"[21], ‚Schwierigkeiten mit der Wahrheit'[22]; in einer Auseinandersetzung mit den „stalinistischen Strukturen und Denkweisen"[23] innerhalb des Schulsystems der DDR; durch eine Politik gegen die „Demagogie"[24] der DDR-Medien bei der Auseinandersetzung mit Rolf Henrichs Buch ‚Der vormundschaftliche Staat'[25]; mit ihrem Aufruf für die Freilassung des tschechoslowakischen Kollegen Vaclav Havel[26]; und in dem Plädoyer für die „Selbstbefragung und Selbstkritik eines jeden einzelnen", ohne die eine „Erneuerung unserer Gesellschaft" „symptombezogen, mißbrauchbar und gefährdet"[27] wäre.

Wo nötig greift Christa Wolf mit dem vollen Gewicht ihres internationalen Rufes und ihrer in Ost und West anerkannten moralischen Integrität in die Tagespolitik ein: protestiert in einem offenen Brief an den Generalstaatsanwalt der DDR gegen die „brutalen, teilweise sadistischen"[28] Übergriffe der Polizei bei den Demonstrationen vom 7./8. Oktober; arbeitet in der Untersuchungskommission zur Aufklärung jener Polizeiaktion mit („Schule der Demokratie")[29]; zitiert am 4. November auf dem Alexanderplatz vor einer Million Menschen, deren friedliche Zusammenkunft das Ende des alten SED-Regimes besiegelt, den „wichtigsten Satz dieser letzten Wochen ...: Wir – sind – das – Volk"[30]; fordert vor dem DDR-Schriftstellerverband die sofortige Rehabilitierung der ausgeschlossenen Kollegen („Wir müssen das heute entscheiden ... Sonst werde ich zu keiner weiteren Versammlung kommen ..."[31]) und unterzeichnet zusammen mit anderen Kulturschaffenden jenen berühmten Aufruf „Für unser Land", in dem noch einmal die „Eigenständigkeit der DDR", ihre antifaschistischen und „humanistischen Ideale" und die „Chance . . ., eine sozialistische Alternative zur Bundesrepublik zu entwickeln"[32], beschworen werden.

Christa Wolf hat auf die Frage, wie sie die schnellen Veränderungen, den Massenexodus aus ihrem Land, „den Einsturz der Staatsstrukturen" und den „Ruf nach Vereinigung mit der Bundesrepublik" erlebe, geantwortet, daß sie es schwierig fände, über ihre Gefühle zu sprechen, „weil sie sich andauernd ändern, selbst innerhalb eines Tages"[33]. Ein Wendehals, so der Begriff, den sie zwar nicht erfunden, aber am 4. November auf dem Alexanderplatz berühmt gemacht hat („laut Lexikon, sich ‚rasch und leicht einer gegebenen Situation anpassen, sich in ihr geschickt bewegen, sie zu nutzen verstehen'"[34]), ist sie deshalb nicht geworden. Im Gegenteil. Immer noch hofft sie, wie schon seit vielen Jahren, auf eine baldige Niederlage des Stalinismus und wünscht sich zugleich – ohne das Tempo der auch sie überrollenden Entwicklung zu erahnen –, daß „in diese Niederlage nicht die . . . Utopie . . . hineingezogen wird; ich sage versuchsweise: die reale Möglichkeit, in der DDR Strukturen zu entwickeln, die sich produktiv auf eine sozialistische Gesellschaft hinbewegen können . . ."[35]. Unverrückt hält sie angesichts der „gezielten, umfangreichen, konzentrierten Aktion in einigen Medien der Bundesrepublik"[36] („Sperrfeuer des westlichen Feuilletons"[37]), „die mit der allgemeinen Totaldemontage der DDR auch die Literatur demontieren will"[38] („Monsterisierung"[39]), daran fest, die „Solidarität" mit jenen Lesern zu vertiefen, die, „vielleicht auch ein bißchen durch unseren Verdienst, uns als Stellvertreter für ihre Interessen nicht mehr benötigen", weil sie gelernt haben, „für sich selber zu sprechen"[40]. „Selbstkritisch", aber ohne simple „Schuldzuweisungen an einzelne", sollten ihrer Meinung nach die Autoren der DDR und ihr Verband mit den Fehlern der Vergangenheit aufräumen und angesichts der – auch ökonomisch – „schwierigen Lage" „zugleich versuchen, den selbstzerstörerischen Tendenzen zu entgehen" – „auch darin getreuer Spiegel der Situation, in der sich das ganze Land befindet"[41]. „Lebendig zu halten"[42] habe die Literatur angesichts des bevorstehenden „Prozesses einer Entfremdung", des „hingebungsvollen Anpassungsstrebens auf der einen" und dem „Überlegenheits- und Siegesgefühl auf der anderen Seite"[43], den „seit Jahren" praktizierten „Widerstand gegen Lüge, Heuchelei und Selbstaufgabe"[44]. Verbündete gilt es angesichts der „rasant fortschreitenden Desintegration fast aller bisherigen Bindungen" und der „erbitterten Verfechter ökonomischer und politischer Einzelinteressen" zu finden – Hölderlin, Büchner, Tucholsky, aber auch Böll, Fried, Peter Weiss, Grass, Walter Jens, „nicht wenige von ihnen Juden, nicht wenige im Exil"[45].

Wie schwer es in diesem deutschen Herbst 1989 in der (ehemaligen) DDR war – und wohl auch noch auf längere Zeit hin bleiben wird –, die eigene und kollektive Vergangenheit mit den neuen Anforderungen in Einklang zu bringen, wird durch die Flut von über 300 Leserbriefen zu zwei kleineren Aufsätzen von Christa Wolfs anschaulich, die im Oktober und November in der ‚Wochenpost' erschienen, „Das haben wir nicht gelernt" und „‚Es tut weh zu wissen'". Einige dieser Briefe sind in den nachfolgenden Nummern der ‚Wochenpost' abgedruckt worden, der größere Teil ist im Mai 1990 unter dem Titel ‚Angepaßt oder mündig?' (1990) bei Volk und Wissen in der DDR und dem Luchterhand Literaturverlag in Frankfurt/M. als Buch erschienen,[46] wobei einige der kritischeren Briefeschreiber angesichts des absehbaren Beitritts der DDR zur BRD schon wieder vorsorglich die Erlaubnis zum Nachdruck ihrer Zuschriften verweigerten.

Widerspruch und Zustimmung beziehen sich in den Zuschriften durchweg auf dieselben Passagen in Christa Wolfs Essays: nämlich auf die Feststellung, „daß unsere Kinder in der Schule zur Unwahrhaftigkeit erzogen und in ihrem Charakter beschädigt ..., daß sie gegängelt, entmündigt und gedemütigt werden"[47]; auf Christa Wolfs Plädoyer, das „kritische Bewußtsein", die „Lust am Widerspruch", die „Skurrilitäten" und die „Verquertheiten"[48] der Schüler auszuhalten; auf ihre Kritik an den Regierenden und deren Pose als „‚Sieger der Geschichte'"[49]; und auf ihre Warnung vor der aufkeimenden „intelligenzfeindlichen Strömung", die an jene „unheilvolle Tradition der deutschen Geschichte" anknüpfen würde, „die so oft die

Produzenten der materiellen und die der geistigen Güter an verschiedene Ufer trieb"[50].

„Mit Nachdenklichkeit, Erschrockenheit, aber auch Widerspruch"[51], „tief empört"[52], ironisch („. . . daß ich Ihnen zu dieser Einäugigkeit nur gratulieren kann"[53]) oder „zornig über Verallgemeinerungen und Nichtachtung der geschaffenen materiellen und geistigen Werte"[54] reagieren dabei vor allem jene alten Genossen, die sich noch auf ihre Erfahrungen mit Verfolgung und Mord während der Nazizeit berufen können („Natürlich haben wir Alten nach dem Krieg an *unseren* Sieg geglaubt."[55]). Aber auch die Jüngeren, die, mehr oder weniger ehrlich mit sich selbst, darauf pochen, ungeachtet der Verhältnisse ihre eigene Meinung im Unterricht durchgesetzt zu haben, sind „erregt"[56] und „entsetzt"[57]. Andere, Schüler vor allem, aber auch Lehrer und Eltern, über Jahre hinweg von Schulleitern gemaßregelt und von lokalen Parteigrößen bedroht („ich wurde zum ‚Fall' "[58]), lassen ihrer angestauten Wut freien Lauf und fordern die sofortige Absetzung von linientreuen Deutsch- und Geschichtslehrern, eine „gründliche" Reform der „Volksbildung"[59] und die freie Mitsprache bei der Zusammenstellung von Lehrplänen. Dazwischen liegen jene Briefeschreiber – Frauen in der Mehrzahl – die zum ersten mal, vorsichtig-tastend den „aufrechten Gang" (94) üben, von „Selbstmord"[60], „Angst"[61] und Rückzug ins private „Schneckenhaus"[62], von Krankheit („Mein Körper wehrte sich, indem er mich mit schlimmsten Magenschmerzen auf etwas nicht Funktionierendes hinwies."[63]) oder auch einfach von „Tränen"[64] schreiben und sich wundern, ob sie die Kraft haben werden, noch einmal neu anzufangen („Nun bleiben noch wenige Jahre . . ."[65]).

Die Briefe in ‚Angepaßt oder mündig?', „entstanden zwischen Ende Oktober und Mitte Dezember 1989"[66], sind heute, ein Jahr später, längst von den Ereignissen überholt worden. Der Konsens, der die negativen und positiven Zuschriften gleichermaßen durchzog, nämlich, daß „wir" „unsere Fehler" „in unserem Land"[67] selbst zu berichtigen hätten, hatte seine Bedeutung bereits verloren. Zeit zu lernen und ihre Vergangenheit zu bewältigen ist den Lehrern und Schülern der DDR nicht geblieben. Jener Dialog, der im Herbst 1989 unter sichtbaren Schmerzen eingesetzt hatte, wurde von der Geschichte brutal abgebrochen. Die Auseinandersetzung mit einem jener schlecht geratenen Stücke deutscher Vergangenheit, die Christa Wolf mit ihren beiden Gelegenheitsarbeiten unwillkürlich in Gang gebracht hatte, wird, wie schon einmal nach 1945, verdrängt oder bestenfalls von den Beteiligten auf die Historiker übertragen werden.

Christa Wolf hat sich im Frühjahr 1990 mehrfach darüber beklagt, daß sie seit Monaten „nichts ‚Literarisches‘“ mehr geschrieben habe: „Wir befinden uns . . . in einem Ausnahmezustand . . . Wo immer man auftreten soll, wofür immer man etwas schreiben soll: immer im Sinn von Pamphlet, Artikel, Publizistik.“[68] Vielleicht erklärt sich aus dieser Situation, warum sie im Frühjahr 1990 plötzlich einen zehn Jahre alten Prosatext an die Öffentlichkeit gab, von dem sie annehmen konnte, daß er angesichts der Öffnung der Stasi-Archive für ihre Leser in der DDR von aktuellem Interesse sein würde: die im Juni/Juli 1979 entstandene und im November 1989 überarbeitete Erzählung ‚Was bleibt‘ (1990).[69]

Wiedergegeben wird in ‚Was bleibt‘ ein Tag im Leben einer Frau, die seit Wochen von Männern der Staatssicherheit in ihrer Wohnung observiert wird – „Gehilfen des Meisters, der diese Stadt beherrschte“[70] – und dabei lernt, wie tief dieses in der DDR alltägliche Ereignis in das Leben eines Menschen eingreift. Der Ort der Handlung ist die Friedrichstraße in Ost-Berlin, wo Christa Wolf damals eine Wohnung hatte; die Zeit offensichtlich Anfang 1977,[71] also unmittelbar nach der Biermann-Affäre.

„Einschüchterung nennt man das“ (28), erklärt ein Bekannter der Frau, die Schriftstellerin ist und durchaus mit der Autorin identisch sein mag. „Nach Meinung unseres bescheidwissenden Bekannten waren wir der niedersten Stufe der Observation zugeteilt, der warnenden, mit der Maßgabe an die ausführenden Organe: auffälliges Vorhandensein. Eine ganz andere Stufe war die Verfolgung auf Schritt und Tritt . . ., wieder eine andere die heimliche Observierung, die in Frage kam, wenn das zu observierende Objekt als ernstlich tatverdächtig galt." (29) Unruhe, Schlaflosigkeit, Gewichtsverlust und Tablettenkonsum, die sich dennoch einstellen, sind die äußeren Anzeichen dafür, daß die Methoden der Überwacher, zu denen auch ein, zwei Einbrüche, das Öffnen von Post und das Abhören des Telephons gehören, dennoch Wirkung zeigen. Schlimmer ist es, wenn der Erzählerin selbst die alltäglichen Handreichungen fragwürdig zu werden beginnen, die vertraute Stadt sich auf einmal als „Nicht-Ort ... ohne Vision, ohne Zauber" (35) präsentiert, das Mißtrauen gegen Menschen aller Art wächst und schließlich auch das Wichtigste, die Arbeit, das Schreiben, gefährdet wird.

So verkehrt sich ein ganz normales Frühstück mit Kaffee („gefiltert"), Ei („nicht zu weich"), Konfitüre („selbsteingekocht") und Schwarzbrot angesichts der Außnahmesituation außerhalb der eigenen, keineswegs mehr sicheren vier Wände in ein von Schuldgefühlen („Luxus! Luxus!" [13]) begleitetes Ereignis. Bei einem Spaziergang durch die Stadt – „unerlöste, erbarmungslose Stadt, versenkt auf den Grund von Nichtswürdigkeit, ... verdorben durch Gier, Macht und Gewalt" (35) – trifft die Erzählerin auf eine Verkäuferin, die sie durch die Geschichte von ihrer jüdischen Freundin und deren SS-Liebhaber daran erinnert, daß Verfolgung und Verrat schon früher ihren Platz hier gehabt hatten. Ein „starkes absonderndes Gefühl von Fremdheit" durchdringt sie inmitten einer Menschenmenge in einer Kaufhalle, obwohl sie genau weiß, daß sie mit ihrem Schreiben gerade diese Menschen erreichen möchte („nicht zu kurz zielen, ... lieber etwas höher, weiter, auf Zukunft hin" [39]). Die Ankündigung am Berliner Ensemble für eine Aufführung von Brechts ‚Galilei' erinnert sie daran, daß man ihr bislang noch „nicht einmal die Instrumente gezeigt" hatte, macht ihr aber auch bewußt, wie klar jene Zeiten noch in „‚positiv' und ‚negativ'" (30) geteilt waren: „Eine reine Charakterfrage also, ob er gegen die Lüge antrat. Wir, angstvoll doch auch, dazu noch ungläubig, traten immer gegen uns selber an, denn es log und katzbuckelte und geiferte und verleumdete aus uns heraus, und es gierte nach Unterwerfung und nach Genuß. Nur: Die einen wußten es, und die anderen wußten es nicht." (32) Lang und etwas umständlich wird die Geschichte von einem alten Bekannten erzählt, Jürgen M., der sich nach vielen Windungen und Drehungen endlich den Gegebenheiten angepaßt hat und von dem die Erzählerin sich vorstellt, daß er jetzt im Zentrum jener Behörde sitzt, die ihre Wohnung observiert – „ich aber hatte mir vorgenommen, auf keine einzige Frage zu antworten und würde mich daran halten (o deine Einbildungen, Schwester!)" (66). Und wie so oft bei Christa Wolf stellt sich auch der „Selbstzensor" wieder ein („Die Stimme kannte ich. Schön guten Tag, . . . lange nichts von Ihnen gehört." [52]), der „der eigentliche Meister, der wirkliche Herr" (53) ist, weil er noch mehr als „ein Schreiber" (52) über einen Menschen herauszufinden vermag.

Über die Erzählerin zum Beispiel. Die nämlich ahnt, daß sie im Gegensatz zu zwei jungen Autoren, die ihr Manuskripte bringen, nicht mehr bedenkenlos und ohne Zögern über jenen Graben springen würde, hinter dem ihre Bewacher mit Verhören, Verfahren und Gefängnissen lauern („Das Mädchen fragte nicht krämerisch: Was bleibt." [79]). „Jeden Tag" wundert sie sich, warum sie – „der Tatsache eingedenk, daß Grenzverletzungen aller Art geahndet werden" – nicht ihr freies, „bevorzugtes Leben" als Schriftstellerin durch den Versuch rechtfertigt, „hin und wieder die Grenzen des Sagbaren zu überschreiten" (22): „Ich selbst. Wer war das. Welches der multiplen Wesen, aus denen ‚ich selbst' mich zusammensetzte. Das, das sich kennen wollte? Das, das sich schonen wollte? Oder jenes dritte, das immer noch versucht war, nach derselben Pfeife zu tanzen wie die jungen Herren da draußen vor meiner Tür?" (57) Und auch „jene andere Sprache", die sie am Anfang und am Ende von ‚Was bleibt' beschwört, um mit ihr „eines Tages" (7) wie ihre jugendliche Besucherin („Ich sagte, was sie da geschrieben haben, sei gut. Es stimme." [76]) „ganz leicht und frei" (107) über ihre Angst zu schreiben, stellt sich nicht ein – es sei denn man nimmt die vorliegende „Eintragung" (67) als ein erstes, unvollkommenes Beispiel.

Was hinter dem „allzu verführerischen ... Zug zur dunklen Seite des Lebens" (58) bleibt, ist die Hoffnung auf die neue, die nächste Generation. Wie wichtig Christa Wolf dieser Wechsel ist, wird in dem Bericht von einer Lesung der Erzählerin in einem Berliner Kulturhaus („CLUB DER VOLKSSOLIDARITÄT [85]) deutlich, mit der das Buch abschließt. Beunruhigt durch die Vorzeichen einer Provokation gibt die Erzählerin hier noch einmal ihr Bestes; versucht „für diese eine Stunde" ihre Welt in die Köpfe der Zuhörer, auch der von Amt wegen anwesenden, zu pflanzen („Denn wo steht geschrieben, daß sie aus Eisen, daß sie nicht auch verführbar sind." [93]); läßt sich in eine offene, „lockere" (97) Diskussion ziehen, zu der jeder unbesorgt sein „Scherflein" beizusteuern wagt; beobachtet, wie spontan echte Solidarität entsteht – und wird gleichzeitig von den Mächtigen betrogen. Denn während im Saal „das Wunder geschah" und keiner angriff und angegriffen wurde, „ein Fieber ... die meisten" (96) erfaßte, „als stehe man vor einem Fest" (97) – knüppelt die vorbestellte Polizei draußen jene jugendlichen Besucher auseinander, denen man keinen Einlaß gewährt hatte.

Doch während der Leiter des Clubhauses als „gesund empfindender Mensch" von „Hausfriedensbruch" und einer „glücklicherweise ... schlagkräftigen Polizei" (100) spricht, begleiten die Jugendlichen, darunter jener junge Mann, der ihr seit Monaten seine Gedichte in den Briefkasten steckt, die Erzählerin zum Auto: „... ist schon besser, sagte der Junge" und fügt hinzu was die eigene Tochter später bestätigt, nämlich, daß die Draußenstehenden „wirklich friedlich ..., friedlich und unprovokativ" (103) gewesen seien, „sogar lustig", „ein Happening" (101) das Ganze. Und ob die Diskussion, die sie nicht miterleben durften, gut gewesen sei, wollen die beiden wissen. „O doch. Es ging um Zukunft, wissen Sie. Was bleibt. Was bleibt." (103)

Christa Wolf hatte im Februar 1990 die „aktuellen Texte" von ‚Im Dialog' in einer „subjektiven Chronik der jüngst vergangenen Ereignisse" zusammengefaßt, die sie „Nachtrag zu einem Herbst" nannte. Diese Chronik zeugt von der atemberaubenden Hektik jener Tage und Monate („. . . keine Minute, um abzuwägen und zu überlegen. Kein Abstand, der erlaubt hätte, mir bei meinen Aktivitäten selber zuzusehen"[72]), von persönlichen Verstrickungen („Meine Tochter, inzwischen entlassen, wollte durchs Telefon nur Stichworte geben: Lastauto, Polizeirevier, Garage") und davon, daß Christa Wolf von vielen gebraucht wurde („. . . Freunde vom Neuen Form hatten mir nahegelegt, eine Gelegenheit zu suchen, um ihre Ziele öffentlich zu vertreten . . ."[73]). Diese Chronik ist zugleich ein erstes Dokument der Vorahnung von dem was sich seit Frühjahr 1990 durchgesetzt hat: von den „wütenden und aggressiven" Angriffen auf alles und jeden („,sozialistische Alternative'"), der die damals diskutierte „dringend notwendige Finanzhilfe aus der Bundesrepublik"[74] verzögert; von der Verdrängung jenes eben erwachten, „neuen, im Widerstand entwickelten Selbstbewußtseins der DDR-Bürger" durch das „einschüchternde Selbstbewußtsein vieler Bundesbürger"[75]; vom Sieg eines „hemmungslosen Effizienz- und Konkurrenzdenkens" über die „Vision" und den „Traum" „kleinerer intellektueller Zirkel", „die unter den herrschenden Machtstrukturen" in der DDR bislang nicht „in Erscheinung treten konnten"[76]; von einer immer stärker werdenden Kunst- und Intellektuellenfeindlichkeit („Schon gehört wieder Mut dazu, gewisse Ansichten öffentlich zu äußern . . ."[77]); und schließlich von dem Ende jenes „Gemeinwesens", mit dem „unsere eigene Lebensgeschichte" so eng verbunden gewesen war: „Wird dieses Pochen noch jemanden interessieren? Wird es immer leiser werden, schließlich von selbst aufhören? Ist es auch das, was viele wünschen?"[78]

Kein Ort, nirgends also? Das endgültige Ende jener beständig von außen bedrängten und oft von innen in Frage gestellten Utopie? Vielleicht nicht, denn jene „dissidentische Substanz" und jene „Spurenelemente der Sehnsucht nach einer menschlichen Gemeinschaft, in der es ,keine halbierten Menschen'"[79] gibt, jene Ideen und Träume also, die Christa Wolf über dreißig, vierzig Jahre hinweg mit verschiedenen Namen belegt hatte, darunter dem jetzt abgewirtschafteten Begriff Sozialismus, waren schon lange nicht mehr an ein spezifisches Land und an eine Gesellschaftsform gebunden: „Wer wird es auf sich nehmen, Widerspruch anzumelden gegen bestimmte menschliche Konsequenzen eines Wirtschaftssystems, dessen Segnungen verständlicherweise jetzt von den meisten herbeigesehnt werden. Auch mag – kaum wage ich es jetzt schon auszusprechen – ganz allmählich ein Bedürfnis nach einem utopischen Denken wieder wachsen, das sich aus dem Alltagsleben heraus entwickeln müßte, nicht aus der Theorie . . . in den letzten Jahren, . . . als diese großen Ideologien für mich nicht nur immer zweifelhafter, sondern auch unwesentlicher wurden . . ., wurde mir der normale Alltag immer wertvoller . . .“.[80]

So gesehen dürfte das, was Christa Wolf im Mai 1990 zum Tode von Irmtraud Morgner schrieb, ebenso seine Gültigkeit behalten wie ihre abschließenden Sätze auf dem Außerordentlichen Schriftstellerkongreß der DDR im Frühjahr desselben Jahres: „Unter der Eruption zerstörerischer und selbstzerstörerischer Kräfte, die ein Zusammenbruch freisetzt, hat sie gelitten, zuletzt noch unter der absichtsvollen Entwertung der Literatur, die in der DDR entstanden ist. Ihre Bücher, denke ich, könnten überleben, unter allen Zuschüttungen keine Ruhe finden . . .[81] sollten also wir gleich kollektiv den Kopf verlieren, uns selbst aufgeben, unsere Geschichte, unseren Mut und unser Selbstbewußtsein, auch unsere vielgeprüfte Erfahrung im Ausnutzen von Widersprüchen bei den Regierenden – bloß weil die Mächte wechseln, mit denen wir uns auseinandersetzen müssen?“[82]

V. Anmerkungen

I. Biographie und Zeitgenossenschaft

1 Christa Wolf, in: Berliner Begegnung zur Friedensförderung. Protokolle des Schriftstellertreffens am 13./14. Dezember 1981. Darmstadt: Luchterhand 1982, S. 119.
2 Hans-Dietrich Sander: Die Gesellschaft und Sie. In: Deutschland-Archiv 6/1969, S. 599.
3 Wilhelm Girnus: ... kein ‚Wenn und aber‘ und das poetische Licht Sapphos. In: Sinn und Form 5/1983, S. 1102.
4 Annemarie Auer: Gegenerinnerung. In: Sinn und Form 4/1977, S. 855.
5 Max Walter Schulz: Das Neue und das Bleibende in unserer Literatur (Referat auf dem VI. Deutschen Schriftstellerkongreß 28.–30. 5. 1969). In: Neue deutsche Literatur 9/1969, S. 47.
6 Klaus Jarmatz: Die Geschichte und die Literatur. In: Neues Deutschland v. 14. 5. 1980.
7 Vgl. dazu u. a. Wolfgang Emmerich: Kleine Literaturgeschichte der DDR. Darmstadt: Luchterhand 1981 (= SL, 326); Manfred Jäger: Kultur und Politik in der DDR. Ein historischer Abriß. Köln: Edition Deutschland Archiv 1982; Honecker's Germany, hrsg. v. David Childs. London: Allen & Unwin 1985; Hermann Weber: Geschichte der DDR. München: Deutscher Taschenbuch Verlag 1985 (= dtv, 4430).
8 Christa Wolf: Ein Besuch (1969). In Ch. W.: Lesen und Schreiben. Aufsätze und Prosastücke. Darmstadt: Luchterhand 1972, S. 152 (= SL, 90).
9 Christa Wolf: Blickwechsel (1970). In Ch. W.: Gesammelte Erzählungen. 7. Aufl. Darmstadt: Luchterhand 1981, S. 10 (= SL, 361).
10 Christa Wolf: Die Dimension des Autors. Gespräch mit Hans Kaufmann (1974). In Ch. W.: Lesen und Schreiben. Neue Sammlung. Essays, Aufsätze, Reden. Darmstadt: Luchterhand 1980, S. 79–80 (= SL, 295).
11 Christa Wolf: Zu einem Datum (1971). In Ch. W.: Lesen und Schreiben, S. 47.
12 A. a. O., S. 52.
13 Christa Wolf: Um den neuen Unterhaltungsroman. (Zu E. R. Greulich: Das geheime Tagebuch). In: Neues Deutschland 169/1952.
14 Schreiben heißt Verantwortung. Gespräch mit dem Heinrich-Mann-Preisträger Gerhard Wolf. In: Neue Zeit v. 7. 4. 1974.

15 Documentation: Christa Wolf. In: German Quarterly 1/1984, S. 96.
16 Christa Wolf: Dienstag, der 27. September 1960. In: Tage für Jahre, hrsg. v. Elli Schmidt. Rostock: Hinstorff 1974, S. 87, 86. Christa Wolf hat den Text später überarbeitet. Zitate folgen der Fassung in ‚Tage für Jahre‘.
17 Louis Fürnberg: Brief an Christa Wolf. Františkovy Lázně, den 15. 6. 1956. In: Louis Fürnberg. Ein Lesebuch für unsere Zeit, hrsg. v. Hans Böhm. Berlin: Aufbau 1974, S. 420.
18 Christa Wolf: Über Sinn und Unsinn von Naivität (1973). In Wolf: Lesen und Schreiben. Neue Sammlung, S. 57.
19 A. a. O., S. 60.
20 Wolf: Die Dimension des Autors. Gespräch mit Hans Kaufmann, S. 84.
21 Wolf: Über Sinn und Unsinn von Naivität, S. 67.
22 Vgl. Ingeborg Gerlach: Bitterfeld. Arbeiterliteratur und Literatur der Arbeitswelt in der DDR. Kronberg: Scriptor 1974.
23 Wolf: Dienstag, der 27. September 1960, S. 84.
24 A. a. O., S. 87.
25 A. a. O., S. 97.
26 Christa Wolf: Juninachmittag (1967). In Ch. W.: Gesammelte Erzählungen, S. 49.
27 Günter de Bruyn über Christa Wolf. Fragment eines Frauenporträts. In: Liebes- und andere Erklärungen. Schriftsteller über Schriftsteller, hrsg. v. Annie Voigtländer. Berlin: Aufbau 1972, S. 414.
28 Autoren-Werkstatt: Christa Wolf. Gespräch mit Joachim Walther. In: Meinetwegen Schmetterlinge. Gespräche mit Schriftstellern, hrsg. v. J. W. Berlin: Buchverlag der Morgen 1973, S. 114.
29 Christa Wolf: Gute Bücher – und was weiter? (Diskussionsbeitrag auf dem 11. Plenum des ZK der SED. 16.–18. 12. 1965). Zitiert nach: Dokumente zur Kunst-, Literatur- und Kulturpolitik der SED, hrsg. v. Elimar Schubbe. Stuttgart: Seewald 1972, S. 1098.
30 DEFA-Film nach Christa Wolf gestoppt. In: Bremer Nachrichten v. 16. 4. 1966. Vgl. auch Welt v. 16. 4. 1966.
31 Leseabend mit Christa Wolf. In: Die Andere Zeitung 48 v. 18. 11. 1965. Vgl. auch Kieler Nachrichten v. 12. 11. 1965. Im Zentrum des Romans schien ein Dokumentarfilmmacher gestanden zu haben, der keine „Ideale" mehr verfilmen will. Christa Wolf selbst bezeichnete den Roman als „Buch der Selbstverständigung, das einen Ausschnitt aus den Problemen ihrer Generation" geben wolle (‚Die Andere Zeitung‘ 48 v. 18. 11. 1965).
32 Christa Wolf: Selbstinterview (1968). In Ch. W.: Lesen und Schreiben. Neue Sammlung, S. 55.
33 Christa Wolf: Unruhe und Betroffenheit (Gespräch mit Joachim Walther, 1973). In Ch. W.: Fortgesetzter Versuch. Aufsätze, Gespräche, Essays. 3., erweit. Aufl. Leipzig: Reclam 1982, S. 68 (= RUB, 773).
34 A. a. O., S. 71.

35 Günter de Bruyn über Christa Wolf, S. 412.
36 A. a. O., S. 410.
37 A. a. O., S. 412.
38 Schulz: Das Neue und das Bleibende in unserer Literatur, S. 47.
39 Kurt Hager: Wissenschaft und Kultur in der entwickelten sozialistischen Gesellschaft der DDR. In: Sonntag 23 v. 6. 6. 1971, S. 8.
40 Kurt Hager: Zu Fragen der Kulturpolitik der SED (Referat auf dem 6. Plenum des ZK der SED. 6./7.7. 1972). In: Neues Deutschland v. 8.7. 1972.
41 Erich Honecker, Rede auf dem 4. Plenum des ZK der SED am 17. 12. 1971. In: Neues Deutschland v. 18. 12. 1971.
42 Hermann Kant: Unsere Worte wirken in der Klassenauseinandersetzung. In: Neues Deutschland v. 15. 11. 1973.
43 Wolf: Ein Besuch, S. 173.
44 Christa Wolf: Lesen und Schreiben (1972). In Ch. W.: Lesen und Schreiben. Neue Sammlung, S. 29.
45 Jürgen Kuczynski: Gesellschaftliche Widersprüche. In: Deutsche Zeitschrift für Philosophie 10/1972, S. 1269–79. Vgl. auch von demselben Verfasser: Studien zur Wissenschaft von den Gesellschaftswissenschaften – Erinnerungen, Erfahrungen, Überlegungen. Berlin: Deutscher Verlag der Wissenschaften 1972; Künstlerische und wissenschaftliche Aneignung. In: Neue deutsche Literatur 2/1973, S. 3–15; sowie Kurt Marko: Pragmatische Koexistenz – Partnerschaft von Ost und West? Der Staatssozialismus im Wandel von der Reformutopie zum Defensivrealismus. Stuttgart: Seewald 1973.
46 Wolf: Unruhe und Betroffenheit (Gespräch mit Joachim Walther), S. 69.
47 (Peter Wilke) Das wird man bei uns anders verstehen. UZ-Gespräch mit der bekannten DDR-Autorin Christa Wolf. In: Unsere Zeit v. 2. 11. 1974.
48 Christa Wolf: Fragen an Konstantin Simonow (1973). In Ch. W.: Fortgesetzter Versuch, S. 163–78.
49 Christa Wolf: Sinnwandel (zu Thomas Mann, 1975). In Ch. W.: Lesen und Schreiben. Neue Sammlung, S. 198–9.
50 Christa Wolf: Max Frisch, beim Wiederlesen (1975). A. a. O., S. 200–8.
51 Aus der großen Zahl von Presseberichten zu diesem Fall seien nur genannt: Christa Wolf kommt. Verleihung des Raabe-Preises. In: Frankfurter Allgemeine Zeitung v. 6. 9. 1972; Die Preis-Ente. In: Zeit v. 18. 1. 1974.
52 Vgl. u. a. Nancy A. Lauckner: Günter Kunert's Image of the USA: Another Look at ‚Der andere Planet‘. In: Studies in GDR Culture and Society 3, hrsg. v. Margy Gerber u. a. Lankam: University Press of America 1983, S. 125–35.
53 Vgl. Alexander Stephan: Von Aufenthalten, Hosenknöpfen und Kindheitsmustern. Das Dritte Reich in der jüngeren Prosa der DDR. In:

Akten des VI. Internationalen Germanisten-Kongresses. Basel 1980, Bd. 4, hrsg. v. Heinz Rupp u. Hans-Gert Roloff. Bern: Lang 1980, S. 552–8 (= Jahrbuch für Internationale Germanistik. Reihe A, Bd. 8,4).

54 Christa Wolf. In: Berliner Begegnung, S. 72, 93, 116–9.

55 Christa Wolf. In: kürbiskern 4/1982, S. 22–3. Vgl. dagegen den anderslautenden Text in: ‚Es geht, es geht . . .‘ Zeitgenössische Schriftsteller und ihr Beitrag zum Frieden – Grenzen und Möglichkeiten, hrsg. v. Bernt Engelmann u. a. München: Goldmann 1982, S. 101–3 (= Goldmann Taschenbuch, 6561). An der Zweiten Berliner Begegnung (1983) und an der Interlit in Köln (1982) konnte Christa Wolf wegen Krankheit nicht teilnehmen.

56 Christa Wolf: A Dialogue with Christa Wolf (mit Grace Paley). In: Newsletter. PEN-American Center 53 (1984), S. 8–13.

57 Christa Wolf: Kassandra. Erzählung. Darmstadt: Luchterhand 1986, S. 27 (= SL, 455).

II. Das Werk Christa Wolfs

II.1 *Moskauer Novelle*

1 Bei dieser Zeitangabe scheint es sich um einen Irrtum oder einen Druckfehler zu handeln. Die ‚Moskauer Novelle‘ erschien 1961 im Mitteldeutschen Verlag und wurde 1966 in der Romanzeitung 204 (Berlin: Volk und Wissen) nachgedruckt.

2 Wolf: Über Sinn und Unsinn von Naivität, S. 59.

3 A. a. O., S. 66.

4 A. a. O., S. 63.

5 A. a. O., S. 61–2, 63.

6 A. a. O., S. 60.

7 A. a. O., S. 61, 60.

8 Christa Wolf: Moskauer Novelle. Halle: Mitteldeutscher Verlag 1961. Seitenzahlen, die in Kapitel II. 1 in Klammern einem Zitat folgen, beziehen sich auf diese Ausgabe.

9 Wolf: Über Sinn und Unsinn von Naivität, S. 62.

10 A. a. O., S. 60.

11 Christa Wolf: Achtung, Rauschgifthandel! In: Neue deutsche Literatur 2/1955, S. 140.

12 Wolf: Fragen an Konstantin Simonow, S. 167.

13 Christa Wolf: Einiges über meine Arbeit als Schriftsteller. In: Junge Schriftsteller der Deutschen Demokratischen Republik in Selbstdarstellungen, hrsg. v. Wolfgang Paulick. Leipzig: Bibliographisches Institut 1965, S. 14, 12.

1 Gerda Schultz: Ein überraschender Erstling. In: Neue deutsche Literatur 7/1961, S. 128–31.

2 ‚Der geteilte Himmel‘ und seine Kritiker, hrsg. v. Martin Reso. Halle: Mitteldeutscher Verlag 1956, S. 9.

3 Christa Wolf: Der geteilte Himmel. Erzählung. München: Deutscher Taschenbuch Verlag 1973 (= dtv, 915). Seitenzahlen, die in Kapitel II.2 in Klammern einem Zitat folgen, beziehen sich auf diese Ausgabe.

4 Karl Corino, Interview mit Christa Wolf; gesendet im Hessischen Rundfunk am 27. 11. 1974 in der Reihe ‚Transit. Kultur in der DDR‘.

5 Sonja Hilzinger: Christa Wolf. Stuttgart: Metzler 1986, S. 25 (= Sammlung Metzler, 224).

6 S. Anmerkung II.3, 12.

7 Dieter Schlenstedt: Motive und Symbole in Christa Wolfs Erzählung ‚Der geteilte Himmel‘. In: Weimarer Beiträge 1/1964, S. 79 verweist auch auf Arnold Zweigs Grischa-Roman: „Man erinnert sich bei dieser Wendung des Vorspruchs, bei dieser weltanschaulich großen Verallgemeinerung der Geschichte vom Scheitern einer Liebe an den Grischa-Prolog Zweigs.“

8 Zu den Begriffen ‚gefährliches und gewöhnliches Leben‘ bei Anna Seghers vgl. Martin Straub: Alltag und Geschichte in Anna Seghers’ Roman ‚Das siebte Kreuz‘. Studien zur Motivgestaltung. Phil. Diss. 1977; ders.: Heislers Weg in das ‚gewöhnliche Leben‘. Zur Wirklichkeitsaufnahme in Anna Seghers’ Zeitgeschichtenroman ‚Das siebte Kreuz‘. In: Erzählte Welt. Studien zur Epik des 20. Jahrhunderts, hrsg. v. Helmut Brandt u. Nodar Kakabadse. Berlin: Aufbau 1978, S. 212–33, 439–43.

9 Wolf: Vorsicht, Rauschgifthandel. S. 136–40.

10 Christa Wolf: Nachdenken über Christa T. 25. Aufl. Neuwied: Luchterhand 1986, S. 16 (= SL, 31).

11 A. a. O., S. 142.

12 Dietrich Allert und Hubert Wetzelt: Die große Liebe. Zitiert nach: ‚Der geteilte Himmel‘ und seine Kritiker, S. 79.

13 A. a. O., S. 81.

14 A. a. O., S. 83.

15 A. a. O., S. 84.

16 A. a. O., S. 85.

17 Hans Koch: Aus der Rede vor dem Vorstand des Deutschen Schriftstellerverbandes in Halle, Dezember 1963. Zitiert nach: ‚Der geteilte Himmel‘ und seine Kritiker, S. 176.

18 Schlenstedt: Motive und Symbole in Christa Wolfs Erzählung ‚Der geteilte Himmel‘, S. 94.

19 Alfred Kurella: Begründung der Zuteilung des Heinrich-Mann-Preises

für 1963 an Frau Christa Wolf. Zitiert nach: ,Der geteilte Himmel' und seine Kritiker, S. 28.

20 Zitiert nach Franz Lennartz: Deutsche Dichter und Schriftsteller unserer Zeit. 10., erweit. Aufl. Stuttgart: Kröner 1969, S. 762 (= Kröners Taschenausgabe, 151).

21 Vgl. zum Beispiel ,Sonntag' 29, 42, 45 ff./1964 und den Bericht im ,Sonntagsblatt' v. 14. 6. 1964.

22 Günter Karl: Experiment im Streitgespräch. Zitiert nach: Dokumente zur Kunst-, Literatur- und Kulturpolitik der SED, S. 1004.

23 Christa Wolf in: Forum 18/1963. Zitiert nach: ,Der geteilte Himmel' und seine Kritiker, S. 256.

24 Wolf: Nachdenken über Christa T., S. 181.

II.3 ,Nachdenken über Christa T.'

1 Schulz: Das Neue und das Bleibende in unserer Literatur, S. 47, 46.

2 Seitenzahlen, die in Kapitel II.3 in Klammern einem Zitat folgen, beziehen sich auf die 25. Auflage von ,Nachdenken über Christa T.' in der Sammlung Luchterhand 1986 (= SL 31). In den Zitaten aus ,Nachdenken über Christa T.' wurde ihr Kursivsatz, dessen Funktion nur im Kontext einsichtig ist, nicht bewahrt.

3 Marcel Reich-Ranicki: Christa Wolfs unruhige Elegie. In: Zeit v. 23. 5. 1969.

4 Heinrich Mohr: Produktive Sehnsucht. Struktur, Thematik und politische Relevanz von Christa Wolfs ,Nachdenken über Christa T.'. In: Basis 2 (1971), S. 191.

5 Schulz: Das Neue und das Bleibende in unserer Literatur, S. 47.

6 Dieter Schlenstedt: Ankunft und Anspruch. Zum neueren Roman in der DDR. In: Sinn und Form 3/1966, S. 814–35.

7 Marcel Reich-Ranicki: Christa Wolfs unruhige Elegie. In: Zeit v. 23. 5. 1969.

8 Wolf: Selbstinterview, S. 51–2. Teile dieses ,Selbst'-Interviews sind bereits am 18. 10. 1966 in einem Gespräch mit Christa Wolf in der Sendung ,Autoren kommen zu Wort' vom Berliner Rundfunk (DDR) gesendet worden.

9 Hans Mayer: Christa Wolf/Nachdenken über Christa T. In: Neue Rundschau 1/1970, S. 184.

10 Corino, Interview mit Christa Wolf (27. 11. 1974).

11 Fritz Raddatz: Mein Name sei Tonio K. In: Spiegel 23/1969, S. 153–4.

12 Vgl. zu Anna Seghers: Das wirkliche Blau (1967) in Kurt Batt: Anna Seghers. Versuch über Entwicklung und Werke. Leipzig: Reclam 1973, S. 243–6 (= Reclams-Universal-Bibliothek, 531).

13 Martin Esslin: Brecht. Das Paradox des politischen Dichters. München: Deutscher Taschenbuch Verlag 1970, S. 311 (= dtv, 702).

14 Bertolt Brecht: Gesammelte Werke. Bd. 8: Gedichte 1. Frankfurt: Suhr-kamp 1967, S. 232 (= werkausgabe edition suhrkamp).
15 Dieses Bibelzitat hat auch der Kulturbundpräsident und spätere Kultur-minister der DDR, Johannes R. Becher, unmittelbar nach 1945 in sei-nen Ansprachen und Aufsätzen immer wieder gebraucht.
16 Gabriele Wohmann: Frau mit Eigenschaften. In: Christ und Welt v. 5. 12. 1969.
17 Wolf: Lesen und Schreiben, S. 32.
18 Horst Haase: Nachdenken über ein Buch. In: Neue deutsche Literatur 4/1969, S. 184.
19 Johannes R. Becher: Auf andere Art so große Hoffnung. Tagebuch 1950. Eintragungen 1951. Berlin: Aufbau 1969, S. 224.
20 Wolf: Selbstinterview, S. 54–5.
21 Thomas Beckermann: Das Abenteuer einer menschenfreundlichen Prosa. Gedanken über den Tod in der sozialistischen Literatur. In: Text + Kritik 46/1985 (3., erweit. Aufl.), S. 59 (Anmerkung 8).
22 Raddatz: Mein Name sei Tonio K., S. 153.
23 Heinz Kersten: Christa Wolfs ‚Nachdenken über Christa T.‘. Zu einem literarischen und einem kulturpolitischen Ereignis. In: Frankfurter Rundschau v. 21. 6. 1969.
24 Haase: Nachdenken über ein Buch.
25 Hermann Kähler: Christa Wolfs Elegie. In: Sinn und Form 1/1969, S. 251–61.
26 Adam Krzemiński: Rytm pokoleniowy (Rhythmus der Generationen). In: Polityka v. 17. 5. 1969.
27 Anonym: Istorija Kristy T. (Geschichte der Christa T.). In: Literatur-naja gazeta v. 14. 5. 1969, S. 15.
28 Wolf: Selbstinterview, S. 54.

II.4 ‚Till Eulenspiegel‘

1 Hans Kaufmann. Gespräch mit Christa Wolf, S. 89.
2 Christa und Gerhard Wolf: Till Eulenspiegel. 3. Aufl. Darmstadt: Luch-terhand 1986 (= Sammlung Luchterhand, 430). Seitenzahlen, die in Kapitel II.4 in Klammern einem Zitat folgen, beziehen sich auf diese Ausgabe.
3 Hermann Kähler: Panorama der Zeit des Bauernkrieges. In: Neues Deutschland v. 13. 2. 1974.
4 Jürgen P. Wallmann: Till Eulenspiegel in neuer Sicht. In: Die Tat v. 12. 4. 1974.
5 Wolfgang Heise: Nachbemerkung. In Christa und Gerhard Wolf: Till Eulenspiegel. Erzählung für den Film. Berlin: Aufbau 1973, S. 217–23 (= Edition Neue Texte). Heises Aufsatz ist nur der DDR-Ausgabe des ‚Till Eulenspiegels‘ beigefügt.

6 Wolf: Nachdenken über Christa T., S. 55.

7 Hans Kaufmann. Gespräch mit Christa Wolf, S. 88–9.

8 Wolfgang Werth: Der Narr als Systemkritiker. In: Süddeutsche Zeitung v. 3. 4. 1974.

9 Ohne Erfolg blieb eine Theaterfassung des Eulenspiegelstoffes, die 1982 vom Niedersächsischen Staatstheater in Hannover auf die Bühne gebracht wurde (vgl. u. a. Deutschland-Archiv 7/1982, S. 689–90, Süddeutsche Zeitung v. 15. 4. 1982 und Welt v. 15. 3. 1982).

II.5 *Erzählungen*

1 Dieser Grenzbereich zwischen Kurzprosa und Essayistik interessierte Christa Wolf bereits im Zusammenhang mit Ingeborg Bachmanns ‚Was ich in Rom sah und hörte‘, das die Bachmann „seltsam genug, unter die Essays einreiht" (Christa Wolf: Die zumutbare Wahrheit. Prosa der Ingeborg Bachmann [1966]. In Ch. W.: Lesen und Schreiben, Neue Sammlung, S. 175.).

2 In der DDR-Ausgabe der ‚Erzählungen‘. Berlin: Aufbau 1985 fehlt der Text weiterhin.

3 Christa Wolf: Gesammelte Erzählungen. 7. Aufl. Darmstadt: Luchterhand 1981 (= SL, 361). Seitenzahlen, die in Kapitel II.5 in Klammern einem Zitat folgen, beziehen sich auf diese Ausgabe.

4 Hans Kaufmann. Gespräch mit Christa Wolf, S. 95.

5 Horst Simon: Zur Erfindung dessen, den man lieben kann. In: Neues Deutschland, Oktober 1974.

6 Hans Kaufmann: Zu Christa Wolfs poetischem Prinzip. Nachbemerkung zum Gespräch. In: Weimarer Beiträge 6/1974, S. 117; Kaufmann fährt dann allerdings fort: „... doch sind ihre inneren Haltungen und Wertungen – das soll dem Leser keineswegs verborgen bleiben – durchaus die der Christa Wolf" (117).

7 Hans Kaufmann. Gespräch mit Christa Wolf, S. 93.

8 Manfred Jäger: Brisante Signale aus der Geschichte. In: Deutsches Allgemeines Sonntagsblatt v. 13. 4. 1980.

9 Vgl. z. B. Sabine Brandt: Fingerübungen und Reste. In: Frankfurter Allgemeine Zeitung v. 30. 6. 1980, die unter anderem feststellt, daß Christa Wolf von den Medien der Bundesrepublik mit zuviel „Ehrfurcht" und „Scheu" behandelt werde: „Ihre Gesprächspartner fungieren gewöhnlich als Stichwortgeber für intellektuelle Kapriolen ... beachtlich ist ihre Fähigkeit, Sprache als Nebelwerfer einzusetzen" und „Themen ... mit fließenden Bewegungen" auszuweichen. „So sitzt sie, eine vielbestaunte Pythia, in ihrem Klein-Delphi ... bei Berlin."

1 Der unveröffentlichte Brief an das ‚Neue Deutschland‘. In: Zeit v. 3. 12. 1976.

2 Zwei Monate aus dem Kulturleben der DDR. In: Zeit v. 2. 4. 1977. Sonja Hilzinger: Christa Wolf, S. 106 berichtet, wobei sie sich auf Wolfgang Werths „Chronik" im ‚Tintenfisch‘ 14 (1978) beruft, daß die „Bestrafung von Christa Wolf ... und Günter Kunert" bis zum 20. Januar 1977 ausgesetzt wurde, „weil sie die Verhandlung physisch und psychisch nicht durchstanden".

3 Die Ausbürgerung der Speerspitze. In: Zeit v. 27. 5. 1977.

4 Vgl. u. a. Exil. Die Ausbürgerung Wolf Biermanns aus der DDR. Eine Dokumentation, hrsg. v. Peter Roos. Köln: Kiepenheuer & Witsch 1977; Wolfgang Emmerich: Kleine Literaturgeschichte der DDR. Darmstadt: Luchterhand 1981, S. 180–96; Manfred Jäger: Kultur und Politik in der DDR. Ein historischer Abriß. Köln: Edition Deutschland Archiv 1982, S. 159–83.

5 Jörg Bernhard Bilke: Strafaktion gegen den Untergrund. In: Welt v. 8. 2. 1977.

6 Langer Atem. In: Spiegel 17 v. 18. 4. 1977, S. 76.

7 Annemarie Auer: Gegenerinnerung. In: Sinn und Form 4/1977, S. 847–78; Briefe an Annemarie Auer (Vorbemerkung v. Wilhelm Girnus; Briefe v. Wolfgang Hegewald, Stephan Hermlin, Kurt u. Jeanne Stern, Helmut Richter, Dieter Schiller, Leonore Krenzlin). A. a. O. 6/1977, S. 1311–22; Bernd Schick: Brief eines Nachgeborenen. Zu Christa Wolf und Annemarie Auer. A. a. O. 2/1978, S. 422–6.

8 Klaus Jarmatz: Kindheitsmuster. In: Neues Deutschland v. 5. 3. 1977.

9 Günther Cwojdrak: Kindheitsmuster – ein Probestück. In: Weltbühne 18 v. 3. 5. 1977, S. 551.

10 Hermann Kant: Kindheitsmuster. In: Sonntag 7 v. 13. 2. 1977, S. 6.

11 Hans Richter: Moralität als poetische Energie. In: Sinn und Form 3/1977, S. 677, 678.

12 Alexander Stephan: Die wissenschaftlich-technische Revolution in der Literatur der DDR. In: Deutschunterricht 2/1978, S. 18–34.

13 Gottfried Benn: Briefe an F. W. Oelze 1932–1945, hrsg. v. Harald Steinhagen u. Jürgen Schröder. Wiesbaden: Limes 1977, S. 343.

14 Kant: Kindheitsmuster, S. 5.

15 Christa Wolf: Kindheitsmuster. Roman. 14. Aufl. Darmstadt: Luchterhand 1986 (= SL, 277), S. 40. Seitenzahlen, die in Kapitel II.6 einem Zitat in Klammern folgen, beziehen sich auf diese Ausgabe.

16 Diskussion mit Christa Wolf. In: Sinn und Form 4/1976, S. 876.

17 A. a. O., S. 861.

18 A. a. O., S. 864–5.

19 Wolf: Lesen und Schreiben, S. 37.

20 A.a.O., S.24.
21 A.a.O., S.23.
22 A.a.O., S.24.
23 A.a.O., S.25.
24 Richter: Moralität als poetische Energie, S.674.
25 Andreas Lindner: Nachtrag zum Fall Biermann. In: Zeit v. 3.6. 1977.
26 Heinz Plavius: Gewissensforschung. In: Neue deutsche Literatur 1/1977, S.146.
27 ,Ich bin schon für eine gewisse Maßlosigkeit.' Christa Wolf im Gespräch mit Wilfried F.Schoeller. In: Christa Wolf Materialienbuch, hrsg. v. Klaus Sauer. Darmstadt: Luchterhand 1979, S.60 (= SL, 265).
28 Anna Seghers, Brief an Georg Lukács v. 28.6. 1938. In: Marxismus und Literatur, hrsg. v. Fritz J.Raddatz. Bd.2. Reinbek: Rowohlt 1969, S.111–2.
29 Vgl. Fritz J.Raddatz: Wo habt ihr bloß alle gelebt. In: Zeit v. 11.3. 1977.
30 A.a.O.
31 Das trifft zumindest für die Ausgabe von ,Kindheitsmuster' im Aufbau Verlag zu. Der Luchterhand Verlag setzt wieder „Roman" hinzu.

II.7 ,Kein Ort. Nirgends'

1 ,Ich bin schon für eine gewisse Maßlosigkeit', S.60.
2 Christa Wolf: Kein Ort. Nirgends. 11.Aufl. Darmstadt: Luchterhand 1986 (= SL 325), S.6. Seitenzahlen, die in Kapitel II.7 in Klammern einem Zitat folgen, beziehen sich auf diese Ausgabe.
3 Vgl. dagegen E. v. Bülow in: Heinrich von Kleists Lebensspuren. Dokumente und Berichte der Zeitgenossen, hrsg. v. Helmut Sembdner. Bremen: Schünemann 1957, S.89 (= Sammlung Dieterich, 172).
4 Christa und Gerhard Wolf: Till Eulenspiegel (Gespräch mit Annegret Herzberg). In: Sonntag 2 v. 14.1. 1973, S.6.
5 Christa Wolf: Der Schatten eines Traumes. Karoline von Günderrode – ein Entwurf (1979). In Ch.W.: Lesen und Schreiben. Neue Sammlung, S.281.
6 Ingeborg Drewitz: Stil und Existenz gehören zusammen. Christa Wolfs ,Kindheitsmuster' und ,Kein Ort. Nirgends'. In: Text + Kritik 46/1985 (3. erweit. Aufl.), S.66.
7 Christa Wolf: Projektionsraum Romantik. Ein Gespräch (mit Frauke Mayer-Gosau, 1982). In Ch.W. u. Gerhard Wolf: Ins Ungebundene gehet eine Sehnsucht. Gesprächsraum Romantik. Prosa. Essays. Berlin: Aufbau 1985, S.376.
8 Günter Kunert: Pamphlet für K. in: Sinn und Form 5/1975, S.1092.
9 Seghers, Brief an Lukács v. 28.6. 1938, S.111; vgl. Wolf: Der Schatten eines Traumes, S.226, 238.

10 Kunert: Pamphlet für K., S. 1093.
11 Wolf: Der Schatten eines Traumes, S. 225.
12 Christa Wolf: Berührung (1978). In Ch. W.: Lesen und Schreiben. Neue Sammlung, S. 221.
13 Andreas Huyssen: Auf den Spuren Ernst Blochs. Nachdenken über Christa Wolf. In: Basis 5 (1975), S. 100–16 (= STB, 276).
14 Wolfgang Werth: Für Unlösbares gibt es keine Form. In: Süddeutsche Zeitung v. 4. 4. 1979.
15 Werbetext des Luchterhand Verlags zu Christa Wolfs ‚Kein Ort. Nirgends‘.
16 Wolf: Max Frisch, Beim Wiederlesen oder: Vom Schreiben in Ich-Form, S. 200.
17 Wolf: Kindheitsmuster, S. 378.
18 Vgl. Rolf Michaelis: Eine andre Art von Tod. In: Zeit v. 16. 3. 1979; Wilfried F. Schoeller: Nicht gelungen, gewiß nicht. In: Frankfurter Rundschau v. 7. 4. 1979; Sibylle Wirsing: Das Malheur zu allem Unglück. In: Frankfurter Allgemeine Zeitung v. 24. 3. 1979.
19 Christa Wolf: Ein Satz. Bremer Rede (1978). In Ch. W.: Lesen und Schreiben. Neue Sammlung, S. 104–5.
20 Günter de Bruyn: ‚Sie, Kleist, nehmen das Leben gefährlich ernst.‘ In: Christa Wolf Materialienbuch, hrsg. v. Klaus Sauer, 2., erweit. Aufl. Darmstadt: Luchterhand 1983, S. 23 (= SL, 265).
21 Wolf: Ein Satz, S. 105.

II.8 ‚Kassandra‘

1 Das Kassandra-Kapitel folgt in Teilen meinem Aufsatz Frieden, Frauen und Kassandra. In: Wolf. Darstellung – Deutung – Diskussion, hrsg. v. Manfred Jurgensen. Bern: Francke 1984, S. 149–73.
2 Zur monologischen Form des Textes hat sich Christa Wolf in einem Interview geäußert: „Zuerst habe ich sechzig Seiten in der dritten Person geschrieben, dann habe ich gemerkt, daß es nicht das bringt, was ich wollte. Ich schrieb dann das Ganze als Monolog, was eine größere Intensität und eine stärkere Identifizierung mit der Figur brachte, die sich vielleicht auf den Leser überträgt" (Documentation: Christa Wolf, S. 108).
3 Wolf: Berührung, S. 220.
4 In ‚Lesen und Schreiben. Neue Sammlung‘, S. 319 ist ‚Beispiele ohne Nutzanwendung‘ als „Beitrag zum PEN-Kongreß in Stockholm, April 1977" gekennzeichnet. Die 3., erweiterte DDR-Ausgabe von ‚Fortgesetzter Versuch‘, S. 142 gibt dagegen „Edinburgh, April 78" an. Im Text selber findet sich der Satz: „. . . ich schreibe dies am 2. Mai 1978" (Christa Wolf: Beispiele ohne Nutzanwendung. In: C. W.: Lesen und Schreiben. Neue Sammlung, S. 109).

5 Wolf: Berührung, S. 220.
6 Wolf: Beispiele ohne Nutzanwendung, S. 110.
7 A. a. O., S. 111.
8 Christa Wolf: Von Büchner sprechen. In C. W.: Fortgesetzter Versuch, S. 151. Für Bloch vgl. in diesem Zusammenhang besonders den Essay ‚Der Nazi und das Unsägliche‘. In E. B.: Politische Messungen. Pestzeit, Vormärz. Frankfurt: Suhrkamp 1970, S. 185–92 (= Gesamtausgabe, 11). Für Benjamin siehe ‚Das Kunstwerk im Zeitalter seiner technischen Reproduzierbarkeit‘. In W. B.: Gesammelte Schriften. Bd. 1.2, hrsg. v. Rolf Tiedemann u. Hermann Schweppenhäuser. Frankfurt: Suhrkamp 1974, S. 431–70.
9 Wolf: Von Büchner sprechen, S. 150–1.
10 A. a. O., S. 150.
11 A. a. O., S. 159, 160.
12 A. a. O., S. 160.
13 A. a. O., S. 158.
14 A. a. O., S. 160.
15 Wolf: A Dialogue with Christa Wolf, S. 11.
16 Christa Wolf, in: Berliner Begegnung zur Friedensförderung, S. 119.
17 Christa Wolf: Ein Brief. In: Mut zur Angst. Schriftsteller für den Frieden, hrsg. v. Ingrid Krüger. Darmstadt: Luchterhand 1982, S. 158 (= SL, 415).
18 A. a. O., S. 157.
19 Documentation: Christa Wolf, S. 102.
20 Wolf: A Dialogue with Christa Wolf, S. 10. Im Februar 1984 geht Christa Wolf in einem Interview mit der DDR-Zeitschrift ‚Wochenpost‘ dann sogar so weit, eine Verbindung zwischen „jüngeren Leuten in unserem Lande" und der Friedensbewegung im Westen herzustellen: „Ihr Mut ist eindrucksvoll. Dies ist der gleiche Menschentyp, den ich in der westdeutschen Friedensbewegung und unter den jüngeren Leuten in unserem Land angetroffen habe: offen, kritisch, ohne Scheuklappen, unbestechlich durch Karriere und Geld; angstfrei, mit Freude am Genuß" (‚Das starke Gefühl, gebraucht zu werden.‘ Gespräch mit Christa Wolf. In: Wochenpost 6/1984; zitiert nach Frankfurter Rundschau v. 7.3. 1984).
21 Wolf: Voraussetzungen einer Erzählung, S. 84. Seitenzahlen, die in Kapitel II.8 in Klammern einem Zitat folgen und mit KV eingeleitet werden, beziehen sich auf Christa Wolf: Voraussetzungen einer Erzählung: Kassandra. Darmstadt: Luchterhand 1983 (= SL, 456). Vgl. dagegen Christa Wolf: Kassandra. Vier Vorlesungen. Eine Erzählung. Berlin: Aufbau 1983, S. 110.
22 Wolf: Voraussetzungen einer Erzählung, S. 88; Wolf: Kassandra. Vier Vorlesungen. Eine Erzählung, S. 114. Folgende Passagen fehlen ebenfalls im DDR-Text (Seitenangaben beziehen sich jeweils auf die Ausgaben in der Sammlung Luchterhand bzw. beim Aufbau-Verlag):

„Ist diese Müdigkeit, sich zu engagieren, nicht eigentlich Hoffnungs-
müdigkeit?" (S. 94/120)

„Die Nachrichten beider Seiten bombardieren uns mit der Notwendigkeit von Kriegsvorbereitungen, die auf beiden Seiten Verteidigungsvor-
bereitungen heißen. Sich den wirklichen Zustand der Welt vor Augen
zu halten, ist psychisch unerträglich. In rasender Eile, die etwa der
Geschwindigkeit der Raketenproduktion beider Seiten entspricht, verfällt die Schreibmotivation, jede Hoffnung, ‚etwas zu bewirken'. Wem
soll man sagen, daß es die moderne Industriegesellschaft, Götze und
Fetisch aller Regierungen, in ihrer absurden Ausprägung selber ist, die
sich gegen ihre Erbauer, Nutzer und Verteidiger richtet: Wer könnte es
ändern. Der Wahnsinn geht mir nachts an die Kehle." (S. 97/124)

„[Ich] hasse jeden, der mit dieser Meldung weiterleben, weiterarbeiten
würde, und weiß zugleich: Auch dieser Selbsthaß ist es, den die Herrschenden dringend brauchen." (S. 106/135)

„Sie für ihren Teil, da sie erkannt habe, daß Zensur und Selbstzensur
kriegsfördernd seien; da sie sich klargemacht habe, daß wir die Zeit
nicht haben, unsre ‚eigentlichen' Bücher auf später zu verschieben – sie
habe aufgehört mit dem Reden und Schreiben mit gespaltener Zun-
ge . . ." (S. 109/139)

„Zu Priamos' Zeiten, da die Einheiten kleiner waren, die diese Könige
regierten (und sie durch Vergötterung einen zusätzlichen Schutz
genossen), war vielleicht ihre Abschirmung vom normalen Alltagsleben
nicht so total wie die heutiger Politiker, die ihre vernichtenden Entscheidungen nicht aufgrund eigener Beobachtungen, nicht aufgrund
sinnlicher Erfahrungen treffen, sondern nach Berichten, Karten, Stati-
stiken, Geheimdienstmeldungen, Filmen, Beratungen mit ähnlich Isolierten, nach politischem Kalkül und den Erfordernissen der Machter-
haltung. Die die Menschen nicht kennen, die sie da der Vernichtung
preisgeben; die von Anlage oder Training her die eisige Atmosphäre an
der Spitze der Pyramide ertragen; denen die einsame Macht den
Schutz gibt, den ihnen das alltägliche Leben in Tuch- und Hautfühlung
mit normalen Menschen nicht gegeben hat und geben könnte. Banal,
aber so ist es. Das vielfach gefilterte, auf ihre Zwecke hin konstruierte
und abstrahierte Bild von Realität, das diesen Politikern zugeschoben
wird." (S. 112/142).

23 Wilhelm Girnus: Wer baute das siebentorige Theben? In: Sinn und
   Form 2/1983, S. 443.
24 A. a. O., S. 445.
25 Sigrid Bock, in: Weimarer Beiträge 8/1984, S. 1359.

26 A.a.O., S.1360.

27 Werner Kahle: Ein Modell für eine Art von Utopie. In: Sonntag 19 v. 6.5. 1984, S.4.

28 Ursula Püschel: „... die Reflexion der weißen Frau auf sich selbst.' In: Neue deutsche Literatur 8/1984, S.150.

29 Frauke Meyer-Gosau: Unsere Christa. In: Emma 6/1984, S.46.

30 Sonja Hilzinger: Seherin aus Lust. In: Courage 7 (Juli, 1982), S.10.

31 Seitenzahlen, die in Kapitel II.8 einem Zitat folgen und mit KE eingeleitet werden, beziehen sich auf die Taschenbuchausgabe von Christa Wolf: Kassandra. Erzählung. Darmstadt: Luchterhand 1986 (=SL, 455).

32 Heinrich Böll: Welche Bilder haben Völker voneinander? In: ‚Es geht, es geht ...‘, S.187–94.

33 Christa Wolf: ‚Nun ja! Das nächste Leben geht aber heute an.‘ Ein Brief über die Bettine. In C.W.: Lesen und Schreiben. Neue Sammlung, S.310.

34 A.a.O.

35 Documentation: Christa Wolf, S.113.

36 Barbara Lersch: Schreibende Frauen – eine neue Sprache in der Literatur? Denkvoraussetzungen zu einer ‚Poetik der Weiblichkeit‘. In: Diskussion Deutsch 77 (1984), S.310.

III. ‚Subjektive Authentizität.
Essays zu Literatur und Ästhetik‘

1 Christa Wolf u. Gerhard Wolf: Ins Ungebundene gehet eine Sehnsucht.

2 Christa Wolf: Probleme des zeitgenössischen Gesellschaftsromans. Bemerkungen zu dem Roman ‚Im Morgennebel‘ von Ehm Welk. In: Neue deutsche Literatur 1/1954, S.145.

3 A.a.O., S.144.

4 A.a.O., S.145.

5 A.a.O., S.148.

6 Christa Wolf: ‚Freiheit‘ oder Auflösung der Persönlichkeit? (Rez. v. Hans Erich Nossack: ‚Spätestens im November‘ und ‚Spirale. Roman einer schlaflosen Nacht‘). In: Neue deutsche Literatur 4/1957, S.141.

7 Christa Wolf: Autobiographie und Roman (Rez. v. Walter Kaufmann: ‚Wohin der Mensch gehört‘). In: Neue deutsche Literatur 10/1957, S.143.

8 Christa Wolf: Kann man eigentlich über alles schreiben? In: Neue deutsche Literatur 6/1958, S.16.

9 Christa Wolf: Vom Standpunkt des Schriftstellers und von der Form der Kunst. In: Neue deutsche Literatur 12/1957, S.119, 121.

10 In diesen Jahren. Deutsche Erzähler der Gegenwart. Leipzig: Reclam
o. J. (= Reclams Universal-Bibliothek, 8301–05); Wir, unsere Zeit.
Prosa und Gedichte aus zehn Jahren. Berlin: Aufbau 1959; Proben junger Erzähler. Ausgewählte deutsche Prosa. Leipzig: Reclam 1959
(= Reclams Universal-Bibliothek, 8307–10).

11 Christa Wolf: Bei Anna Seghers (1972). In Ch. W.: Lesen und Schreiben. Neue Sammlung, S. 144–50.

12 Christa Wolf: Anna Seghers über ihre Schaffensmethode. Ein Gespräch
(1959). Zitiert nach Anna Seghers: Über Kunstwerk und Wirklichkeit,
hrsg. v. Sigrid Bock. Bd. 2. Berlin: Akademie 1971, S. 28 (= Deutsche
Bibliothek. Studienausgaben zur neueren deutschen Literatur, 4).

13 Christa Wolf spricht mit Anna Seghers (1965). Nachdruck a. a. O.,
S. 35–44.

14 Christa Wolf: Glauben an Irdisches (1969). In Ch. W.: Lesen und
Schreiben. Neue Sammlung, S. 115–43.

15 Seitenzahlen, die in Kapitel III in Klammern einem Zitat folgen, beziehen sich auf solche Aufsätze aus ,Lesen und Schreiben. Neue Sammlung'. Darmstadt: Luchterhand 1980 (= SL, 295), die zuvor bereits in
einer Anmerkung erfaßt worden sind. Die Gespräche mit Hans Stubbe,
,Ein Besuch', und Joachim Walther, ,Unruhe und Betroffenheit' werden nach der Erstausgabe von ,Lesen und Schreiben' bzw. nach ,Fort-
gesetzter Versuch' zitiert.

16 Christa Wolf: Anmerkungen zu Geschichten. In Anna Seghers: Aufstel-
len eines Maschinengewehrs im Wohnzimmer der Frau Kamptschik.
Erzählungen. Neuwied: Luchterhand 1970, S. 157 (= SL, 14).

17 Christa Wolf. Zeitschichten. In Anna Seghers: Ausgewählte Erzählungen, hrsg. v. Ch. W. Darmstadt: Luchterhand 1983, S. 363.

18 Christa Wolf: Der Sinn einer neuen Sache (1967). In: Ch. W.: Lesen
und Schreiben. Neue Sammlung, S. 165.

19 Georg Lukács: Neue russische Belletristik. In: Moskauer Rundschau 22
v. 26. 4. 1931. Vgl. dazu Alexander Stephan: Georg Lukács' erste Beiträge zur marxistischen Literaturtheorie. In: Brecht-Jahrbuch 1975.
Frankfurt: Suhrkamp 1975, S. 79–111 (= edition suhrkamp, 797).

20 Christa Wolf: Juri Kasakow (1966). In Ch. W.: Lesen und Schreiben.
Neue Sammlung, S. 168.

21 Fred Staufenbiel: Zur Wechselwirkung von technischer Revolution und
sozialistischer Kulturentwicklung (Thesen). In Wechselwirkung technischer und kultureller Revolution. Kulturtheoretische Konferenz (Berlin, 24./25. 2. 1966), hrsg. v. F. S. u. Dieter Ulle. Berlin: Dietz 1966,
S. 6–7.

22 Hellmuth Nitsche: Quo vadis Christa Wolf? In: Német Filológiai
Tanulmányok. Arbeiten zur deutschen Philologie 5/1970, S. 155–71.

23 Kuczynski: Gesellschaftliche Widersprüche, S. 1271.

24 Wolf: Nachdenken über Christa T., S. 167.

25 Wolf: Nachdenken über Christa T., S. 183.

26 Diskussion mit Christa Wolf, S. 885.
27 A. a. O., S. 887.
28 Anna Seghers, Briefe an Georg Lukács v. 28. 6. 1938 u. Februar 1939. In: Marxismus und Literatur. Bd. 2, S. 110–7 u. 127–30.
29 Kunert: Pamphlet für K.; ders.: Ein anderer K. Hörspiel. Berlin: Aufbau 1977 (= Edition neue Texte).
30 Wolf: ‚Nun ja! Das nächste Leben geht aber heute an‘, S. 309.
31 Wolf: Projektionsraum Romantik. Ein Gespräch (mit Frauke Meyer-Gosau), S. 380.
32 Christa Wolf: Arbeitsbedingungen. Interview mit Richard A. Zipser. In C. W.: Die Dimension des Autors. Essays und Aufsätze, Reden und Gespräche 1959–1985. Darmstadt: Luchterhand 1987, S. 859.
33 Christa Wolf: ‚Die Besten springen in den Riß der Zeit‘ (Schiller-Preis-Rede, 1983). Zitiert nach: Sinn und Form 4/1984, S. 704–14.
34 Christa Wolf: Krankheit und Liebesentzug. Fragen an die psychosomatische Medizin. In C. W.: Die Dimension des Autors, S. 729.
35 Christa Wolf: ‚Ich bin schon für eine gewisse Maßlosigkeit‘ (Gespräch mit Wilfried F. Schoeller). In Süddeutsche Zeitung v. 10./11. 3. 1979.
36 Wolf: Projektionsraum Romantik. Ein Gespräch (mit Frauke Meyer-Gosau), S. 386.
37 A. a. O., S. 390.
38 Documentation: Christa Wolf, S. 107.
39 Christa Wolf: Schriftsteller sind keine Außenseiter (Gespräch mit Uli Diethardt u. Rüdiger Wischenbart). In: Die Presse v. 17./18. 3. 1984.
40 Wolf: Krankheit und Liebesentzug, S. 733.
41 A. a. O., S. 732.
42 A. a. O., S. 739.
43 Wolf: Voraussetzungen einer Erzählung: Kassandra, S. 134.
44 Wolf: ‚Die Besten springen in den Riß der Zeit‘, S. 707.
45 A. a. O., S. 711.
46 A. a. O., S. 707.
47 A. a. O., S. 705.
48 Christa Wolf: Kleists ‚Penthesilea‘. In C. W.: ‚Ins Ungebundene gehet eine Sehnsucht‘, S. 201.
49 Documentation: Christa Wolf, S. 111.
50 A. a. O., S. 113.
51 A Dialogue with Christa Wolf, S. 12.
52 Wolf: Arbeitsbedingungen, S. 859.

IV. Die letzten Jahre der DDR

1. ‚Störfall‘

1 Christa Wolf: Ursprünge des Erzählens. Gespräch mit Jacqueline Grenz. In Wolf: Dimension des Autors, S. 928.
2 Christa Wolf: Zum Erscheinen des Buches ‚Kassandra‘. Gespräch mit Brigitte Zimmermann und Ursula Fröhlich. A. a. O., S. 929.
3 Christa Wolf: Prioritäten setzen. Rede auf dem internationalen Friedensforum des Schriftstellerverbandes der DDR in Berlin. In C. W.: Ansprachen. Darmstadt: Luchterhand Literaturverlag 1988, S. 18.
4 A. a. O., S. 16.
5 A. a. O., S. 17.
6 A. a. O., S. 16.
7 A. a. O., S. 18.
8 A. a. O., S. 19.
9 Christa Wolf: Zum 80. Geburtstag von Hans Mayer. A. a. O., S. 48.
10 Wolf: Prioritäten setzen, S. 19.
11 Wolf: Zum 80. Geburtstag von Hans Mayer, S. 41.
12 Christa Wolf: Dankrede für den Geschwister-Scholl-Preis. A. a. O., S. 75.
13 Christa Wolf: Unerledigte Widersprüche. Gespräch mit Therese Hörnigk. In C. W.: Im Dialog. Aktuelle Texte. Frankfurt: Luchterhand Literaturverlag 1990, S. 30 (= Sammlung Luchterhand, 923.)
14 A. a. O., S. 37.
15 Christa Wolf: Franz Fühmann. Trauerrede. In C. W.: Dimension des Autors, S. 235.
16 Christa Wolf: Erinnerung an Friedrich Schlotterbeck. A. a. O., S. 248.
17 Reinbek: rowohlt 1989 (= rororo, 12731).
18 Wolf: Unerledigte Widersprüche, S. 41.
19 A. a. O., S. 53. Christa Wolf stellt dazu in dem Gespräch mit Therese Hörnigk fest, daß ihre Rede von 1965 auf dem 11. Plenum des ZK der SED vom Neuen Deutschland nicht vollständig abgedruckt worden war (a. a. O., S. 52).
20 A. a. O., S. 43.
21 Christa Wolf: Überlegungen zum 1. September 1939. In C. W.: Im Dialog, S. 70.
22 Christa Wolf: Laudatio für Thomas Brasch. In C. W.: Ansprachen, S. 65.
23 Christa Wolf: Brief an den Kongreß des Schriftstellerverbandes der DDR in Berlin im November 1987. A. a. O., S. 85.
24 Christa Wolf: Rede auf der Bezirksversammlung der Berliner Schriftsteller im März 1988. A. a. O., S. 89.

25 A.a.O., S.93.

26 A.a.O.

27 Wolf: Brief an den Kongreß, S.87.

28 Wolf: Rede auf der Bezirksversammlung, S. 92.

29 Wolf: Zum 80.Geburtstag von Hans Mayer, S.46.

30 Klaus-Dieter Schönewerk: Nachdenken über Geschichte und Zukunft menschlicher Vernunft. Christa Wolfs jüngster Prosaband ‚Störfall' erschien im Aufbau Verlag. In: Neues Deutschland v. 30.4. 1987.

31 Peter Gugisch: Tiefe der Selbsterfahrung. In: Weltbühne (DDR) 34 v. 25.8. 1987, S.1068.

32 Boris Oleinik: Durch die Linse der vornuklearen Erfahrung (russ.). In: Inostrannaja literatura 1/1988, S.228–9.

33 Alexander Stephan: Die wissenschaftlich-technische Revolution in der Literatur der DDR. In: Deutschunterricht 2/1978, S.18–34.

34 Karlheinz Lohs, in: spectrum 4/1988, S.8.

35 Dietmar Albert, a.a.O. 10/1988, S.11.

36 Karl Rambusch, a.a.O. 5/1989, S.32.

37 Christa Wolf: Mangel an Angst ist lebensgefährlich. A.a.O. 10/1989, S.21.

38 Christa Wolf: Störfall. Nachrichten eines Tages. Darmstadt: Luchterhand 1987, S.92 (= Sammlung Luchterhand, 777). Seitenangaben, die in Kapitel IV. 1 in Klammern einem Zitat folgen, beziehen sich auf diese Ausgabe.

39 Vgl. Martin Straub: Heislers Weg in das ‚gewöhnliche Leben'. Zur Wirklichkeitsaufnahme in Anna Seghers' Zeitgeschichtsroman ‚Das siebte Kreuz'. In: Erzählte Welt, hrsg. v. Helmut Brandt u. Nodar Kakabadse. Berlin/DDR: Aufbau 1978, S.210–33.

40 Christa Wolf: Tagebuch – Arbeitsmittel und Gedächtnis. In C.W.: Dimension des Autors, S.17.

41 A.a.O., S.19.

42 A.a.O., S.18.

43 A.a.O., S.20.

44 A.a.O., S.14.

45 Christa Wolf: Schreiben im Zeitbezug. Gespräch mit Aafke Steenhuis. In C.W.: Dialog, S.153.

46 Wolf: Tagebuch, S.22.

47 A.a.O., S.21–2.

48 A.a.O., S.27.

49 A.a.O., S.18.

50 A.a.O., S.15.

51 A.a.O., S.17.

2. ‚Sommerstück‘

1 Wolf: Schreiben im Zeitbezug, S. 149.
2 A. a. O., S. 147–8.
3 A. a. O., S. 148.
4 Wolf: Laudation für Thomas Brasch, S. 68.
5 Wolf: Schreiben im Zeitbezug, S. 148.
6 A. a. O., S. 149.
7 A. a. O., S. 148.
8 A. a. O.
9 Christa Wolf: Sommerstück. Frankfurt: Luchterhand Literaturverlag 1989, S. 41. Seitenangaben, die in Kapital IV. 2 in Klammern einem Zitat folgen, beziehen sich auf diese Ausgabe.
10 Wolf: Schreiben im Zeitbezug, S. 156.
11 Fritz J. Raddatz: Ein Rückzug auf sich selbst. Christa Wolfs ‚Sommerstück‘. In: Zeit v. 24. 3. 1989.
12 Lothar Schmidt-Mühlisch: Christa Wolf in der Zwickmühle eines Sommers. In: Welt v. 23. 3. 1989. Unglücklicherweise reicht die Vertrautheit von Schmidt-Mühlisch mit der DDR-Literatur nicht so weit, daß er den Namen von Maxi Wonder [sic!] korrekt zu buchstabieren vermag.
13 Klaus-Dieter Schönewerk: Auf der Suche nach Leben und dem, was vom Augenblick bleibt. Christa Wolfs Erzählung ‚Sommerstück‘ erschien im Aufbau-Verlag. In Neues Deutschland v. 16. 6. 1989.
14 Wolf: Schreiben im Zeitbezug, S. 150.
15 Sarah Kirsch: Allerlei-Rauh. Eine Chronik. Stuttgart: Deutsche Verlags-Anstalt 1988, S. 60–1.
16 Wolf: Schreiben im Zeitbezug, S. 149.
17 Christa Wolf: Das Leben der Schildkröten in Frankfurt a. Main. Ein Prosagedicht mit sechs Radierungen von Alfred Hrdlicka. Leipzig: Edition Leipzig 1989, S. 6 (= Sisyphos-Presse). Zitiert nach dem Manuskript, das mir Christa Wolf freundlicherweise zur Verfügung gestellt hat.
18 A. a. O., S. 15.
19 A. a. O., S. 9.
20 A. a. O., S. 8.
21 A. a. O., S. 11.
22 A. a. O., S. 6.
23 A. a. O., S. 8.
24 A. a. O., S. 15.
25 Wolf: Schreiben im Zeitbezug, S. 150.
26 Christa Wolf: Einspruch. Rede vor dem Schriftstellerverband. In C. W.: Im Dialog, S. 129.
27 Wolf: Schreiben im Zeitbezug, S. 149.

3. ‚Im Dialog‘ und ‚Was bleibt‘

1 Christa Wolf: Sprache der Wende. Rede auf dem Alexanderplatz. In Wolf: Im Dialog, S. 119.
2 Christa Wolf: Aufforderung zum Dialog. Gespräch mit Gerhard Rein. A. a. O., S. 77.
3 A. a. O., S. 80; s. auch Christa Wolf: Leben oder gelebt werden. Gespräch mit Alfried Nehring. A. a. O., S. 106.
4 Wolf: Überlegungen zum 1. September 1939, S. 75.
5 A. a. O., S. 75–6.
6 Wolf: Schreiben im Zeitbezug, S. 135.
7 Wolf: Überlegungen zum 1. September 1939, S. 76.
8 A. a. O., S. 75.
9 Christa Wolf: Aufforderung zum Dialog. Gespräch mit Gerhard Rein. A. a. O., S. 79.
10 Christa Wolf u. a.: Für unser Land (Aufruf). A. a. O., S. 170.
11 Wolf: Schreiben im Zeitbezug, S. 131.
12 Wolf: Aufforderung zum Dialog, S. 82.
13 A. a. O., S. 80.
14 A. a. O., S. 83.
15 Wolf: Leben oder gelebt werden, S. 103.
16 Christa Wolf: Zwischenrede. Rede zur Verleihung der Ehrendoktorwürde der Universität Hildesheim. A. a. O., S. 161.
17 Wolf: Leben oder gelebt werden, S. 114.
18 Wolf: Zwischenrede, S. 160.
19 Wolf: Aufforderung zum Dialog, S. 80.
20 Christa Wolf: Wider den Schlaf der Vernunft. Rede in der Erlöserkirche. A. a. O., S. 100.
21 A. a. O., S. 99.
22 A. a. O. Vgl. auch Walter Janka: Schwierigkeiten mit der Wahrheit. Berlin: Aufbau 1990.
23 Christa Wolf: ‚Das haben wir nicht gelernt.‘ A. a. O., S. 96.
24 Christa Wolf: Brief an die ‚Junge Welt‘. A. a. O., S. 90.
25 Rolf Henrich: Der vormundschaftliche Staat. Vom Versagen des real existierenden Sozialismus. Reinbek: Rowohlt 1989 (= rororo, 12536).
26 Christa Wolf: Heine, die Zensur und wir. Rede auf dem Außerordentlichen Schriftstellerkongreß der DDR. A. a. O., S. 169.
27 Wolf: ‚Wider den Schlaf der Vernunft‘, S. 100.
28 Christa Wolf: Brief an den Generalstaatsanwalt. A. a. O., S. 92.
29 Wolf: ‚Wider den Schlaf der Vernunft‘, S. 98.
30 Wolf: Sprache der Wende, S. 121.
31 Wolf: Einspruch, S. 130.
32 Wolf u. a.: Für unser Land, S. 170–1.
33 Wolf: Schreiben im Zeitbezug, S. 132.

34 Wolf: Sprache der Wende, S. 120.

35 Wolf: Aufforderung zum Dialog, S. 85.

36 Wolf: Heine, die Zensur und wir, S. 167.

37 Christa Wolf, Beitrag zum 1. Symposion der Erich-Fried-Gesellschaft in Wien. Zitiert nach Iris Radisch: Der Club. In: Zeit (Überseeausg.) 49 v. 7. 12. 1990.

38 Wolf: Heine, die Zensur und wir, S. 167.

39 S. Anm. 37.

40 Wolf: Heine, die Zensur und wir, S. 167.

41 A. a. O., S. 164.

42 Wolf: Zwischenrede, S. 159.

43 A. a. O., S. 158.

44 A. a. O., S. 159.

45 A. a. O., S. 160.

46 Angepaßt oder mündig? Briefe an Christa Wolf im Herbst 1989, hrsg. v. Petra Gruner. Berlin/DDR: Volk und Wissen und Frankfurt: Luchterhand Literaturverlag 1990 (= Sammlung Luchterhand, 926).

47 Wolf: ,Das haben wir nicht gelernt', S. 93.

48 A. a. O., S. 94.

49 A. a. O., S. 96.

50 A. a. O., S. 125. So heißt es in einer nicht in ,Angepaßt oder mündig'? abgedruckten anonymen Zuschrift, die mir der Verlag Volk und Wissen freundlicherweise zur Verfügung gestellt hat, „im Namen der schwer arbeitenden Kollektive des Weimar-Werkes Fritz Müller": „Wenn jemand in unserem Lande von einer Dauerschizophrenie befallen . . . ist, dann sind Sie es wohl zuallererst. In Ihren Büchern finden Sie keinen Zugang zur Masse der Bürger der DDR, aber natürlich zu den dem Sozialismus feindlichen Personen im kapitalistischen Ausland . . . Sie behaupten, die sozialistische Schule habe keine Werte vermittelt, welch unverfrorene Lüge . . . einer bösartigen Intellektuellen . . . Ihre Gesudelei zielt doch nur darauf ab, die DDR zu destabilisieren . . ."

51 Angepaßt oder mündig? S. 75.

52 A. a. O., S. 55.

53 A. a. O., S. 64.

54 A. a. O., S. 85.

55 A. a. O., S. 72.

56 A. a. O., S. 57.

57 A. a. O., S. 138.

58 A. a. O., S. 207.

59 A. a. O., S. 51.

60 A. a. O., S. 79.

61 A. a. O., S. 74.

62 A. a. O., S. 188.

63 A. a. O., S. 80.

64 A. a. O., S. 79, 163, 187.

65 A.a.O., S.126.

66 Petra Gruner: Vorbemerkung. A.a.O., S.8.

67 Zum Beispiel a.a.O., S.53, 55, 225.

68 Wolf: Schreiben im Zeitbezug, S.139 und Wolf: Leben oder gelebt werden, S.107.

69 ‚Was bleibt' und ‚Im Dialog' sind unmittelbar nach ihrer Veröffentlichung ins Zentrum einer breiten Diskussion geraten, in der es einmal mehr um das deutsche Thema ‚Geist und Macht' geht. Da die Anwürfe mancher Feuilletonisten (Staatsdichterin, Beinahe-Dissidentin, Heuchlerin, blutarm, unerträgliche Gehobenheit usw.) weder neu noch von bleibender Bedeutung sind, braucht auf sie hier nicht weiter eingegangen zu werden. Zudem dürfte sich im Rückblick ohnehin herausstellen, daß es sich bei dem ‚Fall Wolf' weniger um einen Literaturstreit als um eine politische Auseinandersetzung darüber handelt, wie man mit Mitmenschen und Nachbarn – angefangen bei den Brüdern und Schwestern in der ehemals sowjetisch besetzten Zone – umgeht und welche Rolle die sogenannte Linke im neuen Deutschland spielt. Interessant wird in diesem Zusammenhang sein, ob und wie lange in einem 75-Millionen-Volk in der Mitte Europas eine Demokratie zu funktionieren vermag, der mit den politischen Alternativen auch die Einsicht abhanden zu kommen droht, daß Literatur „und ihr Verständnis" nicht nur als ein Akt der Transzendenz, als ein „Hereinbrechen des Anderen" und als ein „Weg zum Göttlichen" (Ulrich Greiner: Die deutsche Gesinnungsästhetik. Noch einmal: Christa Wolf und der deutsche Literaturstreit. In: Zeit [Überseeausg.] 45 v. 9.11. 1990) zu begreifen sind, sondern auch mit Moral, Wahrheitssuche und Widerspruch zu tun haben.

70 Christa Wolf: Was bleibt? Frankfurt: Luchterhand Literaturverlag 1990, S.34. Seitenangaben, die in Kapitel IV.3 in Klammern einem Zitat folgen, beziehen sich auf diese Ausgabe.

71 A.a.O., S.32; vgl. auch Wolf: Schreiben im Zeitbezug, S.141.

72 Christa Wolf: Nachtrag zu einem Herbst. In C.W.: Im Dialog, S.7.

73 A.a.O., S.9.

74 A.a.O., S.14.

75 A.a.O., S.10.

76 Wolf: Schreiben im Zeitbezug, S.143.

77 Wolf: Nachtrag zu einem Herbst, S.16.

78 A.a.O., S.17.

79 Christa Wolf: Der Mensch ist in zwei Formen ausgebildet. Zum Tode von Irmtraud Morgner. In: Zeit v. 18.5. 1990.

80 Wolf: Zwischenrede, S.162 und Wolf: Schreiben im Zeitbezug, S.141.

81 Wolf: Der Mensch ist in zwei Formen ausgebildet.

82 Wolf: Heine, die Zensur und wir, S.168.

VI. Auswahlbibliographie

1. Bibliographien

Stephan, Alexander: Auswahlbibliographie zu Christa Wolf. *In: Text + Kritik* 46/1975, S. 50–5; 3., erweit. Aufl. 1985, S. 113–33.

–: ‚Christa Wolf‘ (Forschungsbericht). Amsterdam (Rodopi) 1980 (= Forschungsberichte zur DDR-Literatur, 1).

Geist, Rosemarie and Maritta Rost: Auswahlbibliographie. In: *Christa Wolf. Ein Arbeitsbuch,* S. 415–536.

2. Werke

a) Buchveröffentlichungen

‚Moskauer Novelle‘ Halle (Mitteldeutscher Verlag) 1961; in: *An den Tag gebracht. Prosa junger Menschen,* hrsg. v. Heinz Sachs. Halle (Mitteldeutscher Verlag) 1961, S. 145–222; *Romanzeitung* 204. Berlin (Volk und Welt) 1966.

‚Der geteilte Himmel. Erzählung‘. Halle (Mitteldeutscher Verlag) 1963; Berlin (Weiss) 1964; Leipzig (Reclam) 1964; Reinbek (Rowohlt) 1968; München (Deutscher Taschenbuch Verlag) 1973 (= dtv, 915), 1979 (= dtv großdruck, 2520); Berlin (Aufbau) 1975; (zahlreiche Übersetzungen). (DEFA-Film 1964; Regie: Konrad Wolf; Drehbuch: Christa und Gerhard Wolf, Konrad Wolf, Willi Brückner, Kurt Barthel).

‚Nachdenken über Christa T.‘ Halle (Mitteldeutscher Verlag) 1968; Neuwied (Luchterhand) 1969; 1971 (= Sammlung Luchterhand, 31); Berlin (Aufbau) 1975; (zahlreiche Übersetzungen).

‚Lesen und Schreiben. Aufsätze und Betrachtungen‘. Berlin (Aufbau) 1972 (= Edition Neue Texte); 2., erweit. Aufl. 1973; Darmstadt (Luchterhand) 1972 (= Sammlung Luchterhand, 90); (Übersetzung ins Englische).

(mit Gerhard Wolf) ‚Till Eulenspiegel. Erzählung für den Film‘. Berlin (Aufbau) 1972 (= Edition Neue Texte); Darmstadt (Luchterhand) 1974; Frankfurt (Fischer) 1976 (= Fischer Taschenbuch, 1718); Darmstadt (Luchterhand) 1982 (= Sammlung Luchterhand, 430); (DEFA-Film 1975; Regie: Rainer Simon; Drehbuch: Rainer Simon, Jürgen Klauß;

Theaterspiel 1982, Niedersächsisches Staatstheater, Hannover, Regie: Alexander May).

‚Unter den Linden. Drei unwahrscheinliche Geschichten'. Berlin (Aufbau) 1974; Darmstadt (Luchterhand) 1974; 1977 (= Sammlung Luchterhand, 249).

‚Kindheitsmuster', Berlin (Aufbau) 1976; Darmstadt (Luchterhand) 1977; 1979 (= Sammlung Luchterhand, 277).

‚Kein Ort. Nirgends'. Berlin (Aufbau) 1979; Darmstadt (Luchterhand) 1979; 1981 (= Sammlung Luchterhand, 325).

‚Fortgesetzter Versuch. Aufsätze, Gespräche, Essays'. Leipzig (Reclam) 1979 (= Reclams Universal-Bibliothek, 773); 4., erweit. Auflage 1985.

‚Lesen und Schreiben. Neue Sammlung.' Darmstadt (Luchterhand) 1980, 2., erweit. Aufl. 1981 (= Sammlung Luchterhand, 295).

‚Gesammelte Erzählungen'. Darmstadt (Luchterhand) 1980; 1981 (= Sammlung Luchterhand, 361); Berlin (Aufbau) 1985.

‚Kassandra. Erzählung'. Darmstadt (Luchterhand) 1983, 1985 (= Sammlung Luchterhand, 455); Leipzig (Reclam) 1984; (Hörspiel, WDR 1985).

Voraussetzungen einer Erzählung: Kassandra. ‚Frankfurter Poetik-Vorlesungen'. Darmstadt (Luchterhand) 1983 (= Sammlung Luchterhand, 456).

‚Kassandra. Vier Vorlesungen. Eine Erzählung'. Berlin (Aufbau) 1983 (leicht gekürzt); vollständige Ausg. 1988.

(mit Gerhard Wolf), ‚Ins Ungebundene gehet eine Sehnsucht'. Gesprächsraum Romantik. Prosa. Essays'. Berlin (Aufbau) 1985.

‚Die Dimension des Autors. Essays und Aufsätze, Reden und Gespräche 1959–1985'. Berlin (Aufbau) 1986; Darmstadt (Luchterhand) 1987.

‚Störfall. Nachrichten eines Tages'. Berlin (Aufbau) 1987; Darmstadt (Luchterhand) 1987 (= Sammlung Luchterhand, 777).

‚Ansprachen'. Darmstadt (Luchterhand Literaturverlag) 1988.

‚Sommerstück'. Berlin (Aufbau) 1989; Frankfurt (Luchterhand Literaturverlag) 1989.

‚Das Leben der Schildkröten in Frankfurt a. Main. Ein Prosagedicht mit sechs Radierungen von Alfred Hrdlicka'. Leipzig (Edition Leipzig) 1989 (= Sisyphos-Presse).

‚Im Dialog. Aktuelle Texte'. Frankfurt (Luchterhand Literaturverlag) 1990 (= Sammlung Luchterhand, 923).

‚Was bleibt. Erzählung'. Berlin (Aufbau) 1990; Frankfurt (Luchterhand Literaturverlag) 1990.

‚Angepaßt oder mündig? Briefe an Christa Wolf im Herbst 1989' (mit zwei Essays von Christa Wolf), hrsg. v. Petra Gruner. Berlin (Volk und Wissen) 1990; Frankfurt (Luchterhand Literaturverlag) 1990 (= Sammlung Luchterhand, 926).

b) Ausgaben

In diesen Jahren. Ausgewählte deutsche Prosa. Leipzig (Reclam) 1957 (= Reclams Universal-Bibliothek, 8301–5).

Wir, unsere Zeit, mit Gerhard Wolf. 2 Bde. Berlin (Aufbau) 1959.

Proben junger Erzähler. Leipzig (Reclam) 1959 (= Reclams Universal-Bibliothek, 8307–10).

Anna Seghers: *Glauben an Irdisches. Essays aus vier Jahrzehnten.* Leipzig (Reclam) 1969 (= Reclams Universal-Bibliothek, 469).

Karoline von Günderrode: *Der Schatten eines Traumes. Gedichte, Prosa, Briefe, Zeugnisse von Zeitgenossen.* Berlin (Buchverlag Der Morgen) 1979; Darmstadt (Luchterhand) 1979, 1981 (= Sammlung Luchterhand, 348).

Anna Seghers: *Ausgewählte Erzählungen.* Darmstadt (Luchterhand) 1983.

c) Aufsätze, Gespräche, Rezensionen
(Auswahl von nicht nachgedruckten oder schwer zugänglichen Texten)

‚Popularität oder Volkstümlichkeit?‘ In: *Neue deutsche Literatur* 1/1956, S. 115–24.

‚Vom Standpunkt des Schriftstellers und von der Form der Kunst‘. In: *Neue deutsche Literatur* 12/1957, S. 119–24.

‚Unsere Meinung‘. In: *Neue deutsche Literatur* 1/1958, S. 4–6.

‚Kann man eigentlich über alles schreiben?‘ In: *Neue deutsche Literatur* 6/1958, S. 3–16.

‚Eine Lektion über Wahrheit und Objektivität‘. In: *Neue deutsche Literatur* 7/1958, S. 120–3.

‚Literatur und Zeitgenossenschaft‘. In: *Neue deutsche Literatur* 3/1959, S. 7–11.

‚Land, in dem wir leben. Die deutsche Frage in dem Roman ‚Die Entscheidung‘ von Anna Seghers‘. In: *Neue deutsche Literatur* 5/1961, S. 49–65.

Diskussionsbeitrag auf der „Konferenz junger Schriftsteller in Halle". In: *Neue deutsche Literatur* 8/1962, S. 132–5.

‚Gute Bücher – und was weiter?‘ (Diskussionsbeitrag auf dem 11. Plenum des ZK der SED, 16.–18. 12. 1965). In: *Neues Deutschland* v. 19. 12. 1965 (Nachdruck in: *Dokumente zur Kunst-, Literatur- und Kulturpolitik der SED,* hrsg. v. Elimar Schubbe. Stuttgart [Seewald] 1972, S. 1098–9).

‚Auf den Grund der Erfahrungen kommen. Eduard Zak sprach mit Christa Wolf‘. In: *Sonntag* 7 v. 18. 2. 1968, S. 6–7.

‚Christa und Gerhard Wolf: Till Eulenspiegel. Wir sprachen mit den Autoren über die Filmerzählung, die im Aufbau-Verlag erscheinen wird‘ (Gesprächsleitung Annegret Herzberg). In: *Sonntag* 2 v. 14. 1. 1973, S. 6.

‚Das wird man bei uns anders verstehen. UZ-Gespräch mit der bekannten DDR-Autorin Christa Wolf‘ (Gesprächsleitung Peter Wilke). In: *Unsere Zeit* v. 2. 11. 1974.

‚Gespräch mit Carl Corino'. Hessischer Rundfunk, 27.11.1974.

‚Dornröschen und der Küchenjunge'. In: *Die Räuber gehen baden,* hrsg. v. Beate Hauspack u. Fred Rodrian. Berlin (Kinderbuchverlag) 1977 (Nachdrucke in: *Rotfuchs: Ich bin aber noch nicht müde.* Reinbek [Rowohlt] 1982, S.77–80 [=rororo rotfuchs, 316]; *Das Rowohlt Rotfuchs Lesebuch.* Reinbek [Rowohlt] 1983, S.87–90 [=rororo, 5204]).

‚Web-Muster einer Kindheit' (Heinz Ludwig Arnold, Gespräch mit Christa Wolf). In: *Deutsches Allgemeines Sonntagsblatt* v. 2.1.1977.

‚Der Versuch, deutsch-deutsche Klischees zu meiden' (Gespräch mit Heidi Kloeber). In: *Tages-Anzeiger* v. 5.8.1977.

[Karin McPherson] ‚Christa Wolf in Edinburgh. An Interview'. In: *GDR Monitor* 1/1979, S.1–12.

‚Antifa '79'. In: *Sonntag* 20 v. 20.5.1979.

‚Zur Information'. In: *Sinn und Form* 4/1983, S.863–6. (Antwort auf einen Beitrag von Wilhelm Girnus zu ‚Kassandra').

‚A Dialogue with Christa Wolf' (Gespräch mit Grace Paley. In: *Newsletter PEN-American Center* 53 (1984), S.8–13.

‚Schriftsteller sind keine Außenseiter' (Gespräch mit Uli Diethardt u. Rüdiger Wischenbart). In: *Die Presse* v. 17./18.3.1984.

‚Erinnerung und Gegenwart. Nachdenken mit Christa Wolf' (v. Wiltrud Mannfeld). ZDF, 22.10.1984.

Mangel an Angst ist lebensgefährlich. In: *spectrum* 10/1989, S.21.

‚Keine Kolonie werden!' Gespräch mit Helmut Böttiger bei einer Lesung in Ost-Berlin. In: *Stuttgarter Zeitung* v. 17.11.1989.

Der Mensch ist in zwei Formen ausgebildet. Zum Tode von Irmtraud Morgner. In: *Die Zeit* 20 v. 18.5.1990.

40 Jahre kann man nicht einfach wegschmeißen (Podiumsgespräch in der Akademie der Künste der DDR mit Jurek Becker, Karl Mickel, Peter Schneider, Christa Wolf u. a.). Auszüge in: *Volkszeitung* v. 15.6.1990.

3. Sekundärliteratur

Adams, Marion: Christa Wolf: Marxismus und Patriarchat. In: *Frauenliteratur. Autorinnen – Perspektiven – Konzepte,* hrsg. v. Manfred Jurgensen. Bern (Lang) 1983, S.123–37.

Baumer, Franz: *Christa Wolf.* Berlin (Colloquium) 1988 (=Köpfe des 20. Jahrhunderts, 110).

Berghahn, Klaus L.: Die real existierende Utopie im Sozialismus. Zu Christa Wolfs Romanen. In: *Literarische Utopien von Morus bis zur Gegenwart,* hrsg. v. K.L.B. u. Hans Ulrich Seeber. Königstein (Athenäum) 1983, S.275–97.

Bock, Sigrid: Christa Wolfs Kindheitsmuster. In: *Weimarer Beiträge* 9/1977, S.102–30.

Bradley, Brigitte: Christa Wolfs Erzählung ‚Unter den Linden‘: Unerwünschtes und erwünschtes Glück. In: *German Quarterly* 2/1984, S. 231–49.

Cercignani, Fausto: *Existenz und Heldentum bei Christa Wolf. ‚Der geteilte Himmel‘ und ‚Kassandra‘.* Würzburg: Königshausen & Neumann 1988.

Chiarloni, Anna Pegoraro: ‚Mann‘ versus ‚Mensch‘. Zu Christa Wolfs Erzählung ‚Selbstversuch‘. In: *Colloquia Germanica* 3/1982, S. 239–52.

Christa Wolf, hrsg. v. Heinz Ludwig Arnold. München (Text + Kritik 1975 (= Text + Kritik, 46); 2., erweit. Aufl. 1979, 3., erweit. Aufl. 1985 (mit Beiträgen von Christa Wolf, Günter Kunert, Alexander Stephan, Anthony Stephens/Judith Wilson, Lothar Köhn, Thomas Beckermann, Ingeborg Drewitz, Sigrid Weigel, Heidi Gidion, Manfred Jäger).

Christa Wolf. Ein Arbeitsbuch. Studien – Dokumente – Bibliographie, hrsg. v. Angela Drescher. Berlin (Aufbau) 1989; Frankfurt (Luchterhand Literaturverlag) 1990.

Christa Wolf Materialienbuch, hrsg. v. Klaus Sauer. Darmstadt (Luchterhand) 1979 (= Sammlung Luchterhand, 265); 2., überarb. Aufl. 1983.

Christa Wolf zum sechzigsten Geburtstag am 18. März 1989. Frankfurt (Luchterhand Literaturverlag) 1989 (mit Beiträgen v. Walter Jens, Hans Mayer, Christoph Hein u. Klara Obermüller).

Durzak, Manfred: Ein exemplarisches Gegenbeispiel. Die Romane von Christa Wolf. In: M. D.: *Der deutsche Roman der Gegenwart.* Stuttgart (Kohlhammer) 1971; 3., erweit. u. veränd. Aufl. 1979 (= Sprache und Literatur, 70).

Frieden, Sandra: ‚Falls es strafbar ist, die Grenzen zu verwischen‘: Autobiographie, Biographie und Christa Wolf. In: *Vom anderen und vom Selbst: Beiträge zu Fragen der Biographie und Autobiographie,* hrsg. v. Reinhold Grimm und Jost Hermand. Königstein (Athenäum) 1982, S. 153–66.

Fries, Marilyn Sibley: *Responses to Christa Wolf. Critical Essays.* Detroit (Wayne State University Press) 1989.

Gentikow, Barbara u. Kirsten Søholm: Christa Wolfs ‚Kein Ort. Nirgends‘ und ‚Kassandra‘ oder Lebensbedingungen des Utopischen in der Literatur und ästhetischen Theorie der DDR. In: *Text & Kontext* 2/1984, S. 387–409.

Grauert, Wilfried: Eine moderne Dissidentin. Zu Christa Wolfs Erzählung ‚Kassandra‘. In: *Diskussion Deutsch* 97 (1987), S. 423–35.

Greif, Hans-Jürgen: *Christa Wolf: ‚Wie sind wir so geworden wie wir heute sind?‘* Bern (Lang) 1978 (= Europäische Hochschulschriften. Reihe I. Deutsche Literatur und Germanistik, 237).

Gugisch, Peter: Christa Wolf. In: *Literatur der DDR in Einzeldarstellungen,* hrsg. v. Hans Jürgen Geerdts. Stuttgart (Kröner) 1972, S. 395–415 (= Kröners Taschenausgabe, 416); Berlin (Volk und Wissen) 1974, S. 344–60 u. 581–5.

Hammerschmidt, Volker, Andreas Oettel u. Hans-Michael Bock: Christa

Wolf. In: *Kritisches Lexikon zur deutschsprachigen Gegenwartsliteratur,* hrsg. v. Heinz Ludwig Arnold. München (edition text + kritik) 1978 ff.

Harbers, Henk: ‚Widersprüche hervortreiben‘: Eros, Rationalität und Selbsterkenntnis in Christa Wolfs Erzählung ‚Kassandra‘. In: *Neophilologus* 2/1987, S. 266–84.

Hilzinger, Sonja: *Kassandra. Über Christa Wolf.* Frankfurt (Haag & Herchen) 1982. 2., erweit. Aufl. 1984.

–: *Christa Wolf.* Stuttgart (Metzler) 1986 (= Sammlung Metzler, 224).

‚*Der geteilte Himmel' und seine Kritiker. Dokumentation,* hrsg. v. Martin Reso. Halle (Mitteldeutscher Verlag) 1965.

Hörnigk, Therese: *Christa Wolf.* Berlin (Volk und Wissen) 1989; Göttingen (Steidl) 1989.

Jäger, Manfred: Auf dem langen Weg zur Wahrheit. Fragen, Antworten und neue Fragen in den Erzählungen, Aufsätzen und Reden Christa Wolfs. In: M. J.: *Sozialliteraten. Funktion und Selbstverständnis der Schriftsteller in der DDR.* Düsseldorf (Bertelsmann) 1973, S. 11–101 (= Literatur in der Gesellschaft, 14).

Jankowsky, Karen H.: *Unsinn/anderer Sinn/neuer Sinn. Zur Bewegung im Denken von Christa Wolfs ‚Kassandra' über den Krieg und die ‚Heldengesellschaft'.* Berlin: Argument 1989 (= Edition Philosophie und Sozialwissenschaften, 15).

Jurgensen, Manfred: ‚Die Suche nach dem verlorenen Ich‘. Christa Wolf: ‚Kindheitsmuster‘. In: M. J.: *Erzählformen des fiktionalen Ich. Beiträge zum deutschen Gegenwartsroman.* Bern (Francke) 1980, S. 58–94.

Kähler, Hermann: Christa Wolf erzählt. In: *Weggenosen. Fünfzehn Schriftsteller der DDR,* hrsg. v. Klaus Jarmatz und Christel Berger. Leipzig (Reclam) 1975, S. 214–32 (= Reclams Universal-Bibliothek, 627) u. Frankfurt/M. (Röderberg) 1975, S. 214–32 (= Röderberg-Taschenbuch, 40).

Köhn, Lothar: Christa Wolf: ‚Nachdenken über Christa T.‘ (1968). In: *Deutsche Romane des 20. Jahrhunderts. Neue Interpretationen,* hrsg. v. Paul Michael Lützeler. Königstein (Athenäum) 1983, S. 340–55.

Kuhn, Anna K.: *Christa Wolf's Utopian Vision: From Marxism to Feminism.* Cambridge (Cambridge University Press) 1988.

Lersch, Bärbel u. Franz-Josef Lersch: Die Eulenspiegel-Bearbeitung von Christa und Gerhard Wolf. Bedeutung und Funktion im Entwicklungszusammenhang der DDR-Literatur. In: *Till Eulenspiegel in Geschichte und Gegenwart,* hrsg. v. Thomas Cramer. Bern (Lang) 1978, S. 119–48 (= Beiträge zur Älteren Deutschen Literaturgeschichte, 4).

Lersch, Bärbel: ‚Hervorbringen müssen, was einen vernichten wird.‘ Mimik als poetisches Prinzip in Christa Wolfs ‚Kassandra‘. In: *Deutsche Vierteljahresschrift für Literaturwissenschaft und Geistesgeschichte* 1/1985, S. 145–66.

Linn, Marie-Louise: Doppelte Kindheit. Zur Interpretation von Christa Wolfs ‚Kindheitsmuster‘. In: *Deutschunterricht* (BRD) 2/1978, S. 52–66.

Manger, Philip: Auf der Suche nach dem ungelebten Leben. Christa Wolf:

,Unter den Linden'. In: *Wissen aus Erfahrung. Werkbegriff und Interpretation heute. Festschrift für Herman Meyer zum 65. Geburtstag,* hrsg. v. Alexander von Bormann. Tübingen (Niemeyer) 1976, S. 903–16.

Mauser, Wolfram and Helmtrud Mauser: *Christa Wolf: Nachdenken über Christa T.* München (Fink) 1987 (= Uni-Taschenbücher, 1457).

Meyer, Dieter u. Wilfried Wulff: Die engagierte Neugestaltung einer mittelalterlichen Volksbuchfigur. ,Dil Ulenspiegel' (1515) als Vorlage für ,Till Eulenspiegel' (1972) von Christa und Gerhard Wolf. In: *Till Eulenspiegel in Geschichte und Gegenwart,* hrsg. v. Thomas Cramer. Bern (Lang) 1978, S. 93–118 (= Beiträge zur Älteren Deutschen Literaturgeschichte, 4).

Nicolai, Rose: *Christa Wolf:,Kassandra'.* München: Oldenbourg 1989 (Oldenbourg-Interpretationen, 46).

Popp, Wolfgang und Astrid Greve: *Die Neutralisierung des Ich, oder: Wer spricht?, Weibliches Schreiben und subjektive Authentizität im Werk Christa Wolfs'.* Essen (Verlag Die blaue Eule) 1987.

Range, Corinna: ,Eine andere, nichttötende Art auf der Welt zu sein': Christa Wolfs Erzählung ,Kassandra'. In: *Neophilologus* 4/1988, S. 588–99.

Ries, Wolfgang: Bewundert viel und viel gescholten, Aischylos: Christa Wolf auf der Suche nach der historischen Kassandra. In: *Wirkendes Wort* 1/1985, S. 5–17.

Salisch, Marion von: *Zwischen Selbstaufgabe und Selbstverwirklichung. Zum Problem der Persönlichkeitsstruktur im Werk Christa Wolfs.* Stuttgart (Klett) 1975 (= Literaturwissenschaft-Gesellschaftswissenschaft, 12).

Schuster, Karl: Christa Wolf: ,Nachdenken über Christa T.'. Rezeptionsprobleme mit einem DDR-Roman. In: *Deutsche Romane von Grimmelshausen bis Walser. Interpretationen für den Literaturunterricht,* Bd. 2, hrsg. v. Jakob Lehmann. Königstein (Scriptor) 1982, S. 469–88 (= Sciptor Taschenbücher, 167).

Shirer, Robert K.: *Difficulties of Saying ,I'. The Narrator as Protagonist in Christa Wolf's ,Kindheitsmuster' and Uwe Johnson's ,Jahrestage'.* New York: Lang 1988 (= German Studies in America, 57).

Siefken-Schulte, Ursula: Utopie und Ästhetik der Gegenwartsliteratur. Christa Wolfs ,Kindheitsmuster': Roman gewordene Zeit. In: *die horen* 124 (1981), S. 100–8.

Smith, Colin E.: *Tradition, Art and Society: Christa Wolf's Prose.* Essen (Verlag Die blaue Eule) 1987).

Swiatłówski, Zbigniew: Auf der Suche nach dem Land Utopia. Zur poetologischen Position von Ingeborg Bachmann und Christa Wolf. In: *Weimarer Beiträge* 12/1984, S. 2011–27.

Thomassen, Christa: *Der lange Weg zu uns selbst. Christa Wolfs Roman ,Nachdenken über Christa T.' als Erfahrungs- und Handlungsmuster.* Kronberg (Scriptor) 1977 (= Monographien. Literaturwissenschaft, 39; zuerst Phil. Diss., Mainz 1977).

Werner, Hans-Georg: Zum Traditionsbezug der Erzählungen in Christa Wolfs ‚Unter den Linden‘. In: *Weimarer Beiträge* 4/1976, S.36–64. Nachdruck in: *Erworbene Tradition. Studien zu Werken der sozialistischen deutschen Literatur,* hrsg. v. Günter Hartung, Thomas Höhle u. H.-G.W. Berlin (Aufbau) 1977, S.256–98.

Wirkungsgeschichte von Christa Wolfs ‚Nachdenken über Christa T.‘, hrsg. v. Manfred Behn. Königstein (Athenäum) 1978 (=Athenäum Taschenbücher. Literaturwissenschaft, 2140).

Wittstock, Uwe: *Über die Fähigkeit zu trauern. Das Bild der Wandlung im Prosawerk von Christa Wolf und Franz Fühmann.* Frankfurt: Athenäum 1987 (=Hochschulschriften Literaturwissenschaft, 82).

Wolf: Darstellung – Deutung – Diskussion, hrsg. v. Manfred Jurgensen. Bern (Francke) 1984) (=Queensland Studies in German Language and Literature, 9).

Zahlmann, Christel: *Christa Wolfs Reise ‚ins Tertiär‘. Eine literaturpsychologische Studie zu ‚Kindheitsmuster‘.* Würzburg (Königshausen & Neumann) 1986 (=Epistemata: Reihe Literaturwissenschaft, 19).

Zimmermann, Werner: Juninachmittag (1967). In: W.Z.: *Deutsche Prosadichtungen unseres Jahrhunderts. Interpretationen.* Teil 2. 3.Aufl. Düsseldorf (Schwann) 1974, 6., verb. Aufl., S.351–72.

Erinnerte Zukunft. 11 Studien zum Werk Christa Wolfs, hrsg. v. Wolfram Mauser. Würzburg (Königshausen & Neumann) 1985.

VII. Zeittafel zu Leben und Werk Christa Wolfs

1929   Christa Wolf wird am 18. März in Landsberg/Warthe (heute Gorzów Wielkopolski) geboren; ihr Vater, der Kaufmann Otto Ihlenfeld, betrieb ein Lebensmittelgeschäft.

1939–45   Besuch der Oberschule in Landsberg.

1945   Flucht und Übersiedlung nach Mecklenburg.

1945–46   Verschiedene Tätigkeiten im Raum Schwerin; Schreibkraft beim Bürgermeister in Gammelin.

1946   Besuch der Oberschule in Schwerin; Aufenthalt in einem Lungensanatorium.

1947   Umzug nach Bad Frankenhausen (Kyffhäuser).

1949   Abitur im Bad Frankenhausen; Beitritt zur SED.

1949–53   Germanistikstudium in Jena und Leipzig; Diplomarbeit bei Hans Mayer über ‚Probleme des Realismus im Werk Hans Falladas‘.

1951   Ehe mit dem Germanisten und Essayisten Gerhard Wolf (geb. 1928); seither Zusammenarbeit u. a. an Anthologien und Filmprojekten.

1952   Geburt der Tochter Annette.

1953   Umzug nach Berlin.

1953–59   Wissenschaftliche Mitarbeiterin beim Deutschen Schriftstellerverband (bis 1955); Mitarbeiterin der ‚Neuen deutschen Literatur‘ (seit 1954); Cheflektorin des Jugendbuchverlages „Neues Leben" (1956).

1955   Erste Reise in die Sowjetunion, der häufig weitere folgen; Mitglied des Vorstandes des Deutschen Schriftstellerverbandes (bis 1977).

1956   Geburt der Tochter Katrin.

1958–59   Redakteurin der ‚Neuen deutschen Literatur‘.

1959–62   Umzug nach Halle; praktische Tätigkeit in der Waggonfabrik Ammendorf unter dem Einfluß des Bitterfelder Weges; Mitarbeit in „Zirkeln schreibender Arbeiter"; freischaffende Lektorin beim Mitteldeutschen Verlag (Halle); Herausgeberin verschiedener Anthologien von zeitgenössischer DDR-Literatur.

1961   ‚Moskauer Novelle‘, Erzählung; Kunstpreis der Stadt Halle.

1961   Umzug nach Kleinmachnow b. Berlin; seither freie Schriftstellerin.

1963   ‚Der geteilte Himmel‘, Roman; Heinrich-Mann-Preis der Akademie der Künste der DDR.

1963–67   Kandidatin des ZK der SED vom VI. bis VII. Parteitag der SED.

1964   DEFA-Film ‚Der geteilte Himmel‘ (Regie: Konrad Wolf); Natio-
       nalpreis III.Klasse der Akademie der Künste der DDR; Rede auf
       der Zweiten Bitterfelder Konferenz; Besuch des Auschwitz-Prozes-
       ses in Frankfurt/Main.
1965   Mitglied des PEN-Zentrums der DDR; Teilnahme am Internatio-
       nalen PEN-Kongreß in Bud (Jugoslawien); Lesereise in Finnland;
       Diskussionsbeitrag auf dem 11.Plenum der SED.
1967   ‚Juninachmittag‘, Erzählung.
1968   ‚Nachdenken über Christa T.‘, Roman.
1969   Lesereise in Schweden.
1972   ‚Lesen und Schreiben. Aufsätze und Betrachtungen‘; ‚Till Eulen-
       spiegel. Erzählung für den Film‘, mit Gerhard Wolf; Wilhelm-Raa-
       be-Preis der Stadt Braunschweig (zusammen mit Walter Kem-
       powski), abgelehnt; Theodor-Fontane-Preis des Bezirks Potsdam;
       Aufenthalt in Paris; Polenreise.
1973   Teilnahme an der Tagung der PEN-Exekutive in Stockholm.
1974   ‚Unter den Linden. Drei unwahrscheinliche Geschichten‘; Mitglied
       der Akademie der Künste der DDR; Max-Kade-German-Writer-
       in-Residence am Oberlin College, USA.
1975   DEFA-Film ‚Till Eulenspiegel‘ nach Motiven der Filmerzählung
       (Regie: Rainer Simon); Lesereise in der Schweiz.
1976   ‚Kindheitsmuster‘, Roman; Unterzeichnung des ‚Offenen Briefes‘
       gegen die Ausbürgerung Wolf Biermanns; Umzug nach Berlin.
1977   Ausschluß aus dem Vorstand der Berliner Sektion des Schriftsteller-
       verbandes der DDR; Literaturpreis der Freien Hansestadt Bre-
       men.
1978   Gastvorlesungen an der University of Edinburgh, Schottland; Teil-
       nahme am PEN-Kongreß in Stockholm.
1979   ‚Kein Ort. Nirgends‘, Erzählung; ‚Fortgesetzter Versuch‘. Aufsät-
       ze, Gespräche, Essays; Hrsg. d. Schriften der Karoline von Günde-
       rode; Aufnahme in die Deutsche Akademie für Sprache und Dich-
       tung, Darmstadt.
1980   ‚Lesen und Schreiben. Neue Sammlung‘; ‚Gesammelte Erzählun-
       gen‘; Georg-Büchner-Preis der Deutschen Akademie für Sprache
       und Dichtung; Reise nach Griechenland.
1981   Mitgliedschaft in der Akademie der Künste (Berlin-West); Teilnah-
       me an der „Berliner Begegnung zur Friedensförderung“.
1982   Poetik-Vorlesungen an der Universität Frankfurt; Uraufführung
       von ‚Till Eulenspiegel‘ (Niedersächsisches Staatstheater, Hanno-
       ver); Hörspielfassung von ‚Kein Ort. Nirgends‘, Gerhard Wolf
       (Westdeutscher Rundfunk); Teilnahme am Haager Treffen; Lese-
       reise in Frankreich.
1983   ‚Kassandra‘, Erzählung; ‚Voraussetzungen einer Erzählung: Kas-
       sandra‘; Schiller-Gedächtnispreis des Landes Baden-Württemberg;
       Ehrendoktorwürde der Ohio State University, USA; Gastprofessor

an der Ohio State University; Lesungen in New York, Los Angeles, San Francisco; Lesereise in der Bundesrepublik.

1984 Mitgliedschaft in der Europäischen Akademie der Künste und Wissenschaften, Paris; Franz-Nabl-Preis der Stadt Graz; Lesereisen in Österreich und Italien.

1985 ‚Ins Ungebundene gehet eine Sehnsucht. Gesprächsraum Romantik‘, Prosa. Essays (mit Gerhard Wolf); Honorary Fellow, Modern Language Association of America; Österreichischer Staatspreis für Europäische Literatur; Ehrendoktorwürde der Universität Hamburg; Lesereise in Frankreich.

1986 ‚Die Dimension des Autors, Essays und Aufsätze, Reden und Gespräche 1959–1985‘; Mitgliedschaft in der ‚Freien Akademie der Künste‘, Hamburg; Teilnahme am PEN-Kongreß in Hamburg; Reisen nach Griechenland und Spanien.

1987 ‚Störfall. Nachrichten eines Tages‘; Nationalpreis I. Klasse für Kunst und Literatur (DDR); Gastprofessur für ein Schreibseminar an der Eidgenössischen Technischen Hochschule, Zürich; Geschwister-Scholl-Preis der Stadt München.

1988 ‚Ansprachen‘.

1989 ‚Sommerstück‘; ‚Das Leben der Schildkröten in Frankfurt a. Main‘. Ein Prosagedicht; im Sommer Austritt aus der SED; Anfang Oktober Reise nach Moskau zum ersten Treffen des Beirats von ‚Inostrannaja literatura‘; zahlreiche Aufsätze, Diskussionsbeiträge und Reden, u. a. in der Ost-Berliner Erlöserkirche und auf dem Alexanderplatz.

1990 ‚Im Dialog. Aktuelle Texte‘; ‚Was bleibt‘, Erzählung; Verfilmung von ‚Selbstversuch‘ für das DDR-Fernsehen (Regie: Peter Vogel); Auszeichnung des ‚Ordre des Arts et des Lettres‘; Ehrendoktorwürden der Universität Hildesheim und der Freien Universität Brüssel; 16. Internationale Mondello – Literaturpreis, Palermo, Italien; Officier de l'Ordre des Arts et des Lettres, Frankreich.

Autorenbücher

Es liegen Bände vor über

Ilse Aichinger, von Gisela Lindemann (BsR 604)
Ingeborg Bachmann, von Peter Beicken (BsR 605)
Thomas Bernhard, von Bernhard Sorg (AB 7)
Heinrich Böll, von Jochen Vogt (BsR 602)
Gottfried-August Bürger, von Günter Häntzschel (BsR 617)
Elias Canetti, von Edgar Piel (AB 38)
Matthias Claudius, von Herbert Rowland (BsR 617)
Heimito von Doderer, von Dietrich Weber (AB 45)
Alfred Döblin, von Roland Links (AB 24)
Friedrich Dürrenmatt, von Jan Knopf (BsR 611)
Lion Feuchtwanger, von Wolf Köpke (AB 35) ·
Hubert Fichte, von Wolfgang von Wangenheim (AB 22)
Marieluise Fleißner, von Moray McGowan (BsR 601)
Max Frisch, von Alexander Stephan (BsR 37)
Franz Fühmann, von Uwe Wittstock (BsR 610)
Peter Handke, von Rainer Nägele und Renate Voris (AB 8)
Heinrich Heine, von Stefan Bodo Würffel (BsR 612)
Hermann Hesse, von Christian Immo Schneider (BsR 620)
Henrik Ibsen, von Wladimir Admoni (BsR 619)
Jens Peter Jakobsen, von Bengt Algot Sorensen (BsR 618)
Walter Jens, von Manfred Lauffs (AB 20)
Uwe Johnson, von Walter Schmitz (AB 43)
Franz Kafka, von Thomas Anz (BsR 615)
Wolfgang Koeppen, von Martin Hielscher (BsR 609)
Siegfried Lenz, von Hans Wagner (AB 2)
Novalis, von Herrmann Kurzke (BsR 606)
Joseph Roth, von Wolfgang Müller-Funk (BsR 613)
Friedrich Schiller, von Gert Ueding (BsR 616)
Arno Schmidt, von Wolfgang Proß (AB 15)
Anna Seghers, von Klaus Sauer (AB 9)
Adalbert Stifter, von Franz Baumer (BsR 614)
Georg Trakl, von Peter Schünemann (BsR 607)
Martin Walser, von Anthony Waine (AB 18)
Peter Weiss, von Heinrich Vormweg (AB 21)
Christa Wolf, von Alexander Stephan (BsR 603)

Literatur von und über Frauen

Gisela Brinker-Gabler (Hrsg.)
Deutsche Literatur von Frauen
Band 1: Vom Mittelalter bis zum Ende des 18. Jahrhunderts
1988. 563 Seiten, 53 Abbildungen. Leinen
Band 2: 19. und 20. Jahrhundert
1988. 591 Seiten, 53 Abbildungen. Leinen

Meta Klopstock
Es sind wunderliche Dinger, meine Briefe
Briefwechsel mit Friedrich Gottlieb Klopstock und mit ihren Freunden
1751–1758
Herausgegeben von Franziska und Hermann Tiemann
Neuauflage Auflage 1988. 509 Seiten, 5 Abbildungen. Leinen
Bibliothek des 18. Jahrhunderts

Sophie von La Roche
Ich bin mehr Herz als Kopf
Ein Lebensbild in Briefen
Herausgegeben von Michael Maurer
2., durchgesehene Auflage 1985. 464 Seiten. Leinen
Bibliothek des 18. Jahrhunderts

Bärbel Kern/Horst Kern
Madame Doctorin Schlözer
Ein Frauenleben in den Widersprüchen der Aufklärung
2., durchgesehene Auflage 1990. 212 Seiten, 23 Abbildungen. Broschiert

Andrea van Dülmen (Hrsg.)
Frauen
Ein historisches Lesebuch
4. Auflage 1991. 396 Seiten, 7 Abbildungen. Paperback
Beck'sche Reihe Band 370

Barbara Bronnen (Hrsg.)
Mamma mia
Geschichten über Mütter
3. unveränderte Auflage 1991. 294 Seiten. Paperback
Beck'sche Reihe Band 379

Verlag C. H. Beck München